Hermann Schmidhauser
Die Kunst, sich richtig zu entspannen

Hermann Schmidhauser

Die Kunst, sich richtig zu entspannen

Die Führung der eigenen Person stärkt die Seele

WISSEN

Meinem Vater und dem Andenken meiner Mutter

Lizenzausgabe 1992 für
Wissen Verlag GmbH, Herrsching

Umschlaggestaltung: Bine Cordes, Weyarn
Printed in Germany
ISBN 3-8075-0050-2

Inhalt

Einblick in die Vergangenheit der Zukunft

Das menschliche Gehirn: Wo es ruht, ist es warm und stockdunkel.

Es ist schwach rosa, mit einem feinen Netz hellroter Blutgefäße überzogen. Unter den gleißenden Lichtern des Operationssaales schimmert es wie lackiertes Porzellan. Außer einigen Chirurgen hat es kaum jemand gesehen. Das eigene bekommen wir niemals zu Gesicht. Gemeint ist das Gehirn. An dieses lebenswichtige Organ, in dem die Steuerung unseres ganzen Lebens verborgen liegt, kommt der Chirurg nur mit einer Spezialsäge heran, mit der er den Schädel öffnen kann. Es ist umgeben von einem lebensspendenden System, das es vor Erschütterungen schützt und mit dem nötigen Sauerstoff versorgt. Das Gehirn hat keine Schmerzempfindungszellen. Es registriert zwar aus allen Regionen des Körpers Schmerzen, besitzt aber keine Empfindungsnerven für sich selbst. Es ist offenbar hinter der dicken Schädeldecke so sicher aufgehoben, daß es keine Hitze- oder Schmerzsensoren braucht. Die elektrischen Ströme, die im Gehirn fließen, bleiben von Umwelteinflüssen unberührt. Dort, wo das Gehirn ruht, ist es warm und stockdunkel.

Dem Schädel entnommen, bietet ein menschliches Gehirn einen eher ernüchternden Anblick. Wer aber tatsächlich einmal ein menschliches Gehirn ansieht, kann sich kaum der Ehrfurcht erwehren. Ein großes Geheimnis liegt in diesem Organ: unser Bewußtsein, unsere Persönlichkeit, unser Erinnerungsvermögen, unser Intellekt, unsere Vergangenheit; und die Programme für unsere Zukunft laufen über dieses Organ ab.

Die Meinung allerdings, die Persönlichkeit eines Menschen sei mit seiner Gehirnstruktur gleichzusetzen, ist sicher unrichtig. Wir Menschen sind geheimnisvolle geistige Wesen, und wir »bedienen« unser Gehirn nur als Schaltorgan. Allerdings können wir Menschen ohne dieses Organ nicht überleben.

Andere Organe sind heute bereits ersetzbar, zum Beispiel das Herz oder die Niere. Sogar ein Herz aus Metall und Plastik kann das natürliche ersetzen, aber es gibt noch kein künstliches, funktionstüchtiges Gehirn. Hirnsubstanz allerdings ist bereits transplantiert worden, und wer weiß, vielleicht gibt es auch auf diesem Gebiet im

Zeitalter der Computer bald einmal überraschend Neues zu berichten. Vorläufig aber ist das Leben des Gehirns noch so eng mit dem menschlichen Leben verbunden, daß das Ende der Hirnaktivität, der »Hirntod«, als Beweis für das endgültige Ableben eines Menschen anerkannt wird.

Das menschliche Gehirn ist etwas größer als eine Kokosnuß. Sein Gewebe ist wenig fester als eine dicke Soße. Aufgrund seines hohen Wassergehaltes benötigt das Gehirn eine schützende Hülle, um seine Form zu behalten. Auf einen Tisch gelegt, würde es sich wabbelig nach allen Seiten ausbreiten, es wäre wie ein Pudding, dessen Gelatine noch nicht ganz fest geworden ist. Die Farbe des Hirngewebes ist rosa, nach dem Tode ist es graugelb. Bis zu seinem Verfall bleibt das Gehirngewebe geruchlos.

Im Aussehen unterscheiden sich Gehirne wenig voneinander. Gehirn ist Gehirn. Nur die Größe variiert etwas. Das Frauengehirn kann etwas kleiner sein als das Männergehirn. Vielleicht ist es gerade darum besser; denn Computer werden ja auch stetig kleiner und besser. Ausgesprochen interessant ist für den Beobachter die gewundene Oberfläche des Gehirns. Die äußere Schicht ist gefaltet und in sich verschoben und erinnert an die Gebirgsfaltungen auf einer plastischen Landkarte. Diese Falten und Windungen deuten auf eine wunderbare Verpackungstechnik der Natur hin. Unser Gehirn ist eingeklappt und zusammengefaltet wie ein Hemd, das wir in den Koffer legen. So wird der letzte Kubikzentimeter des Schädelinhalts geschickt ausgenutzt, und der Schädel erweist sich als groß genug, um eine ganze Menge Hirngewebe darin unterzubringen.

Nun wollen Sie aber kein Buch über das Gehirn, sondern über die Kunst, sich zu entspannen, lesen. Sie haben das richtige Buch in Ihrer Hand. Ich bin kein Hirnforscher, sondern ein praktizierender Psychologe, und ich habe schon Tausenden gezeigt, wie sich der Mensch richtig entspannen kann. Daher konnte ich die Überzeugung gewinnen, daß das Geheimnis der Nerven und der Entspannung eng mit der Funktionsweise des Gehirns gekoppelt ist.

Die Funktionsweise des Gehirns

Das Geheimnis der Nerven

Die vermutlich kleinste Einheit des menschlichen Gehirns ist die Nervenzelle. Sie wird auch Neuron genannt. Neuronen sind zuständig für die Tätigkeit des Gehirns. Eine durchschnittliche Nervenzelle hat eine sphärische oder pyramidenartige Form. Vom Zellkörper gehen nach allen Seiten Verästelungen ab, welche die Erregungssignale empfangen. Außerdem führt von der Nervenzelle eine stärkere Leitung fort, die in ihrem Aussehen an eine Kette von Würsten erinnert. Diese Leitung besteht aus Nervenfaser, die von einer isolierenden Schicht ummantelt ist. Das Größenverhältnis dieser »langen Leitung« zum Zellkern ist wie das Verhältnis einer Schnur zum Drachen, den wir etwa 100 Meter über uns durch die Luft fliegen lassen. Im menschlichen Körper ist diese starke Leitung, Axon genannt, nicht selten 30 Zentimeter lang, manchmal sogar so lang wie ein Arm. Am Ende verzweigt sich das Axon dann in viele kleine Endfasern, die die benachbarten Zellen berühren und Signale weitergeben.

Das lebende Neuron, die individuelle Nervenzelle, ist ein unglaublich komplexes Gebilde. Es kann sich nicht erneuern, nicht teilen wie viele andere Körperzellen. Seine Funktionen laufen elektrochemisch ab; der Nervenimpuls ist ein elektrisches Signal, das mit Hilfe chemischer Vorgänge von Zelle zu Zelle weitergegeben wird. Wie der Stab bei einem Staffellauf wird der Impuls von Zelle zu Zelle weitergegeben, und währenddessen ereignen sich komplexe chemische Austauschprozesse. Innerhalb der Zellen finden sich relativ mehr Kalium-Ionen, außerhalb der Zelle dagegen eine höhere Konzentration an Natrium-Ionen. Ein Ion ist ein Atom, welches eine elektrische Ladung aufweist. Dieses Ungleichgewicht garantiert die Weiterleitung von Impulsen. Entlang der Nervenfasern befinden sich Eiweißmoleküle, die als Kalium- oder Natriumschleuse fungieren. Durch diese Schleuse gelangen Ionen in die oder aus der Zelle. Zunächst tritt Natrium in die Zelle ein, dann wird Kalium entlassen. Dadurch verändert sich die elektrische Ladung, und der Impuls wird weitergeführt. Am Ende der langen, starken Nervenleitungen, welche die Impulse zu anderen Neuronen übertragen, steht ein Hindernis für den Nervenimpuls: ein Zwischenraum. Er ist zwar nur ein milliardstel Zentimeter groß, aber für ein Atom oder Molekül ist das eine riesige Kluft. Die Übertragung der Impulse erfolgt durch das, was wir Synapse nennen: Die Endfasern des Axons formen an den Spitzen jeweils eine knaufartige Verdickung, die mit synaptischen Bläschen gefüllt ist. Diese enthalten spezielle Chemikalien, die die Kluft zum nächsten Neuron überbrücken und so die elektrischen Signale weiterleiten.

Milliarden Verbindungsmöglichkeiten in einem Pfund Nervengewebe

Diese lange, starke »Nervenschnur«, das Axon, hat mit ihren synaptischen Endstücken zahlreiche Verbindungen mit den Verästelungen, die von anderen Zellkörpern nach allen Seiten abgehen. Jede Zelle hat Hunderte von solchen Verästelungen, mit denen sie Kontakte herstellt. Und in unserem Gehirn gibt es schätzungsweise 100 Milliarden Zellen. Da kann man sich etwa vorstellen, was für ein Schaltbetrieb in diesem schwabbeligen Ding herrscht, das etwas kleiner als ein Kohlkopf ist und sich ohne das graue Stützgewebe in einen Zellbrei auflösen würde.

Wenn man sich das Telefonnetz der ganzen Welt mit all den Gesprächen, die darin ständig ablaufen, in ein einziges menschliches Gehirn verkleinert vorstellt, würde dies wahrscheinlich noch nicht annähernd die Zahl der Schaltungen wiedergeben, die normalerweise darin stattfinden. Allein die verschiedenen chemischen Reaktionen, die pro Minute in einem normalen menschlichen Gehirn ablaufen, werden auf über eine Million geschätzt. Bei einer positiven Lebenseinstellung laufen andere Reaktionen ab als bei einer negativen. Das Geheimnis der Gehirnschaltungen ist noch lange nicht ganz gelüftet. Jede Entdeckung der Hirnforschung reißt viele neue Fragen auf. Darum erhebt das hier Geschriebene auch keinen Anspruch auf Vollständigkeit. Es soll Ihnen bloß vor Augen führen, welch wunderbares und zugleich geheimnisvolles Organ Ihr eigenes Gehirn ist.

Vielleicht haben Sie einen Fotoapparat, und Sie wissen, daß Sie Ihren Apparat ganz ruhig halten müssen, wenn Sie ein klares Bild bekommen wollen. Zittern Sie, ist Ihr Bild unbrauchbar verschwommen. Ganz anders beim menschlichen Sehen. Sie können einen Kopfstand machen, Ihren Kopf hin- und herschwenken, wie Sie wollen: Sie werden die Gegenstände stets ganz klar und scharf sehen. Wie ist dies zum Beispiel möglich? Auf welcher Leistung unseres

Gehirns beruht dieses Phänomen? Stellen Sie sich vor, was für eine epochemachende Entdeckung es wäre, wenn man diese Eigenschaft des Gehirns entschlüsselt hätte und auf den Fotoapparat übertragen könnte.

Das Gehirn macht keine Fehler.

Damit Sie von Ihrer Küche ins Wohnzimmer, von dort ins Schlafzimmer und wieder zurück gehen können, muß das Gehirn Millionen von verschiedenen Schaltungen vornehmen, und sie müssen alle zusammenstimmen. Es gibt dabei keine Fehler. Das nehmen wir als ganz selbstverständlich hin. Wenn Sie mit Ihrem Auto eine längere Fahrt machen, muß das menschliche Gehirn Millionen von Impulsen koordinieren, Hinweistafeln und Geschwindigkeitsbegrenzungen wahrnehmen, schalten, prüfen, beachten oder nicht beachten, und kein einziger Fehler ist erlaubt. Stellen Sie sich bloß die Folgen vor, die eine solche Fehlkoordination haben könnte! Ein kleiner Schaltfehler, und Sie würden auf der Autobahn das Steuerrad in die falsche Richtung drehen. Aber das passiert normalerweise nicht, weil das Gehirn keine Fehler macht.

Die Signale huschen unbemerkt von einem Neuron zum andern.

All das, was wir mit unseren Sinnen wahrnehmen, wird ins Gehirn eingegeben. Wir nennen das Input. Der Output sind die Reaktionen darauf. Das Gefühl für Hitze beim Berühren von heißem Sand am Strand ist ein Input, der Schrei »Aua!« und das rasche Wegziehen der Füße dagegen sind Output. Und irgendwo zwischen diesen beiden Endpunkten liegt die ganze Skala der gedanklichen Leistungen, von denen wir in der Regel kaum mehr als die begrifflichen Bezeichnungen wissen: Erinnerung, Vermutung, Entscheidung.

Die meisten Vorgänge im Gehirn sind so kompliziert, berühren so viele Neuronen, und die Menge der dabei ausgetauschten Informationen ist so gewaltig, daß diese Abläufe jedes Vorstellungsvermögen weit übersteigen. Und die verschiedenen Prozesse laufen mit so großer Geschwindigkeit ab, die Signale huschen so schnell von einem Neuron zum nächsten, daß es vorläufig mit den besten Apparaten noch nicht gelingt, sie in ihrem gesamten Grundmuster einzufangen und zu interpretieren.

Das menschliche Gehirn erfüllt eine Vielzahl von Funktionen, die wir normalerweise überhaupt nicht bemerken. Es steuert unseren

Herzschlag, wenn wir beim Einkaufen sind, unsere Atmung, wenn wir überhaupt nicht bewußt an die Atmung denken, und es hat verschiedene informationsleitende Funktionen, wenn wir schlafen oder gerade dabei sind, uns fortzupflanzen. Sogar das Wachstum unseres Körpers wird von bestimmten Teilen des Gehirns kontrolliert. Das Gehirn hilft uns, Gefahren zu erkennen und auf sie entsprechend zu reagieren, günstige Gelegenheiten wahrzunehmen und zu ergreifen, die Zukunft zu planen, für die kommenden Jahre vorzusorgen. Kurz gesagt: Das Gehirn ist das Organ, mit dem das menschliche Wesen die Welt erlebt. Wir sind es, die über dieses Organ Bilder von uns selbst und unseren Mitmenschen, von der natürlichen Umwelt und dem Kosmos formen. In dieses Organ programmieren wir von Kindheit auf unsere Zukunft. Wir aber sind nicht, wie viele heute noch meinen, dieses Organ. Wir sind nicht unser Gehirn. Wir sind das, was darin passiert.

Das falsche Gedächtnis

Das menschliche Gehirn ist auch nicht nur ein Apparat zum Aufnehmen oder Speichern von Daten. Seine Mechanismen sind weitaus vielfältiger und wunderbarer. Und weil das meiste im Gehirn völlig unbewußt abläuft, ist Irren menschlich. Vielleicht haben Sie einmal eine schöne Wanderung gemacht, und Sie erzählen anschließend Ihren Bekannten Ihr Erlebnis. Was Sie erzählen, ist natürlich nur ein winziger Bruchteil von dem, was Sie wirklich erlebt haben. Sie irren sich, wenn Sie glauben, alles, was Sie auf Ihrer Wanderung erlebt und empfunden haben, wieder erzählen zu können. Sie wissen zwar, daß die Berghütte, bei der Sie rasteten, auf einer ganz bestimmten Höhe lag. Aber von dem, was Sie wirklich erlebten, erzählen Sie je nach Ihrer persönlichen Einstellung und Neigung. Vielleicht betonen Sie die Höhe, die Sie besonders erlebten, vielleicht den Hunger, den sie hatten. Es kann auch sein, daß Sie besonders die körperliche Leistung hervorheben, die das Erreichen Ihres Zieles erforderte. Aber niemals können Sie alle Informationen der Reihe nach aufführen, die Ihr Gehirn auf dieser kleinen Reise aufgenommen hat. Wie diese Informationen dazu noch untereinander verknüpft und verschaltet werden, entzieht sich vollkommen Ihrem Bewußtsein.

Wenn Sie jetzt von Ihrer Schulzeit schwärmen und sich schon auf das nächste Klassentreffen freuen, so vergessen Sie dabei, wie qualvoll diese Periode manchmal war, welche Ängste Sie vor Prüfungen ausgestanden haben und wie wenig Sie damals von der wirklichen Welt der Dinge wußten. Hinterher sind die Strapazen stets vergessen, alles ist nur noch halb so schlimm.

Die wichtige Frage, die in diesem Zusammenhang auftaucht, ist:

Kann man überhaupt über die Schaltungen von früher genaue Kenntnis haben?

Die Antwort auf diese Frage ist kurz und bündig: nein. Denn das Leben läuft in einer Richtung: vorwärts. Und die Schaltungen in unserem Gehirn arrangieren unsere Erinnerungen ständig neu. Alles ist dauernd in Bewegung – wie Treibholz im Meer.

Wenn Sie mit der Taschenlampe in einen dunklen Wald gehen, dann sehen Sie nur das, was der Lichtkegel gerade beleuchtet, sonst nichts. Doch wenn Sie sich ein paar Augenblicke später umdrehen und dann wieder dorthin leuchten, wohin Sie vorher gerade geschaut haben, dann ist alles verändert. Vielleicht kommt es Ihnen nicht so vor. Das liegt daran, daß Sie nicht alle Veränderungen bewußt wahrnehmen können. Selbst der Baum, den Sie beleuchten, ist niemals derselbe. Er verändert sich stets, wenn auch mit bloßem Auge nicht beobachtbar. Aber die Natur ist in stetem Wechsel. Und das trifft auch für die Informationsverarbeitung im Gehirn zu. Keinen Augenblick lang sind Sie wirklich derselbe Mensch. Daß Ihnen das nicht jederzeit auffällt, liegt eben an der Selektion der Wahrnehmung, anders gesagt, an der Einstellung, die Sie mit Ihrem Gehirn gegenüber der auf Sie einströmenden Informationsflut vornehmen. Mit dieser Einstellung kann man sich sogar selbst täuschen. Man glaubt dann, immer derselbe zu sein. Aber das stimmt nicht. Alles verändert sich, wirklich alles. Auch Ihr »Treibholz« ist stets an einem anderen Ort, selbst wenn Sie dies nicht wahrhaben wollen.

Wir haben die merkwürdige Angewohnheit, all die vielen im Gehirn ankommenden Informationen einzusortieren und zu gruppieren. Und jeder gruppiert anders. Während Sie die Seite dieses Buches lesen, nehmen Ihre Augen und Ihr Gehirn Informationen auf, die Sie in diesem Augenblick für wichtig erachten. Sie schenken dieser Seite Ihre ganze Aufmerksamkeit. Diese Information beschäftigt in diesem Moment Ihr Bewußtsein. Dennoch schläft Ihr restliches Empfindungssystem jetzt nicht. Nervenzellen in der Haut nehmen Informationen über Ihre Umgebung auf, und sie teilen Ihnen und Ihrem Unterbewußtsein mit, ob es im Raum warm genug ist, zu kalt, zu feucht oder trocken, ob es zieht oder nicht. Ihre Ohren nehmen sämtliche Geräusche auf, und diese werden aussortiert. Solange keine wirklich störenden dabei sind, lesen Sie konzentriert weiter. Die Geruchszellen in Ihrer Nase nehmen ununterbrochen Düfte in Ihrer Umgebung auf. Und sollte einer dabei sein, der Sie stört, so würden Sie dies merken. Wenn Sie beim Lesen einen Kaugummi kauen, so leiten die Geschmacksknospen auf Ihrer Zunge den Geschmack an das Gehirn weiter. Halb bewußt nehmen Sie auch die Bewegungen Ihres Körpers wahr. Manchmal merken Sie, daß Sie atmen.

Alle Information geht über das Gehirn.

Auch diejenige, die über den sogenannten sechsten Sinn kommt. Es gibt ja nicht nur Informationen von den fünf bekannten Sinnesorganen. Es kommt auch Information aus dem Zusammenleben mit andern und »von oben«. Einstellungen, die schicksalshaft die Zukunft bestimmen, sind in unserem bißchen rosa Gewebe bereits vorhanden, bevor das Erlebnis eintreten kann. Begabte Hellseher können solche Schaltungen herauslesen. Es kommt viel mehr Information in unserem Gehirn an, als unser bewußter Verstand verarbeiten kann. Mit unserer Einstellung ordnen wir Information nach Wichtigkeit. Wenn es Winter ist und kalt draußen, dann bekommen wir aus dem Unterbewußtsein die Information, warme Bekleidung anzuziehen. Wir können dieser Aufforderung von innen nachgeben oder sie aber, weil wir gerade Wichtigeres zu tun haben, ignorieren und das Frieren in Kauf nehmen.

Wie das Gehirn Kommunikations- und Selektionsleistungen vollbringt, ist uns kaum bekannt. Noch entscheidender wäre zu wissen, weshalb sich ein Mensch für diese oder jene Einstellung entscheidet. Denn das rosa Gewebe realisiert ja nur unsere bewußten und unbewußten Einstellungen im Geiste.

Natürlich wissen wir heute, daß das menschliche Gehirn eine linke und eine rechte Hälfte hat, und wir vermuten, daß ganz bestimmte Leistungen in der einen oder anderen Hirnhälfte lokalisiert werden können. Aber im Organismus kennen wir auch die verschiedenen

Organe mit ihren Funktionen. Dennoch betrachten wir den Organismus als Einheit, die reibungslos funktioniert. Genauso können wir das menschliche Gehirn als Einheit betrachten, obwohl es ganz eindeutig so aussieht, daß in bestimmten Hirnregionen ganz bestimmte Prozesse ablaufen.

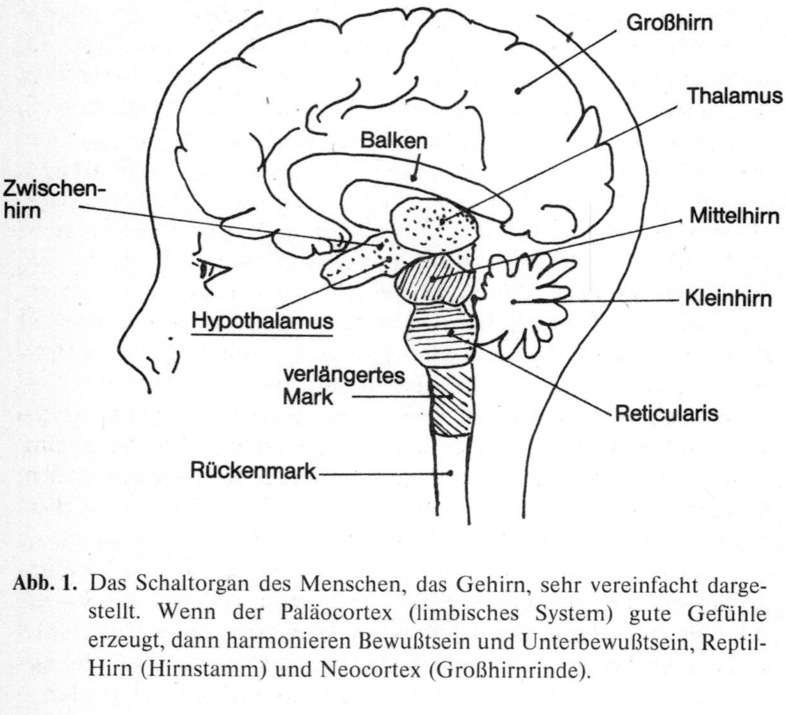

Abb. 1. Das Schaltorgan des Menschen, das Gehirn, sehr vereinfacht dargestellt. Wenn der Paläocortex (limbisches System) gute Gefühle erzeugt, dann harmonieren Bewußtsein und Unterbewußtsein, Reptil-Hirn (Hirnstamm) und Neocortex (Großhirnrinde).

Über das Reptil-Hirn läuft die Software der Ahnen.

Der Hirnstamm ist auch als Reptil-Hirn bekannt. Das Hauptinteresse der Reptilien war und ist vermutlich schlicht und einfach das Überleben. Der Teil unseres Lebensprogramms, der über das Reptil-Hirn abläuft, kann als die dunkle Seite unseres Charakters bezeichnet werden. Von dort bekommen wir Informationen, die uns raten, den kleinen Bruder als Feind zu sehen, ihn auf dem Spielplatz zu bekämpfen, uns den Teufel um den Nächsten zu scheren. Ebenfalls über den Hirnstamm erhalten wir unbewußt Informationen für die Erfüllung unserer Lebensaufgabe. Wir vermuten auf dieser Stufe der Informationsverarbeitung alte Triebe und Regungen, die Tragödien auslösen können: Völkermord, Landeroberungen, Vertreibung und Vernichtung von schwachen Minderheiten aller Art, um nur einige zu nennen.

Solche Einstellungen - Krieg, Folter, Hintergehung des Nächsten, Banküberfälle - verurteilen wir auf der Ebene der Informationsverarbeitung, die in der Großhirnrinde stattfindet. Dies ist die Stufe des Verstandes, der Moral, der Zivilisation. Es ist die Abteilung des Gehirns, mit der wir uns in der Umwelt organisieren und integrieren, mit der wir stets versuchen, dem Leben seinen Sinn zu geben und Ordnung zu halten. Das ist aber auch die Ebene, aus der wir uns im gesunden Nachtschlaf und in tiefer konzentrativer Entspannung zurückziehen.

Zwischen der Großhirnrinde, auch Neocortex genannt, und dem Hirnstamm befindet sich das limbische System, auch »Alt-Säugetier-Hirn« oder Paläocortex genannt. Auf dieser Stufe vermuten wir die Gefühlssteuerung. Wenn sich zwei Menschen liebevoll umarmen, dann spricht das limbische System aus ihnen. Die Schaltungen in dieser Hirnregion, die nicht größer ist als ein Apfel, erzeugen Hoffnungs- und Angstgefühle, Hochstimmung und Verzweiflung.

Die stärkste, allerdings auch die sündigste Seite des Menschen weisen wir dem Reptil-Hirn zu. Es befindet sich am unteren Teil der Gehirnmasse. Auch von seinen Funktionen her liegt es sozusagen unter dem Bewußtsein. Und das Bewußtsein muß darum lebenslang versuchen, Information aus der Tiefe mit der Information aus der Verstandesebene zu koordinieren. Gelingt ihm das nicht, läßt der Druck aus dem Hirnstamm sicher nicht nach, zeitlebens nicht. Darum sagen wir zu Recht, das Unterbewußtsein (auch Unbewußtes genannt) sei stärker als das Bewußtsein. Wenn die beiden - Reptil-Hirn und Neocortex - harmonieren, dann werden auch im Paläocortex positive Gefühle dominieren.

Oder umgekehrt gesagt:

Wenn der Paläocortex gute Gefühle erzeugt, dann harmonieren Bewußtsein und Unterbewußtsein.

Damit diese Harmonie zwischen Hirnstamm und Neocortex überhaupt möglich wird, sind zwei Einstellungen notwendig: die Einstellung auf totale Entspannung und die Einstellung auf volle Lebensleistung. Zwischen diesen beiden Polen, auf die ich nun im folgenden eingehen will, pulsiert jedes Leben.

Über die Kunst, sich total zu entspannen

Eine weitverbreitete Meinung ist falsch.

Die Meinung, nur der heutige Mensch leide unter Lärm, Hetze und anderen zivilisations- und zeitbedingten Belastungen und sei deswegen angespannter und verkrampfter, ängstlicher und schlafgestörter als seine Vorgänger, ist falsch. Beweis: Die hilfeversprechenden Methoden wie autogenes Training, die Coué-Methode, Yoga und – ganz allgemein gesprochen – alle Entspannungs- und Meditationsmethoden, die heute auf immer größeres Interesse stoßen, sind fast alle bereits vor mehr als 50 Jahren entwickelt worden. Sicher nicht zum Spaß, aber auch nicht in weiser Voraussicht auf die Probleme unserer heutigen Zeit. Vielmehr deshalb, weil schon damals ein Bedürfnis nach bewußter Entspannung vorhanden war, und in diese Zeit fällt eine wichtige Entdeckung:

1924 konnte das Vorhandensein der Hirnströme beim Menschen nachgewiesen werden.

Diese Entdeckung, die von dem deutschen Psychiater Hans Berger gemacht wurde, war nicht weniger bedeutend als die Entdeckung der Röntgenstrahlen im Jahre 1895 durch den Physiker Wilhelm Röntgen. Denn sie ermöglichte Einblicke in die Funktionsweise des Gehirns, jenes Organs, das nun im Zeitalter der Computer mehr und mehr seine Geheimnisse preisgibt. Und sie ermöglichte damit weiterführende Forschungen über eine andere Entdeckung, die schon vor der Jahrhundertwende Ärzte und Wissenschaftler machten:

Selbstbeeinflussung (Autosuggestion) ist eine angeborene Fähigkeit.

Autosuggestion

Auf dieser Fähigkeit bauen sämtliche Entspannungsmethoden auf. Alle Menschen machen täglich bewußt oder unbewußt von dieser Fähigkeit Gebrauch, zum Beispiel bei Selbstgesprächen. Wenn man allein ist, Angst hat, Dingen gegenübersteht, in denen man Schwierigkeiten zu finden meint, sagt oder denkt man oft: »Das ist ja schlimm, das kann ich nicht; es tut furchtbar weh; das ändert sich nie.« Dadurch werden Probleme, Sorgen und Ängste autosuggestiv verstärkt. Auf genau diesem Weg schleichen sich die psychosomatischen (seelisch-körperlichen) Krankheiten in unseren Körper ein. Und was sich autosuggestiv eingeschlichen hat, kann wiederum *nur* autosuggestiv ausgetrieben werden, und der Körper tut dabei genau das, was ihm die Vorstellung diktiert.

Beispiele: Für viele ist ein gebackenes Kalbshirn eine Delikatesse; mir dreht sich schon beim Gedanken daran der Magen um. Ich könnte beim besten Willen kein Kalbshirn essen. In Gesellschaft erzählt jemand von Läusen und Wanzen. Wenige Sekunden später beginnen sich die ersten zu kratzen, dann auch die anderen. Es genügt, daß einer gähnt und lacht. Bald gähnen auch andere, und sie beginnen zu lachen. Wer es zunächst unterdrücken will, platzt plötzlich heraus und gähnt oder lacht dann erst recht.

Wenn sich die Haargefäße der obersten Hautschicht plötzlich erweitern und mit Blut füllen, wird man rot. Das kann man willentlich weder herbeiführen noch verhindern. Das Erröten, hier als Beispiel für die zahlreichen unwillkürlichen, automatischen Körpervorgänge, die durch das vegetative Nervensystem gesteuert werden, läßt sich nur mit Hilfe der vollkommenen Tiefenentspannung des Körpers und durch die Vorstellungs- oder Einbildungskraft - andere Bezeichnungen für Autosuggestion - wieder zum Abklingen bringen. Schon *Auguste Forel, Emil Coué* und *J. H. Schultz* vermittelten suggestive Anregungen.

Suggestion, Hypnose und autogenes Training

Um die Zeit, als der Apotheker *Emil Coué* im ostfranzösischen Nancy den Leuten, die zu ihm kamen, zeigte, wie man Leiden leicht und schnell heilen kann, wenn man die Autosuggestion richtig ausübt, sammelte ein junger deutscher Nervenarzt an der Medizinischen Universitätspoliklinik in Breslau seine ersten Erfahrungen mit hypnotisierten Patienten. Abend für Abend behandelte er im Hypnoseambulatorium der Klinik am Burgfeld, oft bis gegen Mitternacht, etwa 40 bis 50 Patienten. Er hieß *Dr. Johannes Heinrich Schultz* und war später Professor in Berlin. 1932, als *Coué* (1857–1926) schon nicht mehr lebte, schrieb *J. H. Schultz* das Vorwort zur ersten Auflage seines berühmten Buches »Das autogene Training«.

»Die Patienten lagen«, schreibt *Schultz,* »in verschiedenen Räumen oder saßen in bequemen Lehnstühlen verteilt. Und ich, der junge Hypnoseenthusiast, ging nun von Raum zu Raum, von Patient zu Patient, um den Zustand zu kontrollieren und jedem einzelnen suggestive Anregungen zu vermitteln.« Damit machte der Berliner Nervenarzt *J. H. Schultz* das, was etwa 40 Jahre vor ihm ein anderer berühmter Nervenarzt schon getan hatte: *Auguste Forel,* der auf der Schweizer Tausendernote »verewigte« Westschweizer Arzt und Ameisenforscher, hypnotisierte seine Patienten auf ähnliche Weise. Die Arbeiten Forels, der auch Direktor der Psychiatrischen Universitätsklinik Burghölzli in Zürich war, standen auf dem Gebiet der wissenschaftlichen Psychiatrie seit 1887 ganz unter dem Zeichen der Hypnose.

Hypnose - ein Wort mit einem Hauch von Magie

Was ist das: Hypnose? Scharlatanerie, Teufelsbund, Hokuspokus oder Heilmethode? - Im Grunde bloß ein Wort für einen bestimmten Hirnzustand, einen ganz normalen übrigens, den jeder im Alltag ab und zu spontan erlebt. Wer zum Beispiel längere Zeit auf der Autobahn fährt, erlebt einen Zustand, in dem das Bewußtsein abgesenkt ist. Die Lebensprozesse, einschließlich der Selbstwahrnehmung, spielen sich auf einer anderen Basis ab, als dies im Wachzustand oder im Schlaf der Fall ist. Diese abgesenkte Bewußtseinslage ist ein hypnotischer Zustand. Man spricht daher von der Autobahnhypnose.

Auch wer irgendwo sitzt, liegt, sich entspannt und dabei in die Weite, ins Blaue schaut und träumt, ist in eine Art Hypnose gefallen. Wer sich in ein Buch vertieft hat, von einem spannenden Roman oder Selbsthilfebuch gefesselt wird, ist wie in einem hypnotischen Zustand, er ist vom Buch hypnotisiert worden. Und wenn die Mutter ihrem Kind tief in die Augen schaut und ihm sagt, es müsse pünktlich um 12 Uhr am Mittagstisch sein, und das Kind sich dann, etwas unruhig geworden, kurz vor 12 Uhr von seinen Spielkameraden verabschiedet, um ja nicht zu spät nach Hause zu kommen, so hat das Kind einen posthypnotischen Auftrag erfüllt, es hat also eine Suggestion mit Spätwirkung (post = spät) erlebt.

Es ist ein Zeichen für Intelligenz und Konzentrationsfähigkeit, nicht etwa ein Zeichen geistiger Schwäche, wenn man hypnotisierbar ist. Statistisch gesehen lassen sich nur etwa 6 % aller Menschen nicht in einen hypnotischen Zustand versetzen. Zu diesen gehören auch die Gehirnkranken. Und hypnotisieren können sozusagen alle. Allgemein gesagt kann also jeder von suggestiven Anregungen profitieren, grundsätzlich kann jeder solche auch geben. Und er gibt sie auch, wenn nicht immer ganz bewußt, so doch spontan und unbewußt.

Natürlich ist auch hier nicht jeder gleich ein Virtuose, ein Meister dieses Faches also. Obwohl man mit Hypnose und Suggestivverfahren nicht nur verschiedene Erlebnistiefen, sondern sogar Anästhesie erreichen und mit ihrer Hilfe ohne irgendwelche anderen Betäubungsmittel Patienten operieren kann, obwohl also auch in der Medizin seit Generationen Hypnose praktiziert wird, stellen sich dennoch die meisten von uns sogar heute noch unter Hypnose etwas Geheimnisvolles, ja Bedrohliches vor. Sie verbinden mit diesem Begriff übersinnliche Kräfte und die stechenden Augen eines »Magiers«, der jede Willenskraft bricht. Für viele ist alles, was mit Suggestion und Hypnose zu tun hat, ein »rotes Tuch«, das heftige, ablehnende Reaktionen hervorruft. Sie sagen, die verschiedenen Entspannungs- und Meditationstechniken seien samt und sonders schädlich, Suggestion sei gefährlich und darum abzulehnen, Hypnose sei nichts anderes als teuflische »Hexerei«.

Das Phänomen der Hypnose ist seit dem Altertum bekannt.

Aber man nannte es nicht immer so. Man sprach von archaischer Ekstase, von Tempelschlaf bei den Ägyptern, von Magnetismus Animalis, von Somnabulismus. Erst 1843 wurde der Begriff Hypnose (= schlafähnlicher Zustand) durch den englischen Augenarzt Braid geprägt. Und so wie das Wort bekannt wurde, kam es auch in Verruf. Weil man zuließ, daß Bühnenzauberer Leuten in abgesenkter Bewußtseinslage, eben in hypnotischem Zustand, suggerierten, sie seien Hühner oder tanzende Besen und diese die suggestiven Anregungen beängstigend gut - zum Gelächter des Publikums natürlich - realisierten. Ich selbst habe als 12jähriger in der Klosterschulzeit an Bühnenhypnosen teilgenommen und dabei erstmals echte Trancezustände miterlebt. Doch heute bin ich fest davon überzeugt: Hypnose gehört nicht auf die Bühne. Ganz einfach, weil dort die Show und nicht die Gesundheit des Menschen wichtig ist. Und wenn nicht sorgfältig aus dem tiefen hypnotischen Zustand in den Wachzustand zurückgeführt wird, kann dies unter Umständen für die hypnotisierte Person mit starken Kopfschmerzen und anderen Unannehmlichkeiten verbunden sein. Darum ist wohl in zahlreichen Ländern die Bühnenhypnose verboten, nicht aber weil die Technik der Hypnose grundsätzlich auf »Hexerei« beruht.

Dennoch, oder vielleicht gerade deswegen, umgibt das Wort Hypnose stets ein Hauch der Magie und des Unheimlichen. Vielleicht aber steht auch nur Angst hinter dem Vorurteil. Angst, weil man schon gesehen oder gehört hat, daß die brasilianische Riesenschlange ihr Opfer »hypnotisiert« und das erstarrte Tier verschlingt, ohne daß dieses sich wehren kann, daß der Mungo mit seinem »hypnotischen Blick« giftige Schlangen verjagen oder daß ein plötzlicher Druck (eine Art Akupressur) auf einen gewissen Punkt einer »hypnogenen Zone« das gefährliche Krokodil so passiv machen kann, daß man es drehen und wenden kann, wie man will.

So spricht man denn heute doch lieber von der Coué-Methode oder von autogenem Training statt von Selbsthypnose, von Sophrologie und von vertiefter Ruhebehandlung, wenn Hypnose in der Medizin angewandt wird. Im Grunde aber handelt es sich nur um die unterschiedliche Beschreibung desselben, ganz natürlichen Zustands, den schon die Ägypter, die alten Griechen oder die »Hexen« des Mittelalters genauso herbeiführen konnten und erleben wollten, wie Kinder und Erwachsene (und übrigens auch Tiere) das heute überall bewußt oder unbewußt tun.

Suggestion

»Ich mache Coué, *das ist etwas ganz Natürliches«,* sagte ein etwa 80jähriger Mann, als ich ihn fragte, was er von Entspannungsmethoden, Suggestion und Hypnose halte, »darin bin ich geübt. Wenn ich mir den Kopf anschlage und mir dann sage, das geht gleich vorbei, dann läßt der Schmerz schneller nach, als wenn ich zu jammern und zu klagen beginne.«

Jeder weiß, wie man gewisse Schmerzen »abschalten« kann, und praktiziert dies auch. Kommt ein Kind heulend und schreiend vom Spielplatz, nimmt die Mutter oder der Vater den angeblich so furchtbar schmerzenden Kinderarm und sagt ruhig und vor allem überzeugend: »So, jetzt blasen wir beide darauf, und dann geht der Schmerz weg; es tut dann gar nicht mehr weh.« Gesagt, getan, der Schmerz ist weg, und das Kind geht lachend zurück zu seinen Spielgefährten. Das ist Suggestion. Genauer gesagt: Autosuggestion oder Selbstbeeinflussung.

Es gibt im Grunde keine Fremdbeeinflussung, höchstens die Angst davor.

Auch wenn, wie beim obigen Beispiel, die suggestive Anregung von einem Elternteil ausging, ist die erfolgreiche Schmerzbeseitigung nur möglich, wenn das Kind imstande ist, die elterliche Anregung anzunehmen und autosuggestiv zu verarbeiten. In der Umgangssprache sagt man: »Man muß nur daran glauben.« Nur wenn also das Kind dem Erwachsenen glaubt, wirkt diese Methode der Schmerzbeseitigung, sonst nicht. »Suggestion«, so die Definition von Prof. Dr. med. D. Langen im »Kompendium der medizinischen Hypnose«, »ist ein ich-fremder Einfluß, der bei positiver emotioneller Wechselbeziehung angenommen und autosuggestiv verarbeitet wird«.

Jede Beeinflussung also ist im Grunde Selbstbeeinflussung. Und das ist gut so; denn sonst wäre ja Freiheitsberaubung durch Suggestionen tatsächlich möglich. Dann wäre es sogar möglich, einem Bankangestellten zu suggerieren, daß er dem Kunden am Schalter jeden beliebigen Betrag ohne Quittung aushändigt, dann wäre es möglich, dem beneideten Nachbarn sein Haus zu einem Discountpreis oder gratis wegzusuggerieren. Stellen Sie sich vor, welcher Mißbrauch getrieben würde, wenn Freiheitsberaubung tatsächlich mittels Suggestion möglich wäre. Also: Jede Suggestion wirkt nur, wenn sie bewußt oder unbewußt angenommen und damit autosuggestiv verarbeitet wird, sonst nicht.

Doch gibt es nicht nur die Wortsuggestion. Weil ja letztlich die Geisteshaltung suggestiv wirkt, können auch Blicke »töten«. Kommt zum Beispiel ein Kollege morgens in die Firma, und Sie sagen nichts, betrachten ihn aber forschend ein paar Augenblicke, dann macht er sich unwillkürlich seine Gedanken. Vielleicht fragt er Sie, was denn los sei, vielleicht geht er auf die Toilette, um sich sein Gesicht anzusehen. Möglich sogar, daß der eigentlich völlig gesunde Kollege mittags bereits über Kopfschmerzen klagt, weil Ihr prüfender Blick bei ihm die Autosuggestion ausgelöst hat: »Vielleicht stimmt mit meiner Gesundheit etwas nicht, sonst hätte mich der oder die (gemeint sind Sie) nicht so merkwürdig angeschaut.« Eine suggestive Anregung von außen, ein forschender Blick, ein formelhafter Vorsatz oder auch eine bestimmte Geisteshaltung hat also nur dann Wirkung, wenn eine autosuggestive Verarbeitung erfolgt, sonst nicht. Das muß man sich immer wieder ins Gewissen rufen.

Selbst dort, wo ein Heiler durch sein Handauflegen Wärme, Ruhe und Entspannung erleben läßt, wird eine damit verbundene Besserung oder gar Befreiung von einem lästigen Leiden im Grunde vom Patienten selbst autosuggestiv herbeigeführt. Ohne die entsprechende positive Geisteshaltung des Betroffenen geschieht jedenfalls nichts.

Besonders der französische Apotheker *Coué* hat immer wieder gerade darauf hingewiesen. »Wenn die Leute glauben«, pflegte der kleine, spitzbärtige Mann in der französischen Stadt Nancy seinen Schülern zu sagen, »daß ich ein Wundertäter bin, so täuschen sie sich. Ich habe noch nie jemanden geheilt, ich zeige den Leuten nur, wie sie sich selbst helfen können.«

Jeder hilft sich im Grunde selbst, oft geschieht dies bewußt, meistens aber unbewußt. In der Bibel steht es mit anderen Worten geschrieben: »Dein Glaube hat dir geholfen.« Sicher meinen die Bibel und Coué dasselbe.

»In jedem Menschen wohnt ein »innerer Arzt«, predigte Coué. »Dieser weiß am besten, was zu tun ist, wenn irgendwo im Organismus ein Krankheitsprozeß abläuft. Nur muß man ihn auch daran erinnern.« Und die Einstellung im Gehirn muß natürlich gut sein; denn die Selbstheilungskräfte wirken nicht von allein richtig. Wenn sich jemand beim Skifahren einen Knochen gebrochen hat, so wächst dieser Knochen zwar wieder zusammen; aber er wächst so zusammen, wie er liegt. Damit der Knochen richtig zusammenwächst, muß er vom Facharzt in die entsprechende Lage gebracht werden. Hier muß zuerst also ein Eingriff vorgenommen werden. Genauso ist es bei allen Problemen. Wenn jemand die lästige Gewohnheit hat, vor Verlassen seiner Wohnung sämtliche Türen mehrmals zu kontrollieren, ob sie auch geschlossen sind, so verliert er diese Zwangshandlung dank der Selbstheilungskräfte nicht einfach nach ein paar Jahren automatisch. Wenn es nach dem handelnden Organismus ginge, müßten solche Zwangshandlungen ein Leben lang bleiben. Hier kann nur die richtige Einstellung, wenn sie autosuggestiv wirkt, Besserung

bringen. Die Änderung in der Einstellung wird also nicht durch die Selbstheilungskräfte gemacht, sie muß aktiv herbeigeführt werden.

Coués Zauberformel, »es geht mir jeden Tag in jeder Hinsicht immer besser und besser«, die in der ganzen Welt bekannt ist, wenden heute noch Tausende an, um ihren »inneren Helfer« an die Arbeit zu schicken. Millionen praktizieren das autogene Training und schicken ihren »inneren Arzt« mit Sondersuggestionen, wandspruchartigen Leitsätzen und formelhaften Vorsätzen an die Arbeit. Übertrieben Ängstliche denken oder sagen sich: »Ich bin ruhig, mutig und frei«, Übergewichtige: »Ich bin ruhig und satt, und ich nehme jetzt ab«, von Minderwertigkeitsgefühlen Geplagte: »Ich fasse Selbstvertrauen«, Raucher: »Rauchwaren sind ganz gleichgültig« usw. Und wenn solche Einstellungen, auch Sondersuggestionen genannt, autosuggestiv verarbeitet werden, dann wirken sie auch; natürlich nur im Rahmen der persönlichen Möglichkeiten.

Vor dem Einschlafen und unmittelbar nach dem Aufwachen gelingt die autosuggestive Verarbeitung im allgemeinen leicht, weil man dann keine Willensanstrengungen macht und sich in jenem Zustand der abgesenkten Bewußtseinslage befindet, der einer Hypnose ähnlich ist. Wer eine positive Einstellung, eine bestimmte Vorsatzbildung auch mit in den Schlaf nimmt, wird sofort, sicher aber mit der Zeit, ihre Verwirklichung im Rahmen des Möglichen erleben. Welche Vorsatzbildung in welcher Situation die beste und erprobteste ist, habe ich in meinem Buch »Lebe besser mit Autosuggestion« (Schwabe Verlag, Basel) ausführlich, mit den entsprechenden Fallbeispielen aus langjähriger Praxis belegt, beschrieben.

Millionen Menschen machen autogenes Training.

Das heißt, sie können ihre Bewußtseinslage mit den Autosuggestionen des autogenen Trainings absenken: »Ich bin ganz ruhig«, »Arme und Beine sind schwer« (Muskelentspannung); »Arme und Beine sind warm« (Gefäßentspannung); »das Herz schlägt ruhig und gleichmäßig«; »die Atmung ist ganz ruhig und gleichmäßig«; »das Sonnengeflecht (Nervenzentrum der Bauchorgane) ist strömend warm«; »die Stirn ist angenehm kühl« (örtliche Gefäßverengung). Das Ergebnis ist ein entspannter Ruhezustand mit warmem Körper und angenehm kühlem Kopf – ein überraschendes, vorher kaum empfundenes

Wohlbefinden; ein gehobenes Gefühl, in dem dann formelhafte Vorsätze angenommen und autosuggestiv verarbeitet werden können.

Wegen der möglichen Begleiterscheinungen soll die Methode des autogenen Trainings mit Hilfe eines Lehrers erlernt werden.

Die Vertiefung der Bewußtseinslage mit Hilfe des autogenen Trainings sollte man sich nicht im Selbstunterricht aneignen. Ein wichtiger Grund dafür sind die autogenen Entladungen und Begleiterscheinungen, die bei systematischer Herbeiführung des Hypnoids, des Zustands also, in dem formelhafte Vorsätze autosuggestiv verarbeitet werden, zu beachten sind. So kommt es zum Beispiel bei der Übung der Schwere zu einer Entspannung der Muskeln, und dabei treten oft unangenehme Symptome wie Ziehen, schmerzhafte Schwere oder Kribbeln auf, die jedoch durchaus nicht als krankhaft zu gelten haben. Sie verschwinden mit zunehmender Übung. Wer aber nicht weiß, daß es sich dabei um Entspannungseffekte handelt, kann daraus leicht eine falsche Suggestion ableiten und so den zunächst unangenehm erscheinenden Begleiteffekt sogar noch verstärken. Diese Gefahr ist kaum vorhanden, wenn jemand vor dem Einschlafen oder sofort nach dem Aufwachen positive Gedanken hat, also Autosuggestion nach der Methode von Coué betreibt, oder wenn man auf ausgedehnten Spaziermärschen, statt Probleme zu wälzen, zu grübeln oder Luftschlösser zu bauen, ununterbrochen positive Gedanken wiederholt.

In den vergangenen 15 Jahren habe ich mehr als 4000 Menschen in die Technik des autogenen Trainings eingeführt. Menschen aus allen Schichten, Gesunde und Kranke, Spitzensportler, Weltklasseschachspieler, Konzertpianisten, Künstler, ganze Fußballmannschaften, eine Nationalmannschaft und in letzter Zeit besonders häufig Führungskräfte aus Wirtschaft und Politik. Ärzte und Psychologen haben ebenfalls aus meinen Erfahrungen auf dem Gebiete der Autosuggestion Nutzen gezogen. Presse und Radio berichteten oft direkt von meinen Kursen mit großen Gruppen. Und die Erfolgsmeldungen und Dankesschreiben könnten jetzt schon ganze Bücher füllen. Ich will hier nur wenige davon herausgreifen.

»Es sind schon wieder einige Wochen her, seit ich Ihren Kurs über das autogene Training besuchen durfte. Kaum ein Tag vergeht, an dem ich nicht an das Gehörte oder Gelernte erinnert werde. Dann kommt auch jedesmal die leise Aufforderung: »Bedanke dich doch, und gib preis, was dir geholfen hat««, schreibt eine Krankenschwester.

»Daß sich mein Blutdruck normalisiert hat, konnte ich ja schon am dritten Kursabend berichten. Eine weitere Besserung erlebte ich durch die Befreiung vom Zwang der Selbstkontrolle meines Blutdruckes. Mit der Formel: »Der Blutdruck ist gut, ich liebe das Leben« bleibt mein Blutdruckmeßgerät im Schrank, und mein Gemüt bleibt gelassen. Überhaupt bin ich daran, das Wort Gelassenheit wirklich groß zu schreiben«, schreibt eine Teilnehmerin.

»Ich erachte es als eine göttliche Fügung, daß ich auf das autogene Training aufmerksam gemacht wurde. Mir ist die Tür zu einem ganz neuen Sein weit aufgegangen. Sogar die Bibel lese ich mit tieferem Verständnis und fröhlicherem Glauben«, schreibt ein tief religiöser Kursteilnehmer.

»Für die hervorragende Leitung des autogenen Trainingskurses möchte ich mich bei Ihnen ganz herzlich bedanken. Ich schätze es sehr, daß Sie uns ganz präzis nach der Methode von Schultz unterrichten. Sie konnten mir aber noch manches mehr mitgeben. Ich habe bei Ihnen wirklich realisiert, wie wichtig es ist, an sich selber zu »arbeiten« und sich nicht immer an jemanden anzulehnen. Das wird mir eine Hilfe für das ganze Leben sein. Ich möchte es jetzt wirklich versuchen, meine Schwächen in Kräfte umzuwandeln und ein freies Leben zu führen.

Ich wünschte nur, daß all die Leute, die Probleme oder sonst Schwierigkeiten haben, bei Ihnen einen Kurs besuchen könnten. Sie haben eine wahre Begabung, den Menschen auf den richtigen Weg zu helfen. Freundliche Grüße von einer begeisterten Kursteilnehmerin.«

Natürlich sind solche Briefe Honig auf das Brot eines Kursleiters. Und jeder, der etwas vermittelt, braucht ihn. Andererseits wäre übertriebene Anlehnung an einen »Guru« sicher nicht im Interesse des autogenen Trainings.

An diesem Punkte drängen sich einige Fragen auf: Was ist denn das für eine Methode, was kann da Besonderes daran sein, daß sich Weltklasseschachspieler wie *Viktor Kortschnoi* oder *Boris Spassky* genauso dafür interessieren wie Krebskranke? Was haben Spitzenfußballer und Konzertpianisten gemeinsam, daß sie von der gleichen

Methode profitieren können? Warum können schon 6jährige Kinder autogenes Training machen, 4jährige aber nicht? Was erwarten Manager vom autogenen Training und was die Hausfrauen? Was kann ein 86jähriger mit der gleichen Methode anfangen, die einem Fußballtrainer persönliche Erfolge bringt? Um was geht es denn beim autogenen Training wirklich? Was ist daran so bemerkenswert, daß sich Millionen auf der Welt gerade für diese Methode interessieren?

Was ist autogenes Training wirklich?

Das autogene Training wurde unmittelbar im Anschluß an die Erfahrungen, die mit der Hypnose gemacht wurden, entwickelt. Mit diesem klaren Satz hat *J. H. Schultz,* der Berliner Nervenarzt und Begründer des autogenen Trainings, bereits 1929 in einer seiner zahlreichen Veröffentlichungen den Standort des autogenen Trainings eindeutig bestimmt. Das autogene Training ist eine methodisch exakt aufgebaute und gesteuerte Selbsthypnose. Die systematische Anwendung von Autosuggestionen bewirkt das Hypnoid. Was nicht ins Hypnoid, also in den Zustand, in dem Autosuggestionen wirksam sind, führt, darf nicht autogenes Training genannt werden.

Was ist das Hypnoid?

Ich betrete einen Raum, in dem über 40 Personen, die ich noch nicht kenne, auf den Beginn eines Kurses über autogenes Training warten. Die Atmosphäre ist erwartungsvoll gespannt. Die Menschen sitzen in Konzertbestuhlung vor mir, und vor einer großen Leinwand, auf die später Dias zur Erklärung des autogenen Trainings projiziert werden, stehen drei leere Stühle. Ich bitte nun drei Personen aus dem Publikum, darauf Platz zu nehmen; ich will das Hypnoid demonstrieren. Niemand meldet sich. Ich sehe ängstliche Gesichter. Ich warte. Schließlich kommen zwei Damen und ein Herr nach vorn und setzen sich auf die Stühle. Ich danke ihnen und bitte um einen kräftigen Applaus. Der Applaus ist zögernd. Aber die Spannung ist gewichen, die Leute sind schon gelöster. »Wissen Sie«, erkläre ich überzeugend, »wenn man durch das Tor ins Unbewußte vordringen will, dann braucht man in erster Linie eine aufgehellte, positive Grundstimmung. Ohne diese geht nichts. Es gibt viele Menschen, die reden sich positiv zu, tun dies aber mit einer Sauermiene, daß man bereits im voraus sagen kann, daß jeder Ansatz zum Erfolg scheitern wird.«

Nun bitte ich – in dieser gelösten, gelockerten Stimmung – die drei Kursteilnehmer, sich genauestens an meine Anweisungen zu halten, die Augen zu schließen und etwa zwei bis drei Minuten ganz ruhig zu sitzen. Während im Saal nun erwartungsvolle Ruhe herrscht, spürt man, daß sich die drei Personen genauestens nach meinen Anweisungen verhalten; denn es findet jetzt spürbar eine Bewußtseinsveränderung in ihnen statt. Ich fühle, daß die Vertiefung begonnen hat. Oft werde ich gefragt, wie man diese Vertiefung denn spüre, dann antworte ich mit folgendem Beispiel aus dem Alltag: Wenn man ein Zimmer betritt, in dem jemand schläft, so kann man sofort sagen, ob der andere im Raum wirklich schläft oder sich nur schlafend stellt. Diesen Unterschied kennt jeder aus der eigenen Erfahrung. Man sagt darum auch: »Du mußt ihn nur etwas kitzeln, und er ist wach, denn er schläft gar nicht, er tut nur so, als würde er schlafen.« Oder aber man sagt: »Psst, ganz ruhig, keinen Lärm machen; denn er schläft.«

Nun bitte ich die drei Freiwilligen, an den rechten Arm zu denken und sich dabei vorzustellen, wie der Arm ganz leicht wird. Ihre Gesichtszüge werden sofort konzentrierter. Man sieht förmlich, was sie denken. Noch passiert aber nichts Beobachtbares. Ich bitte nun die Personen, die den Hypnoid-Versuch machen, konsequent an der suggerierten Vorstellung festzuhalten und hinzuzufügen, daß der Arm leichter und leichter werde. Ich fordere sie auf, diesem Gefühl der Leichtigkeit keinen Widerstand entgegenzusetzen, sondern den Arm, dem leichten Gefühl folgend, steigen zu lassen. Nun können die übrigen Kursteilnehmer sehen, wie sich bei einer Dame die Finger der rechten Hand strecken und wie sich die Hand ruckartig vom Oberschenkel abhebt und langsam höher und höher steigt, bis sie etwa 10 cm über dem Oberschenkel schwebt. Bei der zweiten Dame hat sich der Arm ebenfalls verschoben, aber nicht nach oben, sondern nach hinten. Bei dem Herrn in der Mitte jedoch ereignet sich nichts. Seine Gesichtszüge wirken verspannt. Die Stimmung im Raum ist beeindruckend gespannt.

Nun bitte ich alle drei Versuchspersonen, sich vorzustellen, daß der Arm wieder locker und schwer sei und, dem Schweregefühl folgend, auf die Unterlage zurückgleite. Alle Arme sind unten, es erfolgt die Aufforderung, beide Arme kräftig zu beugen und zu strecken, tief ein- und auszuatmen und die Augen zu öffnen. Die

Zuschauer applaudieren nun begeistert und kräftig. Die Diskussion kann beginnen.

Wissen auch Sie nun, was ein Hypnoid ist? Es ist eine abgesenkte Bewußtseinslage, ganz ähnlich der, die wir erleben, bevor wir in den Schlaf fallen. Und in dieser abgesenkten Bewußtseinslage dominiert die Vorstellung, nicht mehr der kritische Verstand. Darum hatte der Herr in dieser Demonstrationsgruppe noch Mühe. Als technischem Beamten fiel es ihm nicht sofort leicht, ganz dem Gefühl, nicht dem kritischen Menschenverstand, den Vorrang zu geben. Wer aber ins Unbewußte vordringen, wer dort gute Vorsätze plazieren will, muß, auf welchem Weg auch immer, der Vorstellung und damit dem Gefühl den Vortritt lassen. Das ist nur eine Frage der Übung. Jeder kann das; denn früher, in der kindlichen Welt, lebten wir alle ganz in der Vorstellungswelt. Erst später wurde das kritische Denken mit all seinen Vor- und auch Nachteilen, auf die ich später noch ausführlich eingehen werde, wichtig. Natürlich ist das kritische Denken für die Lebensbewältigung bedeutend, doch um das Tor zum Unbewußten zu durchschreiten und in die Tiefe zu gelangen, braucht es keinen kritischen Verstand, sondern inneres *Loslassen.* Zum Verständnis ein Vergleich: Es nützt nichts, über Schwimmtechniken zu diskutieren und zu debattieren. Wer schwimmen will, muß ins Wasser steigen und den Boden unter seinen Füßen aufgeben, sich ganz seiner Einstellung, schwimmen zu können, überlassen; innerlich loslassen.

Die dritte Person in dieser Demonstrationsgruppe schließlich, jene Frau, deren Arm nicht anstieg, sondern sich nach hinten verschob, konnte zeigen, daß jeder Mensch in der Umschaltung anders reagiert. Das ist wichtig für das autogene Training. Es wird nämlich keiner genau gleich wie der andere entspannen, weil ja das Unbewußte im Menschen, mit seinen Millionen von Schaltmöglichkeiten, die Abläufe diktiert.

Das eben demonstrierte Hypnoid, welches das Tor zum Unbewußten öffnet, hat viele Bezeichnungen. Wem das Wort Hypnoid nicht gefällt, der sagt »organismische Umschaltung«, oder er spricht von »abgesenkter Bewußtseinslage mit nach innen gekehrter Aufmerksamkeit«. Allein auf den Zustand, nicht auf die Bezeichnung, kommt es letztlich an. Denn was nicht ins Hypnoid führt, darf dann auch nicht autogenes Training genannt werden. Ob diese Umschaltung stattgefunden hat, wird auch von anderen Methoden geprüft. So führte Emil Coué mit seinen Schülern den in meinem Buch »Lebe besser mit Autosuggestion« beschriebenen Handfalteversuch durch. Und sogar lange bevor die medizinische Hypnose ihre Erfahrungen preisgab, machten Bühnenhypnotiseure Tests mit ihren Versuchspersonen, eben Umschaltungstests. Denn wer nicht umschaltet, ist auch für Bühnenhypnosen ungeeignet. Als wir als Buben unsere ersten Versuche auf dem Gebiet der Hypnose durchführten, verwendeten wir vornehmlich die Kieferstarre als Umschaltungstest. Wir suggerierten unseren Mitschülern, der weit geöffnete Mund würde steif und ganz starr und sie könnten den Mund nicht schließen, solange nicht, bis sie dazu aufgefordert würden. Dann erst könnten sie den Kiefer wieder betätigen, den Mund schließen und sich dabei ganz wohl fühlen. Wir waren nicht wenig erschrocken, daß dies schon beim ersten Versuch so leicht gelang. Einmal jedoch, als unerwartet der Lehrer dazukam, hatten wir keine Zeit mehr zu desuggerieren. Der Schulfreund konnte zwar seinen Kiefer behelfsmäßig etwas zusammendrücken, aber erst nach vier Stunden war die Starre endgültig verschwunden. Ganz weg war sie erst, als wir ihm anschließend auf seinen Wunsch hin die Starre im Kiefer noch einmal ganz gezielt wegsuggerierten.

Solche Situationen machen deutlich, wie gefährlich der Umgang mit Suggestionen sein kann. Es handelt sich dabei nicht um Spielerei, sondern um einen Eingriff in die Persönlichkeit, der sorgfältig geplant und durchgeführt werden muß, wenn er ganz zum Wohle des Mitmenschen geschehen soll.

Wenn das Tor zum Unbewußten offen ist, dann können sich die interessantesten Dinge ereignen. Was das Unbewußte zu leisten vermag, wurde auch vom Begründer des autogenen Trainings eingehend demonstriert. Schultz verzichtete nie auf Demonstrationen. Und er begründet dies in seinem Werk »Das ist autogenes Training« (Georg Thieme Verlag) wie folgt: »Da die allgemeine Technik des autogenen Trainings sich prinzipiell im Sinne lösend entspannender Ruhigstellung bewegt, könnte leicht der Eindruck entstehen, als sei seine Bedeutung in dem Problem der Entspannung erschöpft und das ganze Verfahren lediglich zureichend, diejenigen Leistungen alltäglicher Hygiene und fremdsuggestiver Umschaltung zu erlauben, bei denen Entspannung und Ruhigstellung entscheidend sind. Diesen Irrtum können wir durch ein Experiment widerlegen, das im Gegensatz zum bisher geschilderten, durchschnittlichen Verlauf des Trainings nicht als eigentliche und allgemeine Übungsaufgabe, sondern als Demonstration anzusehen ist. Wir meinen die *Darstellung aktiver, spannender Muskelleistung auf konzentrativer Basis,* Phänomene, die aus dem Suggestivarbeiten alten Stiles als Darstellung der *hypnotischen Katalepsie* bekannt sind.«

Der kataleptische Arm

Zur Darstellung aktiver, spannender Muskelleistung auf konzentrativer Basis gehen wir im autogenen Training folgendermaßen vor: In sitzender Haltung wird in typischer Weise vertieft und bei geschlossenen Augen die Umschaltung durchgeführt; dann, »rein gedanklich im Kopf«, konzentriert man sich auf die Vorstellung: »Der Arm ist ganz steif.«

Im allgemeinen bleibt diese Umschaltung und Konzentration zunächst ohne tastbaren Einfluß auf die Muskulatur. Hebt eine Kontrollperson aber, nach vorsichtiger, fixierender Stützung des Oberarmes der Versuchsperson, langsam-gleitend, ohne jeden Ruck also, den Unterarm der Versuchsperson exakt in der Führungsebene des Ellbogengelenkes an, so spürt die Kontrollperson einen deutlichen, oft ganz enormen Muskelwiderstand. Von der genauen Muskelleistung allerdings weiß und spürt die Versuchsperson nichts.

Ein 16jähriger schilderte sein Erlebnis gegenüber dem Sendeteam des Schweizer Radios, das seine Übung mitverfolgt hatte, so: »Als ich mir eingab: »Der rechte Arm ist ganz steif«, bekam ich sofort die Vorstellung eines Holzstapels. Wenn an meinem offenbar steifen Arm gezogen wurde, bewegten sich ein oder mehrere Hölzer, je nachdem, nehme ich an, wie stark an meinem Arm gezogen wurde. Einmal wurde offensichtlich so heftig an meinem steifen Arm »herumgemacht«, daß ich Angst bekam, der Holzstapel könnte plötzlich auseinanderfallen. Ich spürte, daß ich in diesem Falle sofort aus der Übung gefallen und in den Wachzustand katapultiert worden wäre. Als die Kontrolle dann beendet war, stand der Holzstapel in der Vorstellung wieder klar und ruhig vor mir, allerdings jetzt mit einer dünnen, ganz weißen Schneeschicht bedeckt. Das Gefühl war sehr gut, fast etwas gehoben und euphorisch.«

In dieser treffenden Beschreibung ist nicht nur die perfekte Realisierung der Suggestion, sondern auch das ganze Prinzip des autogenen Trainings zu erkennen: Abgesenkte Bewußtseinslage und Dominanz der Vorstellung mit entsprechender Körperreaktion.

Natürlich beruhigen und überzeugen auch solche Demonstrationen noch lange nicht jeden Zweifler. Darum ist in der alten Suggestivschule etwas demonstriert worden, was auch heute noch jeden Kursteilnehmer sehr beeindruckt:

Die kataleptische Brücke

Eine gepflegte Dame mit schon leicht ergrautem Haar will diese Brücke freiwillig demonstrieren. Sie hat schon viel darüber gelesen, und sie will sich die Gelegenheit nicht entgehen lassen, dieses Phänomen auch einmal am eigenen Leibe zu erleben. Sie steht mit geschlossenen Füßen vor mir. Ihre Augen sind geschlossen. Ich lege ihr beide Hände auf die Schultern und fordere sie auf, sich ganz zu lockern, zu entspannen, sich ein Brett vorzustellen und in Gedanken einzugeben, ihre Arme und Beine seien steif wie ein Brett, ihr ganzer Körper sei steif wie ein Brett. Ihre Hände sind an die Oberschenkel gepreßt. Ich beginne ihren Körper leicht zu bewegen. Wie ein Brett läßt sich der Körper hin- und herbewegen. Auch die Beine sind jetzt ganz fest. Drei Kursteilnehmer helfen, den Körper der Frau wie ein Brett auf zwei Stuhllehnen zu legen. Ein leichter Druck auf den Bauch der Frau zeigt, daß der Körper fest ist, aber dennoch »federt«. Dies ist ein wichtiges Zeichen, daß der Körper richtig umgeschaltet und versteift ist. Die Augenlider der Frau zittern leicht, sie atmet ruhig. Ein stärkerer Druck auf den Bauch der Frau zeigt, daß der Körper mit jedem Druck steifer und steifer wird. Schließlich kann eine Kursteilnehmerin sogar problemlos auf der »Brettfrau« stehen. Die Bewunderung im Publikum ist groß. Vor allem beeindruckt die Schnelligkeit, mit der die Teilnehmerin die kataleptische Brücke realisiert hat. Nun wird sie wieder auf ihre Beine gestellt und anschließend aufgefordert, die Vorstellung des Brettes loszulassen und sich einzugeben, daß die Steifheit ganz verschwinde, ihr Körper völlig gelöst, gelassen und vollkommen entspannt sei. Dann nimmt sie die Übung zurück, sie beugt die Arme und bewegt die Beine ganz bewußt, atmet tief durch und öffnet dann die Augen. Unter großem Applaus erklärt sie, sie fühle sich herrlich, völlig entspannt und spüre nichts von irgendeiner Anstrengung.

Natürlich entbrennt nach einer solchen Demonstration stets auch die Diskussion. Die Teilnehmer wollen vor allem wissen, ob man bei solchen Demonstrationen denn völlig »weg« sei, ob man alles mithöre, ob man nicht plötzlich Angst habe, es könne nicht gelingen, ob man denn spüre, wenn eine Person auf einem stehe, was das überhaupt für ein Gefühl sei. Man ist nicht »weg«, erkläre ich ihnen dann, denn hypnotische Tiefe - das werde ich später noch ausführlich darstellen - ist ein von besonderer Klarheit der Gedanken geprägter Bewußtseinszustand, kein Schlafzustand im üblichen Sinne. Im kataleptischen Zustand hört die Person alles, sie hat keine Angst, etwas könne nicht gelingen. Es ist ein Gefühl völliger Entspanntheit, ohne Wissen um die Muskelleistung.

Ein Kunstturner, der eine solche Demonstration ebenfalls mitverfolgte, meldete sich spontan mit der Bitte, man möge ihn doch ohne suggestive Vorbereitung so auf zwei Stuhllehnen legen. Er könne die Brücke bestimmt auch vorführen, ohne sich dabei zu vertiefen. Gesagt, getan. Der junge Kunstturner lag wie ein Brett auf zwei Stuhllehnen. Also läßt sich diese Übung auch ohne Vertiefung durchführen? Nach einigen Minuten begann der Körper des Kunstturners ganz leicht zu vibrieren. Später versuchte er, seine Lage dadurch zu halten, daß er beide Füße übereinanderdrückte. Dann wurde er vorsichtshalber von freiwilligen Helfern aus seiner ungemütlichen Lage befreit. Der Körper einer Lehrerin, die gleichzeitig mit dem Kunstturner, aber in hypnotischer Katalepsie, auf zwei Stuhllehnen gelegt worden war, wurde dagegen immer steifer und fester, gerade so, wie ein guter französischer Rotwein durch Lagerung immer besser und besser wird.

Worin liegt der Unterschied zwischen willentlicher (bewußter) und suggestiver (unbewußter) Muskelstraffung?

Wer längere Zeit Gartenarbeit verrichtet hat, wird schließlich einmal sein Werkzeug weglegen und sich ausruhen. Er schüttelt vielleicht sogar seine Arme locker und streckt die Beine. Er macht eine Pause. Wenn der Ungeübte eine längere Bergwanderung macht, hat er am nächsten Tag wahrscheinlich den sogenannten »Wadenspanner«. Die Beine tun ihm weh. Solchen Muskelkater kennt *ein* Muskel nicht: das Herz. Das Herz schlägt 24 Stunden, normalerweise, ohne Spannungszustände zu zeigen; denn die Erholung findet *während* der Arbeit statt. Und hier liegt das Geheimnis. In der abgesenkten Bewußtseinslage tritt offenbar dasselbe Phänomen auf das gesamte Muskelsystem bezogen auf; das heißt, die Muskulatur, die suggestiv, also unbewußt, gestrafft ist, wird während der Muskelleistung auf eine Weise vom Stoffwechsel versorgt, daß sich die Ermüdung während der Anspannung nicht auf die suggestiv gestraffte Muskelpartie, sondern auf den gesamten Körper bezieht. Und genauso wie wir die Leistung des Herzmuskels nicht besonders spüren, merkt der Mensch im kataleptischen Zustand nichts von irgendeiner Muskelleistung. Das ist also, vereinfacht erklärt, der Unterschied: Während beim obigen Beispiel der Kunstturner *eine Pause* machen mußte, konnte die junge Frau in der suggestiven Vertiefung viel länger in ihrer Lage verharren, weil sich ihre Muskulatur *während* der Leistung erholte. »Wie lange könnte sie in diesem Zustand verharren?« könnte eine Frage lauten. So lange, als ihr Organismus Kräfte frei machen kann, um diese Lage zu garantieren. Sie würde an der Leistungsgrenze aber nicht plötzlich einbrechen, sondern langsam nachgeben, so daß sie von den Helfern gut aufgefangen werden könnte. Zu Hause würde sie dann aber in einen gesunden, tiefen, erholsamen Schlaf fallen.

Ist dies das Geheimnis des ägyptischen Tempelschlafs?

Wahrscheinlich. Wir vermuten, daß im alten Ägypten diese Form von Vertiefung dazu genutzt wurde, um gewisse Krankheiten zu heilen. Man legte Menschen in kataleptischem Zustand in einen Tempel, wo sie so lange kataleptisch liegenblieben, bis sie, müde genug, in einen tiefen, erholsamen Schlaf sanken, aus dem sie erquickt, erfrischt, gesund und munter wieder erwachten.

Warum wird diese Form der Therapie heute nicht mehr angewandt? Es gibt eben in jeder Kultur die ihr entsprechenden Therapieformen. Heute wird die Schlafkur unter ärztlicher Aufsicht und mit Hilfe von Medikamenten durchgeführt.

Der geheimnisvolle »Tempelschlaf« im Flugzeug von New York nach Zürich

Als ich in New York das Flugzeug nach Zürich bestiegen und es mir gerade in meinem Sitz bequem gemacht hatte, sprach mich mein Sitznachbar vom Fensterplatz an. Der junge Mann im weißen Hemd und tadellosen Anzug – ich dachte sofort an einen jungen Manager – bat mich, ihn während des Fluges nicht zu stören oder gar anzusprechen. Auch die Stewardeß wurde entsprechend informiert, und sie verstand offenbar sofort, was er meinte. Nach dem Start des Flugzeugs, als man die Sitzlehne wieder beliebig stellen durfte und andere Passagiere zu rauchen begannen, stellte dieser junge Mann seine Sitzlehne leicht schräg, er machte es sich bequem und schloß die Augen. Mit gefalteten Händen blieb er, ohne sich auch nur einziges Mal zu bewegen, völlig ruhig in dieser Lage, bis nach etwa acht Stunden der Anflug auf Zürich aus dem Cockpit gemeldet wurde. Da wurde er schlagartig wach und war anschließend völlig frisch und munter. Und auf meine fast naive Frage, wie er das bloß mache, sagte er, er sei autogen sehr geübt und habe die Gewohnheit, vor langen Flügen immer ausgiebig zu speisen, um sich dann im Flugzeug in einen tiefen hypnotischen Schlaf zu versenken, aus dem er jeweils mit der Ankündigung des Anfluges auf den Zielflughafen sofort erwache. So könnten ihn lange Reisen nicht ermüden. Im Gegenteil: Das Reisen gebe ihm Gelegenheit, sich auszuruhen und Kräfte zu tanken.

Aber kann man dasselbe nicht auch mit dem normalen Schlaf erreichen? – Das Problem ist, daß man im Flugzeug nicht so gut schlafen kann wie im eigenen Bett. Wer schlafen will, zieht sich zurück, er verdunkelt sein Zimmer und schaltet störende Geräusche aus. Das ist im Flugzeug nicht möglich. Da hilft der hypnotische Schlaf. Im Unterschied zum gewöhnlichen Schlaf sind beim hypnotischen Schlaf, den der autogen Trainierte problemlos herbeiführen kann, die Gedanken eben doch so klar, daß man auf Einflüsse sofort reagieren könnte. Man ist also gewissermaßen im Schlaf, und doch schläft man nicht. Die Stoffwechselvorgänge sind schlafähnlich, und die Muskulatur ist, wie im normalen Schlaf auch, völlig schlaff. Während man sich im normalen Schlaf, vom Unbewußten gesteuert, mehrmals pro Nacht umdreht, damit die Durchblutung auch der Haut gewährleistet bleibt, braucht man sich im hypnotischen Schlaf nicht zu bewegen. Die Durchblutung ist in diesem Zustand seltsamerweise stets optimal. Lediglich der Hunger könnte einen Reisenden früher aufwecken. Daher verpflegte sich der junge Manager vor seiner Reise noch ausgiebig. Und natürlich entleerte er vor dem Flug auch seine Blase.

Der geheimnisvolle kataleptische Zustand ist ganz natürlich.

Auch bei Tieren können wir ihn beobachten. Die Stabheuschrecke kann wie ein Zündholz zwischen zwei Bücher gelegt und sogar noch mit einem Tuch beschwert werden. Sie ist dann in einem kataleptischen Zustand. Ausgelöst wird der Zustand beim Tier durch einen angeborenen Reflex, den wir oft auch als Totstellreflex bezeichnen. Auch den Liebling der Familie, den Haushund oder die Hauskatze, sehen wir ab und zu in diesem eigentümlichen kataleptischen Zustand. Dann nämlich, wenn sich das Tier auf den Rücken legt, bei völlig schlaffen Pfoten die Beine zum Himmel streckt und die Augen einen seltsam verlorenen Ausdruck haben. Wir sagen dann, das Tier fühle sich wohl, es sei ganz zufrieden. Offenbar stabilisieren und harmonisieren Tiere ihren Organismus reflexartig.

Alle Menschen, ob jemand daran glaubt oder nicht, spielt keine Rolle, befinden sich zu gewissen Zeiten im kataleptischen Zustand. Kurz vor dem Einschlafen zum Beispiel. Wenn die Ehefrau ihren Mann bittet, nachzusehen, ob die Balkontür geschlossen sei, der Mann aber entgegnet, er könne jetzt nicht mehr aufstehen, er sei gerade am Einschlafen, dann ist er wahrscheinlich kataleptisch. Auch sofort nach dem Erwachen aus dem Schlaf erlebt man diesen Zustand. Das sind die Augenblicke, in denen man positive Gedanken hegen sollte. Aber das ist leichter gesagt als getan; denn wahrscheinlich schlüpft mancher mit guten Vorsätzen und positiven Gedanken ins Bett, er wiederholt diese guten Gedanken sogar ein paar Mal, um dann, kurz bevor er in den Schlaf fällt, doch wieder die negativen Gefühle aufkommen zu lassen. Und diese »sitzen«. Das ist dann die Einstellung, die im Schlaf wirkt: Denn was im kataleptischen Zustand gedacht wird, wirkt suggestiv. Diese Tatsache wird im autogenen Training systematisch ausgenutzt. Daher ist der kataleptische Zustand für das autogene Training auch so wichtig. Er soll in jeder Lage, im Sitzen wie im Liegen oder Stehen, schlagartig erreicht werden; und er ist ein klares Tiefenmerkmal.

Kann man im kataleptischen Zustand auch schweben oder fliegen?

Als ich in Zürich mit einer Kindergruppe über den kataleptischen Zustand diskutierte und ihn auch demonstrierte, meldete sich ein Junge spontan zu Wort: »Sie, ich habe es am Fernsehen gesehen. Eine Frau lag ganz steif zwischen zwei Stühlen, und plötzlich begann sie zu schweben. Und sie war richtig in der Luft. Ehrlich, der Zauberer konnte mit einem Reifen zeigen, daß sie schwebte. Können wir das jetzt auch machen?«

Natürlich sind unserer Vorstellung, besonders der kindlichen Phantasie, keine Grenzen gesetzt. Doch der menschliche Körper hat den Naturgesetzen zu gehorchen. Und das Gesetz der Schwerkraft konnte mit der Kraft der Suggestion noch nicht aufgehoben werden. Während Vögel ohne Hilfe fliegen, benötigen wir Menschen dazu technische Hilfsmittel und Geräte. Noch können wir nicht einfach das Fenster öffnen, ins Einkaufszentrum fliegen und mit der gefüllten Einkaufstasche auf demselben Weg wieder zurückkommen. Doch vielleicht ist morgen schon Wirklichkeit, was heute vollkommen unmöglich scheint; wer weiß es?

Wir fliegen in tiefer, konzentrativer Entspannung schon, aber innerlich. Der Körper bleibt dabei auf dem Boden, schwer!

Die erste Vertiefungsstufe im autogenen Training: das Schwereerlebnis

Dieses Schwereerlebnis ist verbunden mit einer totalen Erschlaffung der Muskulatur, die wir auch im natürlichen Nachtschlaf erleben.

Der autogen Übende nimmt eine bequeme, sitzende oder liegende Haltung ein. Er schließt die Augen. Gelöst, entspannt und locker stellt er sich seinen rechten Arm vor (Linkshänder beginnen mit dem linken). Dabei denkt er:

»Der rechte Arm ist schwer.«

Diese Einstellung wiederholt er mehrmals. Dann stellt er sich seinen linken Arm vor, gerade so, als müßte er ihn fotografieren, und er denkt sich:

»Der linke Arm ist schwer.«

Auch diese Einstellung wiederholt er mehrmals in Gedanken. Dann stellt er sich auf das rechte Bein ein. Er stellt sich dieses vor, vom Hüftgelenk bis zu den Zehenspitzen. Und er wiederholt im Geiste mehrmals die Einstellung:

»Das rechte Bein ist schwer.«

Und schließlich konzentriert er sich auch auf das linke Bein. Die Einstellung im Geiste lautet jetzt:

»Das linke Bein ist schwer.«

Schließlich werden die soeben durchgeführten Einstellungen zusammengefaßt, und bei ganz klarem Kopf wird in Gedanken sechsmal wiederholt:

»Arme und Beine sind schwer.«

Dann folgt die einmalige Einstellung:

»Ich bin ganz ruhig.«

Der Übende bleibt nun, bis er die Übung zurücknimmt oder bis er mit der zweiten Stufe das autogene Training tiefer treibt, in diesem angenehmen Ruhezustand, ganz auf Schwere eingestellt. Mit der Vorstellung, im warmen, tiefen Sand am Meer auf- und abzugehen, kann er später dieses angenehme Schwereerlebnis vertiefen.

Jede Vertiefungsübung muß sorgfältig zurückgenommen werden, selbst dann, wenn die Übung einmal keine Wirkung zeigte. Warum? Und was heißt denn Zurücknahme?

Wenn Sie abends ins Bett gehen und tief schlafen wollen, so tun Sie dies normalerweise mit der Absicht, am nächsten Morgen erfrischt zu erwachen, hellwach und munter zu sein. Am Morgen dann erwachen Sie, recken und strecken sich, beugen und strecken die Arme, bewegen die Beine. Sie öffnen die Augen und steigen aus Ihrem Bett. Sie haben damit den Schlaf zurückgenommen. Genauso wird im autogenen Training zurückgenommen. Die Reihenfolge des Zurücknehmens einer Übung beruht, wie das Aufstehen am Morgen, auf einer Reihe von angeborenen Reflexen, und man sollte darum nie anders verfahren; denn es ist grundsätzlich wichtig, daß man sich stets bewußt so verhält, wie die Natur dies vorschreibt. Also:

Arme locker, aber energisch beugen und strecken,

tief durchatmen und

die Augen öffnen.

Aber es recken und strecken sich nicht alle Menschen am Morgen nach dem Erwachen. Es gibt solche, die am liebsten den ganzen Tag über im Bett liegenbleiben würden, sie können nicht sofort und mit Vergnügen frisch und munter aufstehen. Solche Menschen haben – wie ich später näher erläutern werden – Einstellungen, die nicht der Natur entsprechen; von Natur aus steigt jeder Mensch frisch und munter aus dem Bett.

Beim autogenen Training ist die Zurücknahme der Übungen auch deshalb so wichtig, weil bei jeder Vertiefung, selbst dann, wenn sie angeblich keine Wirkung zeigte, die Blutverteilung im Körper ähnlich ist wie während des Nachtschlafs. Wer nicht zurücknimmt, kann möglicherweise nach der Übung sogar in Versuchung geraten, mit offenen Augen schlaftrunken durch eine Glastür zu laufen. Das könnte natürlich gefährlich werden. Abgesehen davon würden sich diejenigen, die nach autogenen Übungen nicht richtig zurücknehmen, depressives Verhalten angewöhnen, eine negative Lebenseinstellung aneignen, die eben solche Menschen haben, die am Morgen nach einem tiefen Schlaf ihre Arme und Beine nicht richtig bewegen, nicht durchatmen und darum nicht mit frohem Mut den Tag beginnen.

Es ist nichtwiderlegbare Körpersprache: Wenn Sie Ihre besten Freunde vom Bahnhof abholen, so gehen Sie bestimmt nicht mit auf der Brust verschränkten Armen auf sie zu. Sie strecken ihnen wahrscheinlich die Hand entgegen. Wer die Arme bei einer Begegnung zurückzieht, verrät damit eine abwehrende Geisteshaltung. Und wer bei der Zurücknahme einer autogenen Vertiefung seine Arme und Beine nicht reckt und streckt, drückt damit auch aus, daß ihm die Übung noch nicht wunschgemäß gelungen ist. Wer dagegen richtig zurücknimmt, Arme und Beine mehrmals locker, aber energisch beugt und streckt, drückt damit unmißverständlich aus, daß die Vertiefung gut, das Gefühl organisch-euphorisch, also naturentsprechend positiv, war. Sie wissen nun also, wie wichtig die richtige Zurücknahme einer Vertiefungsübung ist.

Das Schwereerlebnis im autogenen Training und die Nerven

Was als erste Übung im autogenen Training so harmlos und einfach aussieht, entpuppt sich bei genauerer Betrachtung und der Analyse der eigenen Erfahrungen als wahre und wunderbare Kunst. Versuchen Sie es selbst: Wenn Sie sich bequem in einen Stuhl setzen und nun die Augen schließen, in der Absicht, ein paar Augenblicke ganz ruhig zu sein, so werden Sie feststellen, daß Ihnen gerade in diesen Augenblicken tausend und abertausend Gedanken durch den Kopf schießen. Sie denken vielleicht daran, daß Sie jetzt eigentlich etwas Sinnvolleres zu tun hätten, daß Sie einkaufen, im Büro etwas erledigen oder jemanden anrufen könnten. Man braucht etwas Übung, um das Gehirn so kurz zu halten, daß man gedanklich nicht abschweift und die Entspannung richtig erlebt. Und schon an diesem Punkt beginnen viele, sich bei ihrer autogenen Übung innerlich anzustrengen. Sie wollen ihre Gedanken unbedingt beherrschen. Aber das geht nicht; denn das menschliche Gehirn macht 24 Stunden am Tag Schaltungen. Millionen von verschiedenen Schaltvarianten sind dabei möglich, so daß man im autogenen Training darauf zu achten hat, daß man - wie der Prinz im Märchen - nicht von seinem Weg abkommt, daß man stets den Gedanken halten kann:

»Ich bin ganz ruhig, ich bewege mich körperlich jetzt ganz bewußt nicht, es sei denn, ich nehme die Übung zurück, und ich verfolge Gedankenzüge jetzt nicht.«

Mit dieser Einstellung werden Gedanken nicht etwa verdrängt, sondern der Gedankenablauf wird gezügelt, in der Art, wie ein Autofahrer mit klarem Kopf stets die Geschwindigkeit der Vorschrift anpaßt. Ich meine damit natürlich den guten Autofahrer.

Es ist also schon eine Kunst, im unendlichen Meer von Schaltungen im Gehirn ganz ruhig und gelassen zu bleiben. Das gelingt leichter, wenn man auch den Sinn der Ruhe verstanden hat: Optimale Leistung erbringen kann nur derjenige, der auch die Ruhe optimal genießen kann. Kinder können in diesem Punkt für die Erwachsenen große Vorbilder sein. In der Erziehung werden Ruhe und Gelassenheit meist für ebenso unwichtig gehalten wie die Fächer Zeichnen, Spiel und Musik in der Schule; Rechnen und Schreiben sind wichtig, hier können Leistungen gezeigt und bewertet werden. Bei der Entspannung aber ist das Leistungsdenken völlig fehl am Platz. Kinder »wissen« das. Doch wenn Kinder einmal so richtig faul herumsitzen, werden sie von den Erwachsenen im allgemeinen kritisiert und ermahnt: »Sitz doch wenigstens anständig auf deinem Stuhl! Hock nicht so faul herum, es gäbe doch sicher noch dies oder jenes zu tun . . .« Für die Gesundheit aber ist es wichtig, daß man ab und zu so richtig faul sein kann. Natürlich gibt es auch auf diesem Gebiet Menschen, die gewaltig übertreiben.

Versuchen Sie also ruhig, dann und wann ein paar Minuten lang so richtig faul zu sein, die Muskulatur völlig erschlafft zu lassen. Das entspannt die Nerven.

Die Entladungen gehen von Natur aus in die Arme und Beine.

Sie haben dies bestimmt schon erlebt: Sie liegen auf Ihrem Bett oder einer Couch, sind müde, dösig und schläfrig, vielleicht sogar schon leicht eingeschlafen. Plötzlich erleben Sie ein Zucken, das durch den ganzen Körper geht. Ein Bein oder beide schlagen ganz kurz aus, als wollten Sie einem imaginären Feind einen Fußtritt verpassen. Das sind Entladungen der Nervenbahnen. Im autogenen Training kommen diese in der Regel besonders zu Beginn oder wenn man nervlich sehr angespannt ist, häufig vor. Sie reichen von harmlosen, kurzfristigen Muskelzuckungen zum Beispiel der Augenlider, von Juck- oder Hustenreiz bis zum verstärkten Speichelfluß mit der inneren Notwendigkeit zu schlucken. Manchmal zeigen sich die Entladungen auch als unangenehme Schwere in den Beinen. Wenn Entladungen stören, muß die autogene Übung sofort zurückgenommen werden.

Mit Nervenentladungen muß man vorsichtig umgehen.

Nehmen wir an, Sie sitzen in einem Restaurant und wollen sich ein gutes Essen bestellen. Sie studieren die Speisekarte, doch je länger Sie diese ansehen, desto weniger können Sie entscheiden, was Sie essen wollen. Sie sind unentschlossen. Diese Unentschlossenheit spannt nun Ihre Nerven gewaltig an; denn jede Information, die Sie von der Speisekarte bekommen, muß Ihr Gehirn verarbeiten. Genauso wie ein Computer jede Taste, die berührt wird, auf einem Bildschirm als Zeichen aufleuchten läßt, verarbeitet das menschliche Gehirn sämtliche Information, auch solche, die man nur so beiläufig und nicht einmal bewußt wahrnimmt. Dies ist das geradezu unheimlich Faszinierende an unserem Gehirn. Nur hat dieses Organ den »Nachteil«, daß es keine Entscheidungen über seinen eigenen Zustand treffen, es nicht von sich aus über sich selbst nachdenken kann. Es ist nicht in der Lage, Ihnen über die Informationen auf der Speisekarte hinaus Ihre Entscheidung abzunehmen, die Einstellung zu machen, die man mit folgenden Worten ausdrücken könnte: »Ja, ich kenne dich, du bist unentschlossen. Ich treffe für dich jetzt folgende Entscheidung: Zuerst nimmst du eine Suppe, Bohnensuppe, verstanden, dann . . .« Solche Entschlüsse kann von sich aus kein Gehirn treffen. Auf diese Tatsache hat schon Einstein hingewiesen, als er sagte, wenn das menschliche Gehirn selbst Entscheidungen treffen würde, hätte es dieses Gehirn nicht gebraucht, dann hätte für die Entwicklung des menschlichen Wesens das Rückenmark genügt. Ich habe ausführlicher darüber in meinem Buch »Der Geist baut den Körper« (Schwabe Verlag, 1986) geschrieben.

Wenn man also unentschlossen ist, so entsteht in den Schaltbahnen des Gehirns ein Stau. Er ist vergleichbar mit einer wartenden

Autoschlange an einer Straßenkreuzung, auf der die Verkehrsampel lange auf Rot steht. Diese Stauungen können nun nicht im Gehirn bleiben. Die Nervenzellen haben keinen Platz dafür, und sie würden bei zu großem Druck bestimmt »zerplatzen«. Also laden sie diesen Stau dort in den Körper ab, wo genügend Platz ist, nämlich in den Muskeln der Arme und Beine. Damit ist die Entspannung aber noch nicht abgeschlossen. Denn was in die Arme und Beine entladen wird, muß anschließend noch durch Bewegungen abgebaut werden. Darum der Fußtritt beim Mittagsschläfchen, das Zucken und Jucken auch, das Sich-Hin- und Herwerfen, bevor man einschläft.

Eigentlich müßte man der Gesundheit wegen froh sein, daß man sich im Bett hin- und herwerfen kann. Denn das bringt ja die Entspannung und dann den tiefen Schlaf mit seinen lebensnotwendigen Stoffwechsel- und Erholungsvorgängen. Doch es stört den Schlafpartner. Dieser ruft vielleicht sogar mahnend aus: »Lieg doch endlich still, hör endlich auf, dich zu bewegen.«

Dasselbe passiert in den Schulen. Wo das kindliche Gehirn die Information des Lehrers oder der Lehrerin nicht mehr aufnehmen und entsprechend verarbeiten kann, entsteht Unruhe. Die Stauungen, die so im Nervensystem entstehen, versucht das Kind auf die Beine zu entladen und auszuleben. Das Resultat ist, daß es mit den Füßen zappelt. Der Pädagoge ruft es zur Ruhe. Schade; denn er müßte doch erkennen, daß solche Unruhe lebensnotwendig ist. Wird ein Kind gezwungen, still zu sitzen, kann der daraus folgende Schaden groß sein; denn die Nervenbahnen müssen die Stauungen irgendwo abladen. Und wenn der Kopf nicht auf die Arme und Beine entladen darf, dann entlädt er eben auf den übrigen Körper, auf die inneren Organe wie das Herz, den Kreislauf, die Nieren, auf jene Weichorgane also, die gut Entladungen aufnehmen können, aber nicht sollen. In der Fachwelt ist man überzeugt, daß es sogar zu schwersten Wirbelveränderungen kommen kann, wenn Entladungen zum Beispiel in den Rücken umgeleitet werden. Im Kopf können auf jeden Fall keine Spannungsfelder bleiben. Sie würden das Schaltorgan Gehirn in seiner Funktion erheblich beeinträchtigen, der Druck in der Nervenbahn könnte die Gehirnzellen zerfetzen.

Im autogenen Training werden deshalb die Entladungen bewußt auf natürliche Weise, das heißt auf die Motorik der Arme und der Beine, abgeleitet.

Warum körperliche Bewegung so wichtig ist:

Es ist eine Illusion zu meinen, man könne das Leben meditierend bewältigen. Durch Entspannungs- und Meditationsmethoden gehen Spannungsfelder vom Kopf lediglich in die Motorik, in die Arme und Beine also. Aber von dort muß die Energie durch Bewegung abgebaut, in Leben umgesetzt werden.

Als ich einmal an einem eisig kalten Winternachmittag keine Erwachsenen, sondern nur Kinder auf den Skipisten sah, wurde mir wieder einmal klar, wo der Spannungsausgleich noch naturentsprechend abläuft: bei Kindern und Jugendlichen. Es gibt sicher kein einziges normales Kleinkind, das Bewegung nicht instinktiv sucht. Alle Kinder wollen spielen, sie drängen auf den Spielplatz bei Regen und im Schnee, sogar im heißesten Sommer. So ist die menschliche Natur. Sie drängt zur Bewegung, weil allein in der Bewegung der nervliche Spannungsausgleich stattfinden und sich das Leben entfalten kann.

Ein Manager sagte mir, er wäre niemals in der Lage, seine Position zu halten, würde er nicht wie ein Spitzensportler trainieren. Er fährt Rad, wandert viel. Er kommt dem Bedürfnis nach, sich zu bewegen: Spannungsausgleich lautet also seine Devise.

Auf die Qualität der Bewegung, nicht die Quantität kommt es an.

Natürlich brauchen Sie jetzt nicht gleich ein Marathonläufer zu werden. Man kann Spannungsausgleich auch im normalen Alltag betreiben: durch die richtige Einstellung. Wer Hausarbeit verrichtet und zum Beispiel den Abfallsack fortträgt, kann sich dabei denken, das tue ihm gut, das sei eine willkommene Gelegenheit, sich zu entspannen. Das tut dann auch wirklich gut. Man kann sich dabei aber auch denken, daß es eine unnötige Arbeit, eine Belastung sei, diesen Sack wegzutragen. Solches Denken spannt die Nerven an und erzeugt Streß. Wer die Wohnung mit dem Staubsauger reinigt, kann sich dabei vorstellen, daß ihm dies gut tut, daß er eine Gelegenheit nützt, um seine Nerven zu entladen. Auf diese Weise verrichtet er die Arbeit bestimmt mit viel Spaß. Wer aber dauernd denkt, daß es doch sehr mühsam sei, immer wieder den Schmutz beseitigen zu müssen, daß Staubsaugen eine ermüdende Sisyphusarbeit sei, der wird damit seine Nerven anspannen und reizen. Das ist gesetzmäßig; denn das menschliche Gehirn nimmt alle Informationen auf. Es kümmert sich nicht darum, ob sich die Vorstellungen negativ oder positiv auswirken.

Und gerade an diesem Punkt wird die künftige Generation mit Sicherheit weniger Fehler machen als wir; denn sie ist den Umgang mit dem Computer gewohnt. Wer so ein Gerät schon bedient hat, weiß, daß eine versehentlich gedrückte Taste genügt, um ein Programm durcheinanderzubringen. Nicht weniger empfindlich ist das menschliche Gehirn. Und je mehr der Mensch mit Computern umgehen wird, desto respektvoller wird er das eigene Gehirn »programmieren«.

Üben: Täglich zwei bis drei Minuten genügen.

Nachdem ich im großen Hörsaal des Bernullianums in Basel einen Vortrag über die Funktionsweise des Gehirns, über Autosuggestion und autogenes Training gehalten hatte, kam ein 16jähriges, bildhübsches Mädchen mit ein paar Kolleginnen und Kollegen zu mir und fragte mich direkt: »Machen Sie ehrlich jeden Morgen auf dem Badewannenrand sitzend ein paar Minuten autogenes Training?«

»Natürlich«, erwiderte ich.

»Ganz ehrlich?« fragte sie nach und lächelte.

»Aber ja«, sagte ich. »Ich steige aus dem Bett, setze mich auf ein Tuch, das über dem Badewannenrand liegt, ich schließe die Augen und denke ein paar Minuten lang die Formulierungen des autogenen Trainings durch.

Besonders das Schwereerlebnis gelingt mir dann leicht, weil ich ja aus einem mehrstündigen Schlaf komme, in dem die ganze Muskulatur schlaff gewesen ist. So kurz nach dem Aufstehen kann ich also ganz leicht in diese totale Erschlaffung fallen, die für den bewußten Spannungsausgleich zwischen Gehirn und Körper ideal ist.«

Und nochmals fragte das Mädchen: »Ist das wirklich wahr, Sie machen jeden Morgen Ihr autogenes Training?«

»Ja«, antwortete ich erstaunt.

Da lachte mich dieses Mädchen lausbübisch an: »Dann sind Sie aber süchtig.«

Wir lachten alle herzhaft.

In der Tat besteht bei allen Entspannungsmethoden und vor allem bei den Meditationsübungen die Gefahr, daß sie zwanghaft betrieben werden oder gar zur Sucht werden. Wer allerdings das autogene

Training richtig verstanden hat, kann solche Fehler nicht machen. So wie man seine Haare pflegt oder die Zähne putzt, ohne davon süchtig zu werden, kann man sein Gehirn mit autogenem Training pflegen. Wenn man sich vorstellt, was das Gehirn tagtäglich leistet, wenn man verstanden hat, daß das Gehirn ständig Informationen aufnehmen und verarbeiten muß und daß es gesund ist, ab und zu ganz auf Ruhe zu schalten, dann betreibt man Entspannungstechniken nicht süchtig, sondern einsichtig.

Ich selbst brauche das autogene Training, weil ich jeden Tag sehr vielen Menschen zeige, wie man Autosuggestion betreiben soll. Und die meisten kommen mit Problemen zu mir, also muß ich mir diese Probleme, die einerseits mein Gehirn belasten und von denen ich aber andererseits auch lebe, buchstäblich wieder aus dem Kopf schlagen. Außerdem ist es in meinem Beruf oft der Fall, daß der Vormittag zum Beispiel mit einem traurig gestimmten Menschen beginnt, eine Stunde später folgt vielleicht ein zu ängstlicher Schüler, dann ein Ehepaar, anschließend ein Spitzensportler. Nun ist es im Psychologenberuf sehr wichtig, daß man die Probleme der ersten Stunde nicht über alle anderen Stunden hinweg mit sich herumträgt. Das gäbe bis zum Tagesende ein recht großes Durcheinander. Auch persönliche Probleme soll man nicht mit denjenigen der andern vermischen. Der Mitmensch, ganz gleich ob Schüler, Kranker oder Spitzensportler, hat ein Recht darauf, daß sich der Psychologe wirklich wie ein solcher verhält: neutral, freischwebend aufmerksam. Und dabei hilft mir die tägliche Übung mit Autosuggestion und autogenem Training.

Die sitzende Haltung ist die beste.

Natürlich kann man in jeder beliebigen Haltung autogenes Training machen, üben aber kann man am besten liegend oder sitzend. Ich gebe der Sitzhaltung den Vorzug, wie übrigens auch der Begründer des Trainings. Dies aus folgendem Grund: Wenn jemand stets in liegender Haltung übt, so fällt es ihm nicht ganz leicht, die Entspannung auch im Alltag schlagartig und situationsgerecht zu realisieren. Und darauf kommt es besonders an. Ich muß in der Lage sein, das autogene Training unmittelbar durchzuführen. Das ist ein wichtiges Trainingsziel. Wenn ich während der Übung liege, dann habe ich bei der Anwendung des Trainings im Alltag ebenfalls das Bedürfnis zu liegen. Wer in seinem Büro rasch entspannen will, findet zum Sitzen fast überall Gelegenheit, aber nicht zum Liegen. Ein Anwalt zum Beispiel, der bei mir autogenes Training erlernte, wendet es vor oder nach wichtigen Sitzungen an. Er lehnt sich dann kurz zurück und entspannt sich.

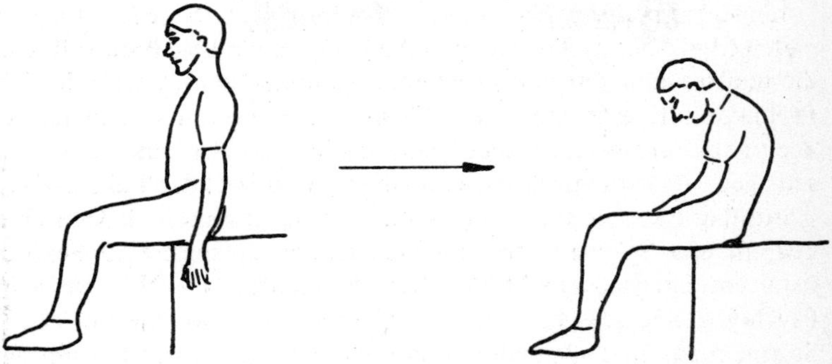

Abb. 2. Die typische Kutscherhaltung (rechts). Bei totaler Muskelerschlaffung können die Nerven naturgemäß in die Arme und Beine entladen, also entspannen. Aber erst die anschließende Muskelbewegung (z. B. ausgedehnte Spaziermärsche) schließt den Vorgang der Entspannung richtig ab.

Nehmen wir an, Sie sind autogen geübt, sitzen im Wartesaal eines Bahnhofs und warten auf Ihren Zug. Sie möchten die Zeit nützen, um sich zu entspannen, sind aber nur liegend geübt. Sie könnten sich nun auf eine Bank legen und die Übung in dieser Lage durchführen, aber Sie würden damit wahrscheinlich sehr auffallen, so daß man Sie vielleicht sogar fragen würde, ob es Ihnen nicht gutgehe, ob Sie krank seien. Das passiert in der sitzenden Haltung nicht. Man kann überall kurz die Augen schließen, ganz ruhig sitzen bleiben, sich die Autosuggestionen des autogenen Trainings durch den Kopf gehen lassen, ganz unauffällig bei Einfahrt des erwarteten Zuges bewußt ein paar Bewegungen mit den Armen und Beinen machen, anschließend die Augen öffnen und dann ganz wach, frisch und munter den Zug besteigen.

Ein weiterer Grund, warum ich normalerweise die Sitzhaltung empfehle: In der Liegendhaltung ist ein Reflex im Gehirn »programmiert«: der Schlafreflex. Wenn wir uns hinlegen, beabsichtigen wir meistens zu schlafen. Also muß der liegend autogen Trainierende seinem Gehirn immer ganz klar eingeben, ob er nun schlafen oder sich konzentrativ entspannen will. Viele vergessen dies und schlafen beim autogenen Training in liegender Haltung oft einfach ein, und sie meinen, dies sei richtig. Es ist jedoch vorbei mit der konzentrativen Vertiefung, wenn man eingeschlafen ist.

Natürlich darf man mit Hilfe des autogenen Trainings auch einschlafen, wenn man im Bett liegt und wirklich die Absicht hat zu schlafen. In diesem Fall findet dann allerdings *kein Training* mehr statt, dann setzt man das Geübte ein, um ein bestimmtes Ziel mit Erfolg zu erreichen, eben den tiefen, erholsamen Schlaf. Dann ist es natürlich auch nicht notwendig, die Übung zurückzunehmen. Das tut man automatisch am nächsten Morgen beim Erwachen, wenn man die Arme und Beine reckt und streckt, die Augen öffnet und dann hellwach, frisch und munter ist.

Die sitzende Haltung ist von *Prof. J. H. Schultz* sehr genau beschrieben worden:

»Sie (die Sitzhaltung) ist dadurch gekennzeichnet, daß der sitzende Mensch das Gewicht der oberen Körperhälfte in den entspannten Kreuzrückenanteil der Wirbelsäule, in einen »Katzenbuckel«, fallen läßt, der Kopf soll senkrecht über dem Gesäß bleiben, nicht nach vorne, über die Schenkel, sinken. Dabei wird die physiologische Lendenlordose (Verkrümmung nach vorn) zugunsten eines nach dem Becken zu einsinkenden runden Rückens aufgehoben. Der Rumpf ruht rein mechanisch am Bandapparat der gekrümmten Wirbelsäule und beansprucht keinerlei Muskelspannung zur Erhaltung der vertikalen Lage. Diese passive Körperhaltung finden wir bei vielen Berufen, die ein stundenlanges Sitzen ohne Anlehnung erfordern. Wir bezeichnen sie deswegen im Sinne eines verständigenden Schlagwortes als „Droschkenkutscherhaltung«.«

Es ist sehr wichtig, daß man beim Üben richtig sitzt. Denn die Muskulatur soll ja möglichst nicht zur Erhaltung der Lage beansprucht werden. Dies aus zwei Gründen: Erstens soll der Spannungsausgleich unmittelbar über die total entspannte Muskulatur erfolgen können und zweitens soll der Übende die Kontrolle haben, ob beide Hirnhälften gleich gut vertiefen und Spannungsausgleich erreichen können, ob das Entspannungsgefühl in der linken und rechten Körperhälfte genau gleich ist also.

Diese Kontrolle setzt eine ideale Übungshaltung voraus.

Auf meinem Badewannenrand sitze ich immer zuerst ganz aufrecht, dann knicke ich in den Lendenwirbeln leicht ein. Die Füße richte ich v-förmig aus, das heißt, die Füße sind an den Zehen weiter auseinander als an den Fersen, sie stehen fest auf dem Boden, die Knie sind etwa 40 cm auseinander, die Oberschenkel weit geöffnet und ganz locker und die Augen geschlossen, damit die Konzentration nach innen leichter gelingt. Mit zunehmender Vertiefung und der damit verbundenen Erschlaffung der Muskulatur bekomme ich dann eben diesen »Katzenbuckel«. Aber die Sitzhaltung ist derart angenehm, daß ich den Körper wie eine schwere, ruhende Masse spüre. Mit zunehmender Vertiefung spüre ich meinen Körper dann allerdings überhaupt nicht mehr.

Was ist Tiefe?

Ich habe noch selten über einen Ausdruck so viele falsche Auffassungen gehört wie über denjenigen der Tiefe. Die meisten sind der Meinung, tief zu sein, bedeute so etwas wie in einer anderen Welt, fort, zu sein, nichts mehr zu hören oder zu fühlen. Tiefe bei konzentrativer Vertiefung ist allerdings auch nicht dasselbe wie schlafen. Tief zu sein bedeutet hier, intensiv zu fühlen.

Der Depressive sagt, er habe ein Tief. Er erlebt eine unangenehme, bleierne Schwere, er mag fast nicht mehr. Die Tiefe wird also durch das mit der mentalen Einstellung verbundene Gefühl ausgedrückt. Der über beide Ohren Verliebte hat dagegen ein Hochgefühl. Er hüpft und tanzt vor Glück. Dieses intensive Gefühl der Liebe ist Ausdruck der Tiefe. Um tief zu sein, braucht man also nicht einmal die Augen geschlossen zu haben, auch keine besondere Liegehaltung einzunehmen und nicht unbedingt zu schlafen. Wer große Angst hat, dies als weiteres Beispiel, erlebt ebenfalls tief.

Die Tiefe ist bestimmbar.

Es gibt seit Jahren schon eine international bekannte Tiefenskala, die sogenannte LeCron-Bordeaux-Skala der Hypnose-Tiefe. Sie gibt 50 Vertiefungsstufen an:

0 Die Versuchsperson (VP) reagiert überhaupt nicht auf Suggestionen
1 Körperliche Entspannung
2 Schläfrigkeit
3 Flattern der Augenlider
4 Schließen der Augen
5 Geistige Entspannung, innere Passivität
6 Schwere der Glieder*
7 Starre der Augen
8 Teilweise Starre der Glieder (kataleptischer Zustand)
9 Hemmung kleiner Muskelgruppen
10 Langsameres und tieferes Atmen, langsamer Puls*
11 Starke Mattigkeit, Unlust und Abneigung gegen Sprechen, Denken, Bewegungen und Handlungen
12 Zucken des Mundes oder des Kiefers
13 Kontakt zwischen VP und Suggestor
14 Einfache, posthypnotische Suggestionen möglich*
15 Unwillkürliches Stutzen oder Augenzucken beim Wecken
16 Änderung der Persönlichkeit
17 Gefühl der Schwere am ganzen Körper*
18 Teilweises Gefühl der Loslösung und Unbeschwertheit
19 Erkennen des hypnotischen Zustandes durch VP (zwar schwer zu beschreiben, aber klar gefühlt)
20 Komplette muskuläre Hemmung
21 Teilweise Erinnerungslosigkeit
22 Empfindungslosigkeit
23 Gefühlsillusionen
24 Geschmacksillusionen
25 Geruchsillusionen
26 Überempfindlichkeit gegenüber atmosphärischen Gegebenheiten
27 Komplette Starre der Glieder und des Körpers
28 VP kann die Augen öffnen, ohne daß die abgesenkte Bewußtseinslage davon beeinflußt wird
29 Starrer Blick bei geöffneten Augen, erweiterte Pupillen

30 Somnambulismus (nachtwandlerisches Verhalten)
31 Vollständige Erinnerungslosigkeit
32 Systematische, posthypnotische Erinnerungslosigkeit
33 Vollständige Empfindungslosigkeit*
34 Posthypnotische Empfindungslosigkeit
35 Bizarre, posthypnotische Suggestionen werden angenommen
36 Unkontrollierte Bewegungen der Augäpfel, Verlust der Augenkoordination
37 Gefühl der Leichtigkeit, des Schwimmens, Fliegens, Geschwollenseins, Aufgeblasenseins und das Gefühl, vom Körper abgetrennt oder abgelöst zu sein*
38 Starre und Verzögerung in muskulären Bewegungen und Reaktionen
39 Fading (Schwunderscheinung) und Veränderung in der Tonhöhe und Lautstärke der Stimme des Suggestors werden wahrgenommen (ähnlich dem Schwund, der bei schlechtem Rundfunkempfang auftritt)
40 Beeinflussung organischer Funktionen möglich (Herzschlag, Blutdruck, Verdauung usw.)*
41 Zurückrufen verlorener Bewußtseinsinhalte, Überempfindlichkeit des Erinnerungsvermögens
42 Zurückversetzung in die Vergangenheit möglich
43 Positive Gesichtshalluzinationen möglich (auch posthypnotisch)
44 Negative Gesichtshalluzinationen möglich (auch posthypnotisch)
45 Positive Gehörhalluzinationen möglich (auch posthypnotisch)
46 Negative Gehörhalluzinationen möglich (auch posthypnotisch)
47 Hervorrufen von Träumen möglich
48 Allgemeine Überempfindlichkeit
49 Farbige Sinnestäuschungen*
50 Trance: Zustand der Erstarrung, in dem jede *freiwillige* Tätigkeit gehemmt ist

Die praktische Anwendung der Le-Cron-Bordeaux-Skala

Diese Skala wurde anhand vieler Erfahrungen aufgestellt und ist für den Normalfall durchaus gültig. Aber es gibt immer wieder Ausnahmen. So kann es sein, daß jemand bereits in ganz leichter Vertiefung Merkmale zeigen kann, die sonst nur in sehr guter Vertiefung auftreten. Andererseits kann es auch vorkommen, daß jemand in ganz guter Tiefe ist, aber infolge seiner persönlichen Eigenart eben nicht ganz dem Schema entsprechend reagiert. Das bedeutet, daß eine solche Tiefenskala vorwiegend als Hilfsmittel verstanden werden soll, mit dem man nur annähernd den erreichten Zustand der Tiefe bestimmen kann.

Die mit einem Sternchen hervorgehobenen Stufen sollen zeigen, daß nicht auf jeder Tiefe alles möglich ist. Die Übergänge sind fließend. Also genügt es nicht, daß ein autogen Trainierender sich einfach die Denkformeln eingibt. Die alles entscheidende Frage ist, wie tief er sich damit wirklich treiben kann, und dies ist im allgemeinen eine Frage der konsequenten Übung.

Die erste Vertiefungsstufe im autogenen Training ist das Schwereerlebnis. Und nun kann man anhand der Skala feststellen, wie tief das Erlebnis wirklich war. Wer die Schwere der Glieder verspürt (Punkt 6), ist weniger tief vorgedrungen als derjenige, der das Gefühl der Schwere am ganzen Körper hat (Punkt 17). Wer sich in der abgesenkten Bewußtseinslage wirksame Zielsetzungen eingeben will, muß, damit sie posthypnotisch wirken, mindestens bis auf Punkt 14 vertieft sein. Wer sich beim Zahnarzt Schmerzlosigkeit suggerieren will, braucht mindestens 33 Vertiefungspunkte. Wer Blutdruck und Verdauung beeinflussen will, benötigt 40 Punkte. Am besten ist natürlich, man ist so geübt, daß man problemlos die tiefste Tiefe erreicht. Sie ist dann erreicht, wenn farbige Sinnestäuschungen auftreten oder wenn man sich mit fremdsuggestiver Hilfe im Trancezustand befindet.

Wenn ich nun also auf sicherem Untergrund sitzend mein autogenes Training mache und die Tiefe kontrollieren will, so gelingt dies leicht. Wenn ich so mit geschlossenen Augen dasitzend die einzelnen Glieder, Arme und Beine, schwer erlebe, dann bin ich jedoch noch nicht so tief wie dann, wenn ich das Gefühl der Schwere am ganzen Körper erlebe. Und wenn ich es schwer oder sogar fast unmöglich finde, beim Sitzen von einer Gesäßhälfte auf die andere zu wechseln, wenn ich nicht ohne ruckartige Bewegung hin- und herrutschen kann, dann ist das ein Zeichen ganz natürlicher Katalepsie. Damit ist etwa die Mitte der möglichen Vertiefung erreicht. Mit zunehmender Vertiefung werde ich nun empfindlicher. Illusionen und Täuschungen sind in der Vertiefung ganz natürlich. Ich kann also plötzlich das Gefühl haben, die Hand versinke im Knie. Das Gefühl der Leichtigkeit, des Schwimmens, Fliegens, das Gefühl, vom Körper abgetrennt oder abgelöst zu sein, zeigt mir, daß ich bereits in sehr großer Tiefe bin, und wenn sogar Farben aufkommen, dann weiß ich, daß ich ganz tief bin.

Natürlich gleicht keine Vertiefung der anderen. Es gibt aber eine Grundregel, die stets zu befolgen ist. Sie heißt:

Man bleibt stets nur so lange in der Vertiefung, als das »wohlige« organisch-euphorische Entspannungs- und Ruheerlebnis besteht.

Diese Grundregel muß bei sämtlichen Vertiefungsmethoden beachtet werden. Die Begründung ist ganz einfach: Das menschliche Gehirn ist ein sehr kompliziertes Organ mit Milliarden von Schaltmöglichkeiten, und wie wir schon gehört haben, gibt es sehr viele Spannungen innerhalb der Nervenzellen. Diese Spannungen müssen eben abgeleitet, die Nervenbahnen also entspannt werden. Nun könnte es geschehen, daß Spannungsinhalte erdrutschartig frei werden, was die Nervenbahnen »überschwemmen« würde. Das ist sicher nicht sinnvoll. Also muß die Entspannung sehr kontrolliert erfolgen. Solange sie mit einem wohligen Gefühl verbunden ist, befindet man sich sicher auf dem richtigen Weg. Bei den geringsten Anzeichen von Unbehagen nimmt man die Vertiefung sofort zurück.

Ein Schritt zurück kann ein Schritt vorwärts sein.

Vielleicht gingen Sie in Ihrer Kindheit auch in die Wälder, oder Sie durchforschten Höhlen und Wassertunnels. Immer wenn es »brenzlig« wird, wenn Kinder Gefahr vermuten, rennen sie weg. Sie bringen sich in Sicherheit, beobachten von dort aus die Situation und schmieden dann neue Angriffspläne. Dieses Fortrennen ist nicht etwa mit Feigheit gleichzusetzen, im Gegenteil: Der kluge Bergsteiger steigt nicht weiter, wenn Wind und Wetter das Erreichen des Ziels als zu gefährlich erscheinen lassen, denn er weiß, daß ein Fehler am Berg seinen Tod bedeuten kann. Und möchten Sie, daß der Flugkapitän Ihres Ferienjumbos Risiken eingeht? Genauso ist bei jeder Entspannung zu verfahren: Man darf kein Risiko eingehen.

Viele, die von positivem Denken und positiver Autosuggestion zwar schon gehört, aber Falsches darüber gelesen haben, meinen, positives Denken bedeute, stets vorwärtszugehen, nie umzukehren. Doch gerade unser Beispiel vom Bergsteiger beweist, daß positives Denken heißt, die Lebenslage stets richtig zu beurteilen und einen Schritt zurück zu tun, wenn die Situation dies erfordert. Ein Schritt zurück muß also nicht unbedingt ein Rückschritt sein. Im Gegenteil: Er ist sogar ein Schritt vorwärts, wenn er dem Neuaufbau dient. Ein Weltklasseschachspieler würde dies, auf sein Schachspiel bezogen, vielleicht etwas anders formulieren. Er würde sagen: »Ein Zug zurück ist zugleich ein Schritt vorwärts, wenn dieser Zug zurück dem Angriff dient.« Und es ist eine Lebensweisheit, daß derjenige im Schachspiel wie im Leben gewinnt, der auf die eben beschriebene Weise stets im Angriff ist!

Wenn man überhaupt keine Vertiefung zustande bringt

Die Ziffer Null auf der bekannten Tiefenskala bedeutet, daß die Versuchsperson überhaupt nicht auf Suggestionen reagiert. Gibt es dies?

Ja, leider.

Eine Frau in den mittleren Jahren saß bei mir im Arbeitszimmer. Sie wollte in die Kunst der Vertiefung eingeführt werden. In einer Einzelsitzung, weil sie eingesehen hatte, daß sie in der Gruppe nicht folgen konnte. Nach dem üblichen, einführenden Vorgespräch bat ich diese Frau, eine Übungshaltung einzunehmen, die Augen zu schließen, die Arm- und Beinmuskulatur zu lockern und vollkommen erschlaffen zu lassen und auf meine weiteren Anweisungen zu warten. Es kam jedoch nicht dazu; denn kaum hatte sie die Augen geschlossen, wurde es ihr ganz komisch, ja sogar übel, wie sie später berichtete. Diese Frau war nervlich offensichtlich derart angespannt und zudem depressiv eingestellt, daß schon beim Augenschließen die Gefahr eines fürchterlichen Entladungsschubs bestand. Für sie kam in diesem Zustand keine weitere Vertiefungsübung in Frage. Eine Psychotherapie konnte ihr weiterhelfen.

Natürlich sind nicht alle geisteskrank, schwer neurotisch oder gar depressiv, denen ein Einstieg in die Vertiefung nicht sofort gelingt. Neurotiker sind Menschen, die ohne organische Ursache bestimmte Beschwerden haben. Sie brauchen etwas Zeit, bis sie vertiefen können. Besonders sehr ängstliche Menschen sind auch Vertiefungsmethoden gegenüber übertrieben ängstlich und mißtrauisch. Auch

Querulanten gibt es. Das sind Menschen, die stets etwas zu nörgeln haben und sich über jede Kleinigkeit beschweren. Wenn man einen Querulanten fragt, ob er vielleicht ein Schwereerlebnis habe, wird er sagen: »Ich? Nein, ich spüre leider gar nichts« - obwohl man an ihm deutliche Merkmale der Vertiefung erkennen kann.

Wer das Schweregefühl auf der ersten Stufe des autogenen Trainings nicht so spürt, wie er es erleben möchte, kann sich mit einem ganz einfachen »Trick« behelfen. Er kann sich in eine mit Wasser gefüllte Badewanne setzen, den Stöpsel anschließend herausziehen und solange ganz ruhig und völlig unbeweglich sitzen bleiben, bis alles Wasser ausgelaufen ist. Wenn die Wanne leer ist, erlebt er seinen Körper bestimmt geradezu unheimlich schwer, er hat das Gefühl, am Wannenboden förmlich zu kleben. Die Erklärung dafür ist einfach: Durch den Auftrieb wird in der vollen Badewanne das eigene Körpergewicht nicht gespürt, der Körper wird ganz leicht erlebt, er schwimmt. Wird das Wasser nun abgelassen, nimmt der Auftrieb ab, und der Körper zeigt wieder das normale Gewicht. Allerdings wird jetzt der Unterschied ganz extrem deutlich.

Über das Schwereerlebnis in den Trancezustand

Wer die erste Stufe des autogenen Trainings immer tiefer, besser und intensiver erleben kann, kommt allein damit immer näher an den schönsten Tiefenzustand, den Trancezustand, heran. Alle weiteren Stufen des autogenen Trainings sind eigentlich bereits Sondersuggestionen, die zur Stabilisierung und Harmonisierung des Organismus beitragen. Ich habe zum Beispiel schon als Schuljunge Trancezustände erlebt. Und ich kann mich nicht erinnern, daß wir mehr als Schwere suggerierten, um dann sofort in der Trancetiefe zu »operieren«. Das Erreichen der Tiefe ist stets auch eine Frage der Intelligenz, und wir waren schließlich keine dummen Jungen, als wir im Kindesalter unsere ersten Erfahrungen mit der Vertiefung machten.

Eine Frage liegt jetzt sicher manchem Leser auf der Zunge: Was fühlt man, wenn man sich in Trance befindet? Die Antwort darauf ist gar nicht so leicht zu geben: Es ist einfach ein total entspannter Zustand. Man hat dabei ein sehr gehobenes, wohliges Gefühl und realisiert offenbar darum die Eingebungen des Suggestors, ohne bewußt darüber nachdenken zu können. Der Zustand ist durchaus vergleichbar mit dem eines Verliebten, der seinen kritischen Kopf verloren hat. (Weil wir in Jugendlagern keine Mädchen hatten, suggerierten wir einmal Mädchen. Wir ließen dann unsere Kollegen Arm in Arm spazieren mit anderen Kollegen, die nun suggerierte Mädchen waren. Sie verhielten sich *in Trance* wie echte Liebespärchen, erschraken dann aber heftig, als die Zurücknahme erfolgt war und die Kollegen einander erkannten. Der Traum vom schönen Mädchen war dann sofort wie weggeblasen.)

Es ist alles ganz einfach, es kommt nur darauf an, daß man sich führen läßt.

Vertiefung ist grundsätzlich überhaupt nicht schwierig: Sich bequem hinsetzen, die Augen schließen, ganz ruhig sitzen bleiben, an die Arme und Beine denken, diese gelöst und schlaff herabhängen lassen, Schwere erleben, ein paar gute Vorsätze ins Gehirn eingeben, die weiterwirken sollen, also Spätwirkung haben, dann wieder zurücknehmen, anschließend wach, frisch und munter sein. Vertiefung ist ein Programm also, das ins Gehirn eingegeben wird. Und dieses Superorgan kann jede Einstellung genauso leicht realisieren, wie etwa der Taschenrechner Zahlen aufleuchten läßt. Für einen Taschenrechner ist es nicht schwerer, die Zahl 7 aufleuchten zu lassen, als die Zahl 789788909 mit der Zahl 43 zu multiplizieren. Im Prinzip gilt dasselbe für das menschliche Gehirn. Wenn etwas schwer ist, dann machen wir Menschen es uns selbst schwer, durch die entsprechende Geisteshaltung.

Das ist sicher mit ein Grund dafür, daß manchmal die verschiedensten Probleme auftreten, wenn man beginnt, die Vertiefung durch autogenes Training zu üben. Daher ist der Ratschlag sicher richtig und verständlich, autogenes Training bei oder mit einem Fachmann zu erlernen, der alle Feinheiten kennt und jahrelange Erfahrung auf seinem Gebiet hat. Die wesentlichen Anweisungen finden Sie allerdings auch in diesem Buch. Über 4000 Menschen aus allen Schichten haben bis heute bei mir das autogene Training erlernt, und diese Erfahrung auf dem Gebiet der Suggestion und Autosuggestion möchte ich jetzt mit diesem Buch an Sie weitergeben.

Ganz ruhig, wollen Sie das wirklich sein?

Im Anschluß an einen meiner Großkurse, an dem über 40 Personen teilnahmen, kam eine junge Frau, Mutter einer Tochter, zu mir, und sagte: »Aber wenn Sie doch so gut autogen trainiert sind, dann sind Sie ja immer ganz ruhig.« Und ohne meine Antwort darauf abzuwarten, fügte sie hinzu: »Dann müssen Sie aber ein recht langweiliger Mensch sein.«

Wir mußten anschließend beide schmunzeln. Natürlich herrscht in breiten Kreisen die Meinung vor, ganz ruhig zu sein sei etwa dasselbe wie stinklangweilig. Und in der Tat äußerten auch schon Kursteilnehmer Befürchtungen in dieser Richtung. Sie befürchteten, durch autogenes Training die Lebenslust zu verlieren, langweilig und trocken zu werden. Wenn im Theater ein Lustspiel gegeben wird, lacht wohl jeder im Publikum. Was macht der autogen Trainierte? Lacht er auch oder bleibt er ganz ruhig, gelöst und gelassen? Eine Beerdigung findet statt, die Betroffenen sind in Trauer und Tränen. Was macht der autogen Trainierte? Bleibt er ganz ruhig, läßt ihn das alles kalt? Von einem Fußballspiel sind die Fans begeistert, und sie unterstützen ihre Mannschaft lautstark. Was tut der autogen trainierte Anhänger? Bleibt er wieder ganz ruhig und gelassen?

Es wäre sehr schlimm, pathologisch sogar, wenn dem so wäre. Durch konzentrative Entspannung wird man innerlich zwar ruhig, aber man wird auch sensibilisiert, die Sinnesorgane werden geschärft, man lernt, echte Gefühle zu erleben und zu zeigen. Wie aber ist denn die innere Ruhe zu verstehen?

Stellen Sie sich dazu eine Waage vor. Legen Sie Gewicht darauf, so schlägt die Waage in eine Richtung aus. Und zwar zeigt sie genau das Gewicht an, welches auf ihr liegt. Nehmen Sie nun das Gewicht von der Waage, so pendelt sie rasch wieder im Gleichgewicht ein. Genauso macht es der Mensch, der konzentrative Entspannung geübt hat. Wird durch die Lebenssituation sein Organismus emotional, so zeigt der autogen Trainierte dies, ist die Lebenssituation beendet, ist für ihn auch die Belastung wieder verschwunden. Der autogen Trainierte reagiert also situationsangepaßt.

Seelische Probleme entstehen erst dann, wenn sich jemand nicht wie die Waage wieder im Gleichgewicht einpendelt, das heißt, wenn er sich auch dann nicht beruhigen kann, wenn das Problem längst vorbei ist.

Die Kunst abzuschalten

Je mehr Lebenserfahrung ein Mensch hat, desto besser muß er tief abschalten können. Der Manager, der aus dem Büro nach Hause kommt, sollte jetzt das Büro im Büro zurücklassen und sich seinem Garten, der Mitarbeit im Haushalt oder seinen Hobbys zuwenden können. Oberflächlich tun dies die meisten. Aber in der Tiefe laufen halt die Bürotätigkeiten oft weiter.

Das menschliche Gehirn arbeitet in jedem Fall 24 Stunden täglich. Es gibt daher eigentlich gar kein richtiges Abschalten. Der Ausdruck ist nicht treffend. Viel präziser wäre der Begriff »wegschalten«, also auf etwas ganz anderes schalten. Wer sich abends ins Bett legt, ändert seine Einstellung. Er schaltet vom Wachzustand weg, er stellt sich auf Schlaf ein. Eine solche Einstellung kommt nicht von selbst, jeder muß sie für sich machen. Es ist eine wahre Kunst, ganz weg und völlig auf Schlaf eingestellt zu sein.

Wer zum Einschlafen bereit im Bett liegt, hat in der Regel Restgedanken vom vergangenen Tag im Kopf. Diese gilt es nun abzuschalten. Das gelingt am besten mit einem positiven Leitsatz. Also: man schaltet vom Problem weg auf zum Beispiel die Formel: »Es geht mir mit jedem Tag in jeder Hinsicht immer besser und besser.« Die Gehirntätigkeit senkt sich nun in Richtung Schlaf. Dann kommt der entscheidende Augenblick, der Augenblick nämlich, in dem man in den Schlaf fällt. Was man in diesem Moment denkt, ist entscheidend. Wer also mit der Einstellung »Es geht mir mit jedem Tag in jeder Hinsicht immer besser und besser« einschläft, sollte im letzten Augenblick dann nicht denken »Aber eigentlich stinkt mir das Leben«; denn diese letzte Schaltung ist es, die im Schlaf dann tatsächlich wirkt.

Mit Ab- oder Wegschalten wären wohl die meisten Probleme in den Griff zu bekommen. Denn sie sind in Wahrheit Schaltstörungen im eigenen Gehirn! Würde etwa ein sehr eifersüchtiger Ehemann nur einmal, nicht bloß oberflächlich, sondern ganz tief, die idealisierte Partnerin wegschalten, könnte er sich zum Beispiel in Gedanken ganz intensiv auf einen schönen Baum einstellen, so wäre er in diesem Augenblick wenigstens nicht mehr eifersüchtig. Aber gerade das, sagt er, könne (wolle!) er nicht.

In einem meiner Kurse zum autogenen Training saß ein junger Bankbeamter. Er versuchte, ein Problem zu lösen, das im heutigen Computerzeitalter in verschiedenster Form zu beobachten ist. Der junge Mann hatte am 2. März an der Börse für einen großen Kunden der Bank nicht die richtigen, gewinnbringenden Geschäfte gemacht. Und nun gehen ihm immer und immer wieder die Börsenkurse vom

2. März durch den Kopf. Oft wacht er nachts auf; die Kurse vom 2. März haben ihn aus dem Schlaf gerissen. Mit seinem kritischen Bewußtsein hat er natürlich diese Kurse, mit denen er heute nichts mehr anfangen kann, längst verdrängt. Aber sie haben sich schockartig und damit tief in sein Unbewußtes eingegraben. Und was tief liegt, kann eben nur mit einer systematischen Vertiefung wieder erreicht und dann korrigiert werden. Ein Grund mehr, Vertiefungstechniken und damit das Wegschalten einzuüben.

Ein weiterer Grund, weshalb man systematisches Vertiefen rechtzeitig üben sollte, ist der Wunsch, jung und beweglich zu bleiben bis ins höchste Alter.

Das Alter des Menschen ist im Gehirn.

Es gibt jetzt keine Zweifel mehr darüber, daß der menschliche Körper über 120 Jahre alt werden kann. Dieses Alter ist schon erreicht worden. Doch das Alter des Menschen liegt eigentlich nicht im »Material«, es liegt im Gehirn, genauer gesagt, in der Länge der Schaltwege. Was wir Erfahrungen nennen, hat auch große Nachteile: Erfahrung kann alt machen. Wie ist dies zu verstehen?

Wenn ein Kleinkind im Kinderwagen liegt, macht es sich keine Gedanken darüber, ob der Kinderwagen bezahlt ist oder nicht. Es kann sich noch gar keine Gedanken darüber machen. Wir Erwachsenen aber *denken weiter* als ein Kind. Dabei benutzen wir unsere Erfahrung. Die Erfahrungen machen einen wesentlichen Unterschied zwischen einem kindlichen und einem erwachsenen Hirn aus. Der Denkweg von uns Erwachsenen ist, verglichen mit demjenigen unserer Kinder, grundsätzlich länger. Und was länger ist, benötigt mehr Energie. Denn ohne Energie findet kein Leben statt.

Wenn ein Erwachsener zu seinen Kindern sagt, daß für ihn dies oder jenes in früheren Zeiten nicht möglich war, so muß ein Jugendlicher oft nur den Kopf schütteln. Er kann, zum Leidwesen des Erwachsenen, nicht »mitdenken«, ganz unmöglich exakt die Denkwege des Erwachsenen haben. Denn seine Denkwege, die Schaltungen in seinen Gehirnwegen, sind anders, noch nicht so weit entwickelt. Also arbeitet das jugendliche Gehirn, was das Nachdenken über die Vergangenheit betrifft, sparsamer. Darum kann der Jugendliche für das Denken an die Zukunft Reserven nutzen, die sein erwachsener Mitmensch oft in unnötigem Nachdenken über Vergangenes verbraucht.

Bei vielen Menschen beobachten wir, daß sie immer und immer die gleichen Denkvorgänge wiederholen. Da sitzt einer am Biertisch und erzählt vom letzten Weltkrieg, den er noch miterlebt hat. Natürlich weiß die Jugend auch, daß es diesen Krieg leider gab. Aber die Denkvorgänge nachvollziehen und genau das nacherleben, was der Kriegsveteran heute in seiner Erinnerung wieder wie damals erlebt, kann und will sie nicht.

In der Länge der Denkwege liegt also nicht nur das Alter begründet, sie ist auch der Grund für so viele Erziehungsprobleme und Meinungsverschiedenheiten. Wenn man sich wieder einmal vorstellt, daß ein menschliches Gehirn viele Milliarden Schaltmöglichkeiten hat, und weiter bedenkt, daß mit der täglichen Erfahrung immer neue Schaltwege gefunden und eingerichtet werden, dann ist es überhaupt verwunderlich, daß zwei Menschen zufällig einmal genau dasselbe denken können. Und trotzdem werden sie auch bei größter Harmonie nicht 100 %ig in ihren Gedanken übereinstimmen, auch wenn sie meinen, daß dies der Fall sei. Denn so wie kein menschliches Gesicht genau wie das andere ist, wird kein Denkweg exakt wie der andere sein.

Wenn Entspannungstechniken in die Tiefe führen, sind sie ein wahrer Jungbrunnen.

Es ist also für den Erwachsenen sehr wichtig zu wissen, daß seine Erfahrung täglich immer noch größer wird und er darum viel mehr noch als ganz junge Menschen dazu aufgerufen ist, ab und zu sein Gehirn »wegzuschalten«, sich ganz auf Ruhe einzustellen. Das gelingt leicht mit den bekannten Entspannungsmethoden. Diese dienen, weil sie ja auch das Abschalten üben, also nicht nur zur Nervenentspannung. Sie sind, vor allem wenn sie ganz tief führen, ein wahrer Jungbrunnen. Mit den Suggestionen des autogenen Trainings kann man sich ganz auf die biologischen Grundabläufe zurückziehen. Was damit gemeint ist, verdeutlicht die zweite Stufe des Trainings, die Wärmeübung.

Die zweite Vertiefungsstufe: das Wärmeerlebnis

In der ersten Vertiefungsstufe wird die Muskelentspannung konzentrativ erlebt. Die Muskulatur hängt in völlig entspanntem Zustand, wie nasse Wäsche an der Wäscheleine, schwer und schlaff am Knochenbau herab. Wie wichtig diese totale Erschlaffung der Muskulatur für die Nervenentspannung ist, wissen Sie bereits. Zur Nervenentspannung gibt es bis jetzt keine Hilfsmittel. Medikamente dämpfen die Nervenspannung zwar, doch es gibt kein Mittel, das Spannung aus den Nervenleitungen einfach entfernen könnte. Wo vermeintlich Spannungen mit einem Hilfsmittel aus den Nervenleitern entfernt wurden, ist diese Entspannung trügerisch; denn in der Regel handelt es sich dabei lediglich um eine Verschiebung der Spannung. Wo sich beispielsweise eine Nervenspannung im Herzen bemerkbar macht, kann es mit Hilfsmitteln leicht gelingen, diese Spannung auf ein anderes Organ zu verschieben. So zeigt sich der unangenehme Herzdruck später vielleicht als Rückenschmerz. Wird der Rücken behandelt, verschwindet vielleicht auch dieser Spannungsschmerz. Man meint, geheilt zu sein, erlebt aber vielleicht plötzlich einen unangenehmen Kopfschmerz. Dabei handelt es sich nur um eine verschobene Nervenspannung. Nur mit der richtigen Einstellung und Entspannung gelingt das natürliche Ableiten von Spannungen. Diese sollen in die Motorik, also in Arme und Beine, abgeleitet werden, wo sie durch körperliche Tätigkeit und Bewegung verbraucht, das heißt in Leben umgesetzt, werden.

Ich habe absichtlich vor der ausführlichen Besprechung der zweiten Stufe des autogenen Trainings nochmals auf die erste Übungsstufe und die Entladung der Nervenbahnen hingewiesen; denn der zweiten Übungsstufe soll stets die erste vorausgehen. Niemals wird die zweite Stufe ohne die erste durchgeführt. Der Grund dafür sei nochmals betont: Die Spannungen in den Nervenbahnen sollen in Arme und Beine abgeleitet sein. Der Spannungsausgleich soll nicht über innere Organe wie Herz oder Lunge stattfinden.

Auf der zweiten Vertiefungsstufe des autogenen Trainings wird nun die natürliche Gefäßentspannung konzentrativ erlebt. Entsprechend den Gesetzen der Natur geschieht mit der richtigen Einstellung im Kopf des Übenden (»Arme und Beine sind warm«) in seinem Körper etwas ganz Wichtiges: Eine vermehrte Durchblutung in den Armen und Beinen kann jetzt nachgewiesen werden. Die Hauttemperatur steigt an, die Kerntemperatur sinkt. Das Kurvendiagramm sieht wie folgt aus:

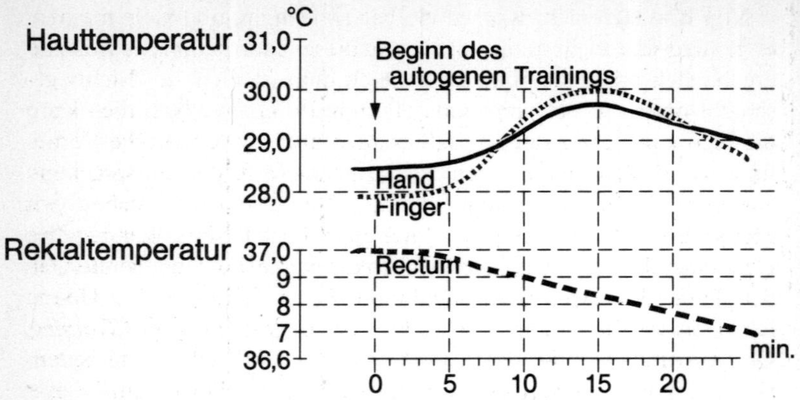

Abb. 3. Darstellung des Verlaufs der Rektal- und Hauttemperatur an Handrücken und Finger während des autogenen Trainings bei mitteltiefer Versenkung. Das Absinken der Rektaltemperatur bedeutet eine Abnahme der Körperkerntemperatur. (Auch darum ist die richtige Zurücknahme einer autogenen Vertiefung so wichtig.) (Nach P. Polzien; In: B. Hoffmann, Handbuch des autogenen Trainings, dtv. 4. Aufl., 1982)

Wie außerordentlich wichtig die richtige Durchführung der zweiten Vertiefungsstufe, des Wärmeerlebnisses, ist, kann folgende Überlegung verdeutlichen: Die normale Blutmenge eines Menschen beträgt 1/12 bis 1/13 seines Körpergewichts. Bei einer 70 kg schweren Person sind dies also etwa 5 bis 6 Liter. Das ist verhältnismäßig wenig, wenn man bedenkt, daß der ganze Organismus mit dieser Blutmenge versorgt werden soll. Nun wissen wir alle, daß das Blut im Organismus zirkuliert. Dabei kommt es stets darauf an, wie die Blutmenge im Körper verteilt ist. Wer im Ruhezustand grübelt und viel nachdenkt, stört damit die ganz natürliche Blutverteilung. Denn im Ruhezustand sollte die Blutmenge vermehrt in Arme und Beine fließen, so daß die inneren Organe entlastet werden. Das gelingt aber nur dann optimal, wenn auch im Kopf Ruhe herrscht. Ist dies nicht der Fall, so strömt das Blut in den Kopf. Dieser wird schwer, die Stirn warm, und das Gleichgewicht des Organismus ist gestört. Ist die Blutverteilung dagegen in Ordnung und naturentsprechend, werden der Kopf leicht und klar und die Stirn angenehm kühl erlebt.

Nun hört sich dies zwar wunderbar einfach an, und viele meinen, es genüge, äußerlich ruhig zu sein und dieser ganz natürliche Zustand ergebe sich dann wie von selbst. Doch dem ist nicht so. Nichts geschieht ohne die entsprechende Haltung im Geiste. Natürlich kann dies spontan richtig sein, so daß es auch ohne systematische Vertiefung zu diesem natürlichen Ruhezustand mit der entsprechend angenehmen Blutverteilung kommt. Doch meistens haben wir Menschen im Unbewußten gewohnheitsmäßige falsche oder negative Denkeinstellungen. Und solche Denkzustände im Unbewußten, in der Tiefe des Gehirns also, können durch systematische Übung korrigiert werden. Daher kommt auch der Begriff autogenes *Training.* Der Ausdruck »autogen« stammt aus dem Griechischen und bedeutet so viel wie »es entsteht etwas aus sich selbst«. Doch damit dieser natürliche Zustand wirklich entstehen kann, braucht es eine *tiefe* Ruhestellung. Und diese soll trainiert werden.

Wäre es nicht so, wie oben beschrieben wurde, käme also die ganz natürliche Durchblutung im Ruhezustand stets vollkommen automatisch zustande, so könnte man sämtliche Beschwerden, die durch eine fehlerhaft gesteuerte Durchblutung entstanden sind, durch einen tiefen Schlaf lösen. Doch die Praxis zeigt, daß der von Streß geplagte Mensch durch seinen Schlaf vom Streß nicht automatisch ganz befreit wird. Er braucht dazu die entsprechende tiefe Ruheeinstellung im Geiste. Der Mensch ist nun einmal ein Wesen mit geistiger Freiheit. Und darum ist es, wenn das Bewußtsein genügend entwickelt ist, seine Aufgabe, auch den Organismus gut zu führen und ihn, wenn notwendig, zu stabilisieren und zu harmonisieren.

Auf der zweiten Übungsstufe des autogenen Trainings geschieht dies dann so:

Der Übende nimmt wieder seine gewohnte Übungshaltung ein und führt die Muskelentspannung durch. Ist diese gut realisiert, fährt er wie folgt weiter: Der Rechtshänder konzentriert sich wieder zuerst auf den rechten Arm, der Linkshänder auf den linken. Er stellt sich diesen Arm vor und denkt:

»Der rechte Arm ist warm.«

Diese Einstellung wird nun mehrmals wiederholt. Dann richtet er seine Vorstellung auf den anderen Arm:

»Der linke Arm ist warm.«

Auch diese Einstellung wird mehrmals wiederholt. Störende

Gedanken spielen jetzt keine entscheidende Rolle. Man kann ja schließlich auch Radio hören und trotzdem korrekt Auto fahren. Genauso kann man auf den linken Arm eingestellt bleiben, auch dann, wenn noch andere Gedanken dabei durch den Kopf gehen, was anfänglich durchaus üblich ist. Mit der Zeit allerdings gelingt die Konzentration immer besser und tiefer, und Störgedanken bleiben schließlich fern.

Dann stellt sich der Übende auf das rechte Bein ein:

»Das rechte Bein ist warm.«

Zum rechten Bein gehören natürlich auch der Fuß und die Zehenspitzen. Und schließlich konzentriert er sich auf das linke Bein mit der folgenden Einstellung, die ebenfalls mehrmals wiederholt wird:

»Das linke Bein ist warm.«

Nun werden die obigen Einstellungen zusammengefaßt, und bei ganz klarem Kopf wiederholt der Übende sechsmal die Formel:

»Arme und Beine sind warm.«

Und einmal denkt er nun noch:

»Ich bin ganz ruhig.«

In dieser Einstellung verharrt er jetzt, bis die Übung wie gewohnt durch energisches Zurücknehmen beendet oder mit der dritten Vertiefungsstufe begonnen wird. Natürlich gilt auch auf dieser Stufe dasselbe wie beim Schwereerlebnis: Der Übende bleibt nur solange in der Vertiefung, wie er das »wohlige«, organisch-euphorische Entspannungserlebnis verspürt. Das Verharren in der Einstellung auf Ruhe und Wärme gelingt leicht mit einer entsprechenden Vorstellung. Der Vorstellung zum Beispiel, völlig entspannt im warmen Sand am Meer zu sitzen.

In der Kürze liegt stets die Würze.

Ziel des autogenen Trainings ist es, spontan den Organismus stabilisieren und harmonisieren zu können, etwa in der Art, wie Tiere auch reflexartig in den bereits erklärten kataleptischen Zustand wechseln können. Nach *J. H. Schultz,* dem Begründer des autogenen Trainings, muß der Trainierte in der Lage sein, »durch einen kürzesten Akt innerer Konzentration schlagartig die spezifische Umschaltung zu vollziehen, so daß der Körper als schwere, warme, ruhende Masse von gleichmäßigem Pulse und ruhig fließender Atmung erfüllt, von dem kühl abkonzentrierten Kopf gewissermaßen getrennt erlebt wird«. Dieses Ziel erreicht der Übende am schnellsten dadurch, daß er anfänglich nur kurz in eine Übung einsteigt und darin verharrt. Eine halbe Minute bis drei Minuten etwa. Viele Anfänger mit durchaus gutem Willen, vor allem aber diejenigen, die mit Entspannungsmethoden das Leben fliehen wollen, versuchen zu lange und meist dann auch erfolglos zu vertiefen. Sie träumen einfach vor sich hin, ohne aber die Konzentration halten zu können. Das führt zu keinem guten Ergebnis. Selbstverständlich muß die Zeit nicht mit der Stoppuhr gemessen werden; die innere »Kopfuhr« ist zuverlässig. Konzentration und dabei nichts erzwingen zu wollen sind oberstes Gebot bei der Anwendung einer Entspannungstechnik.

Daß Umschaltung und Entspannung schließlich »schlagartig« zu realisieren sind, hat auch praktische Vorteile. Wer im Alltag aus einer Spannung herauskommen will, hat dazu wenig Zeit. Der Manager, der während einer Sitzung kurz entspannen möchte, kann dies in ein paar Sekunden tun, wenn er entsprechend autogen geübt ist.

Umschalten, abschalten, entspannen, den Organismus stabilisieren und harmonisieren kann der Geübte jederzeit.

Natürlich ist auch jede beliebige Körperhaltung dazu geeignet. Eine bestimmte Übungshaltung braucht man ja nur zum Üben. Das Zurücknehmen geschieht in der Alltagssituation ebenfalls ganz unauffällig: Man bewegt die Zehen in den Schuhen, rollt ganz leicht die Schultern und öffnet die Augen.

Der Spitzensportler zum Beispiel übt unmittelbar vor seinem Wettkampf nicht. Er setzt das Gelernte ein. Es ist mit der konzentrativen Entspannung etwa so wie mit dem Lesen einer Zeitung. Wenn Sie Ihre Zeitung lesen, üben Sie das Lesen anders als damals in der Schule. Sie profitieren jetzt von den Leseübungen, die Sie damals gemacht haben. Und wer das Lesen richtig erlernte, wer also lesen kann, *muß* lesen. Wer sich einmal konzentrativ entspannen und vertiefen kann, entspannt sich reflexartig.

Nehmen wir an, Sie sind schon recht gut autogen trainiert, Sie können jedenfalls schlagartig die ersten beiden Stufen des autogenen Trainings realisieren. Nun sind Sie auf dem Flughafen und erwarten die Ankunft einer Maschine. Sie wollen einen Verwandten abholen.

Der Flug ist noch nicht angekündigt. Eine willkommene Gelegenheit also, sich zu entspannen. Wie machen Sie es?

Sie setzen sich bequem in einen Stuhl, nehmen dabei aber keine Übungshaltung ein, denn jetzt wollen sie nicht üben, sondern das Gelernte einsetzen. Sie schließen die Augen. Der Kopf bleibt ganz klar, so daß Sie sofort hören, wenn über die Lautsprecher die Landung des Flugzeuges angekündigt wird. Nun bleiben Sie ganz ruhig in Ihrer Haltung, und Sie denken, wie Ihre Arme und Beine jetzt schwer und warm werden. Sie verharren dann in dieser abgesenkten Bewußtseinslage. Der Kopf aber, das ist, ich wiederhole es nochmals, das Wichtigste und Entscheidende, bleibt ganz klar. Mit der Einstellung auf Ruhe, Schwere und Wärme können Sie Ihren Organismus bereits gut stabilisieren und harmonisieren. Die Zurücknahme erfolgt ganz unauffällig. Wenn die Ankunft des Flugzeuges gemeldet wird oder wenn Sie die Entspannung beenden wollen, machen Sie ein paar Bewegungen mit den Zehen in den Schuhen. Sie bewegen Ihre Schultern rollend und öffnen die Augen mit der Absicht, ganz wach, frisch, munter und gut aufgelegt zu sein.

Und schon haben Sie wieder eine Gelegenheit dazu genützt, Ihren Organismus zu entspannen. Es ist leicht zu erkennen, daß es solche idealen Gelegenheiten im Alltag immer wieder gibt.

Die Erfahrung hat allerdings leider gezeigt, daß Menschen, die genügend Ausdauer und Selbstdisziplin haben, um in entsprechender Weise konsequent und systematisch die Stabilisierung und Harmonisierung des Organismus herbeizuführen, noch nicht allzu häufig anzutreffen sind. Dabei macht es regelmäßiges Üben, vielleicht 2 bis 3 Minuten pro Tag, schon möglich, im »Ernstfall« *schlagartig* umzuschalten, abzuschalten, den Organismus zu stabilisieren und zu harmonisieren.

Der Grund dafür, daß viele Menschen die Notwendigkeit, sich bei jeder sich bietenden Gelegenheit konzentrativ zu entspannen, noch nicht hoch genug werten, dürfte darin zu suchen sein, daß man dies nicht für nötig hält, solange man sich einigermaßen wohl fühlt. Leider ist die Meinung weitverbreitet, Entspannung müßten diejenigen betreiben, die Probleme mit ihren Nerven haben. Aber wir wissen doch, daß man die Zähne auch nicht erst dann zu putzen beginnen sollte, wenn sie bereits Löcher haben. Wir putzen unsere Zähne vorbeugend, damit sie gesund bleiben. Genauso kann man Entspannung betreiben: vorbeugend.

Die gleitende Schultergürtelsenkung.

Der gut Geübte braucht, wenn er eine überraschend eintretende Gemütsbewegung abstellen will, nur eine gleitende Schultergürtelsenkung vorzunehmen, was in jeder Körperhaltung so unauffällig geschehen kann, daß höchstens der Eingeweihte diese Haltungsänderung wahrnehmen dürfte.

Die gleitende Schultergürtelsenkung macht man wie folgt: Man läßt während des Ausatmens den Schultergürtel passiv und schwer so langsam wie möglich am Brustkorb niedergleiten, wobei man besonders darauf achtet, daß, dem Körperbau entsprechend, beide Schultern einem fließenden Absinken *nach vorn* folgen. Im Schulter-Nacken-Feld wird so ein außerordentlich intensives, fließendes Entspannungsgefühl erlebt, das *schlagartig* den ganzen Körper des Geübten erfaßt. Die Handflächen zeigen dabei beobachtbar nach hinten.

Die schlagartige Ruhigstellung

Sie kann auch dadurch erreicht werden, daß der Körper einen Augenblick lang ganz bewußt nicht mehr bewegt wird, der Kopf aber - und das ist das Wichtigste - dabei völlig beweglich bleibt. Die Augen, die natürlich jetzt geöffnet bleiben, sollen dabei nicht »in ein Loch starren«, sondern kontrollierend umherschauen, frisch und frei die Umgebung wahrnehmen, während Ihnen die Autosuggestionen des autogenen Trainings durch den Kopf gehen. Die Zurücknahme dieser kurzen Entspannung erfolgt ebenfalls unauffällig: Man macht *ganz bewußt* ein paar Bewegungen mit den Zehen in den Schuhen und bewegt darauf den ganzen Körper wieder der Situation entsprechend.

Nehmen wir zum Beispiel an, Sie haben eben gerade eingekauft und müssen nun an der Kasse mit Ihrem Einkaufswagen anstehen. Eine willkommene Gelegenheit, sich zu entspannen. Sie stehen mit offenen Augen *ganz bewußt ein paar Sekunden lang* ganz still. Sie bewegen Ihren Kopf nicht, achten aber darauf, daß Ihr Kopf leicht beweglich bleibt und die Augen nicht »in ein Loch starren«. Sie denken nun - anstatt zu grübeln oder sich zu ärgern, weil sie warten müssen - an die Suggestionen des Trainings, an die Schwere und an die Wärme. Nach ein paar Augenblicken beenden Sie die Entspannung, indem Sie *ganz bewußt* die Zehen in den Schuhen bewegen und sich hellwach, frisch und munter auf die Begegnung mit der Dame an der Kasse einstellen.

Und schon haben Sie wieder eine Gelegenheit zur Entspannung ausgenützt. Bis zum Tagesende summieren sich solche Möglichkeiten.

Sie sehen also: Entspannung wird geübt, damit man sie einsetzen kann, und vor allem der Einsatz macht Freude. Es ist also falsch zu meinen, man könne sich nur zu Hause in der vertrauten Umgebung entspannen. Dort wird vielleicht trainiert. Aber ein Training macht doch nur dann Spaß, wenn man es auch im Alltag einsetzen kann. Die Motivation, Entspannung zu üben, entsteht aus der erfolgreichen Anwendung des Trainings im Alltag. Wer übt denn gerne auf seinem Musikinstrument, wenn er keine Auftrittsmöglichkeiten sieht? Welcher Sportler würde stundenlang trainieren, wenn er keine Einsatzmöglichkeiten sähe. Man übt also, um dann im Alltag Erfolg zu haben. Das gilt auch für die Entspannung.

Das Geheimnis der Wärme des Blutes: kalte Füße

Das menschliche Blut hat eine durchschnittliche Temperatur von 37 Grad. Ein heißes Bad ist, zum Vergleich, etwa 38 bis 45 Grad warm. Es ist also, schon allein weil das Blut, das bis in die Finger- und Zehenspitzen hinein fließt, so angenehm warm ist, wichtig, daß man in einem Raum mit normaler, angenehmer Zimmertemperatur seine Arme und Beine, Hände und Füße auch als schön angenehm warm erlebt. Dennoch, es gibt Menschen, darunter besonders viele Frauen, die auch im Hochsommer über kalte Füße klagen.

Das kann verschiedene Ursachen haben. Man sollte sich aber in diesem Zusammenhang folgendes vor Augen halten: Das doch recht warme Blut fließt immer bis in die Finger- und Zehenspitzen. Wäre dies nicht so, müßten Finger- und Zehenspitzen irgendwann absterben, denn wo kein Blut mehr fließt, ist auch kein menschliches Leben mehr.

Wenn nun also das Blut bis in die Finger- und Zehenspitzen hinein fließt und trotzdem nicht als warm wahrgenommen wird, so kann dies an der Nervenspannung liegen. Zum Vergleich: Wenn man bei einer Baßgeige die Saiten spannt, wird der Ton hoch, wird die Saite dagegen entspannt, klingt der Ton tief. Die Spannung der Saite entscheidet also über die Höhe des Tons. Darum stimmt der Künstler das Instrument, bevor er das Konzert beginnt, das heißt, er muß die richtige Saitenspannung finden.

Wenn nun die Nerven angespannt sind, kann man nicht erwarten, daß die Wärmemitteilung ans Gehirn so ist wie im entspannten Zustand. Ist man angespannt, wird dadurch die Durchblutung entsprechend, aber auch die Wärme des Blutes nicht richtig erlebt. Durch richtige Entspannung der Nerven aber wird die Durchblutung naturentsprechend, und man wird auch das Blut und damit die Hände und Füße in einem normaltemperierten Raum warm erleben; weil ja das zirkulierende Blut 37 Grad warm ist.

Daß das Blut stets seine Wärme hat, verdanken wir einer Einstellung im Gehirn, die uns von der Natur mitgegeben wird und die nur in Ausnahmefällen »unterwandert« wird. Dann nämlich, wenn zum Beispiel ein Bergsteiger in einer Wand blockiert ist, also nicht weitersteigen kann, die Außentemperatur tief gesunken ist und der Körper des Bergsteigers zwangsläufig immer mehr abgekühlt wird. Hat die Abkühlung einen kritischen Punkt überschritten, stirbt der Bergsteiger.

Wenn es draußen kalt ist, suchen wir sämtliche Kleidungsstücke zusammen und ziehen uns warm an. Eigentlich ist dieses Verhalten eine Folge der Information des Unbewußten. Es ist, als wollte es uns sagen: »Du mußt dich jetzt warm anziehen, sonst gelingt es mir nicht, die normale Bluttemperatur sicherzustellen.«

Die Einstellung der Wärme des Blutes zeigt uns, wo und vor allem wie wir persönliche Zielsetzungen im Gehirn plazieren sollten: sehr tief. Dann kann das Unbewußte Mittel und Wege finden, diese Ziele im Rahmen des Menschenmöglichen zu verwirklichen. Ich denke in diesem Zusammenhang zum Beispiel an das ideale Körpergewicht.

Wie man das ideale Körpergewicht erreicht.

Wenn es gelingt, was absolut möglich und sogar leicht zu erreichen ist, das ideale Körpergewicht, das wir aus Gewichtstabellen ziemlich exakt kennen, genauso tief ins Gehirn einzugraben, wie die Bluttemperatur von 37 Grad eingegeben ist, dann sucht das menschliche Gehirn mit absoluter Sicherheit Mittel und Wege, dieses Ziel zu erreichen. So wie wir von innen heraus gedrängt werden, bei Kälte warme Kleider anzuziehen und uns bei großer Hitze in den Schatten zu begeben, wird derjenige gedrängt, weniger oder anders zu essen, der sein ideales Körpergewicht richtig programmiert hat. Wer sich dagegen bewußt auf ein ideales Körpergewicht trimmen will, indem er seinem Körper nur gewisse Nahrungsmittel zuführt, wird in der Regel Schiffbruch erleiden. Früher oder später hat es noch jeden »erwischt«, der mit dem Bewußtsein das Unterbewußtsein »vergewaltigen« wollte. Ohne die richtige, unbewußte Einstellung im Geiste kann das ideale Körpergewicht nie erreicht und gehalten werden. Abgesehen davon, daß keine Abmagerungskur die individuelle Information berücksichtigen kann, die im Unbewußten vorhanden ist. Denken wir beispielsweise an den Knochenbau, der keine Mangelerscheinungen zeigen soll. Gerade da hat man festgestellt, daß Leute, die bestimmte Schlankheitskuren durchführten, zwar den Fettansatz für einige Zeit verloren, dafür aber an den Gelenken Schäden zeigten. Diese Störungen treten nicht auf, wenn man die »Problemlösung«, in diesem Falle die Realisierung des Körpergewichts, ganz dem eigenen Unbewußten anvertraut.

Wie das Unbewußte Zielsetzungen realisiert.

Es ist ebenso faszinierend wie aufschlußreich, wie das menschliche Unbewußte Ziele realisiert. Ich will in diesem Zusammenhang eine Demonstration schildern, die meinen Kursteilnehmern doch recht in die Knochen gefahren ist, weil sie die schier unglaubliche Macht des Unbewußten (auch Unterbewußtsein genannt) erkennen ließ.

Es war an einem schönen Sommerabend. Die Kursteilnehmer, etwa 20 an der Zahl, saßen im Kreise. Im gegenseitigen Einverständnis wollten wir die Realisierung einer unbewußten Zielsetzung erleben. Die Gruppe vertiefte sich mit autogenem Training. Dann übernahm, wie vorher abgesprochen, ein Teilnehmer die Rolle des Suggestors. Er plazierte die Zielsetzung fremdsuggestiv in den Gehirnen der Teilnehmer. Sie sah vor, daß diejenigen Personen den Raum nicht ohne triftigen Grund verlassen konnten, die in der Vertiefung vom Suggestor auf der linken Schulter berührt worden waren, jedenfalls solange nicht, bis der Kursabend zu Ende war.

Nun wurde die Übung zurückgenommen, und nach ein paar oberflächlichen Gesprächen wollten die Gruppenteilnehmer versuchsweise den Raum für kurze Zeit verlassen. Da geschah es: Eine der Teilnehmerinnen wurde plötzlich sehr unruhig, und sie begann nach einem Blatt, dem Merkblatt für diesen Kursabend, zu fragen: »Wo ist eigentlich mein Blatt? Wo habe ich mein Blatt?« fragte sie immer wieder, obwohl das Merkblatt, das an jenem Kursabend verteilt worden war und das Wichtiges für diese Stunden festhielt, vor ihren Augen auf dem Stuhl lag. Konnte sie es vielleicht gar nicht sehen?

Nun wurde die Kursteilnehmerin vom Suggestor an der Hand genommen und zur Tür geführt. Alle nahmen nun an, daß die Frau ohne weiteres die Türschwelle überschreiten würde. Doch da gab es eine neue Überraschung: Sie sagte plötzlich, daß sie sich nicht wohl fühle und sich unbedingt hinsetzen müsse. Kaum hatte sie sich auf einen Stuhl gesetzt, brach sie wie ohnmächtig zusammen.

Die übrigen Kursteilnehmer erschraken sehr. Damit hatte niemand gerechnet. Sie waren nun alle kreidebleich. Einige wollten sogar sofort den Notfallarzt anrufen.

Der Kurs wurde nach diesem Vorfall beendet. Und da geschah sogleich die nächste große Überraschung. Die Frau, die kurz vorher in Ohnmacht gefallen war, begann sich sofort besser zu fühlen, und schließlich verließ sie den Raum hellwach, frisch und munter. Von dem, was geschehen war, wußte sie praktisch nichts.

Solche und ähnliche Demonstrationen von der Macht des Unbewußten wurden zu allen Zeiten gemacht, und stets beeindruckt, was unbewußt möglich ist, allem voran, wie perfekt Einstellungen realisiert werden, die suggestiv tief ins Gehirn eingepflanzt werden konnten. Der Begründer des autogenen Trainings, Prof. J. H. Schultz, hat zu diesem Thema ebenfalls Demonstrationen durchgeführt. So suggerierte er einer Versuchsperson eine Brandblase auf die Hand und vergaß dann, diese wieder zurückzunehmen. Der Mann meldete sich darauf beim Professor mit der Bitte, er möge ihm diese Brandblase wieder wegsuggerieren. Denn jeden Morgen zeige sich dieses Ding und verschwinde am Abend wieder. Und weil der Professor persönlich diese Suggestion gemacht hatte, konnte nur er sie wieder beseitigen. Solche Beispiele stimmen sehr nachdenklich und zeigen, wie vorsichtig man mit dem Unbewußten umzugehen hat.

Auch ein anderer Arzt hat zur Lebzeit von J. H. Schultz Hypnosedemonstrationen gezeigt. Er hieß Ludwig Mayer, und seine Erfahrungen sind in Fachbüchern publiziert, die immer wieder neu aufgelegt werden. Eine seiner Demonstrationen ist besonders eindrucksvoll und sehr hilfreich zum Verständnis der unbewußten Realisierung persönlicher Zielsetzungen. Der Arzt suggerierte einer Kursteilnehmerin, daß sie zu einem bestimmten Zeitpunkt einer bestimmten Person die Handtasche wegnehmen und auf seinen Tisch legen werde. Damit seit der Auftrag dann erfüllt. Die Vertiefung wurde dann zurückgenommen, und man plauderte in der Gruppe über belanglose Dinge. Plötzlich, eben zur suggerierten Zeit, wurde die Frau, die den posthypnotischen Auftrag hatte, sehr nervös. Sie spürte offenbar, daß sie jetzt etwas zu tun hatte; aber sie wußte wohl noch nicht, wie sie die Aufgabe lösen sollte. Plötzlich stand sie vor der betreffenden Frau und fragte sie, wie spät es denn sei. Die Angesprochene schaute auf die Uhr, und in diesem Augenblick packte die Frau mit dem Auftrag die Handtasche der anderen, legte sie auf den Tisch von Dr. Ludwig Mayer und setzte sich anschließend gelöst und völlig gelassen wieder auf ihren Stuhl.

Genau so laufen posthypnotische Aufträge ab:

- Man wird leicht nervös, etwas hat zu geschehen.
- Man hat einen guten Einfall, wie das Problem zu lösen ist.
- Man löst das Problem rasch und entschlossen.
- Man ist innerlich zufrieden und wieder völlig entspannt.

Diese Reihenfolge trifft auf alle Impulse aus dem Unbewußten zu, die es zu realisieren gilt. Versucht man zum Beispiel, einem Kind durch Zureden den Spinat schmackhaft zu machen, den es, aus welchen Gründen auch immer, nicht essen will, wird es zuerst einmal nervös. Dann hat es einen guten Einfall, wie es das Spinatessen vermeiden kann. Bei seiner Problemlösung handelt das Kind sehr entschlossen, und wenn es sich durchgesetzt hat, ist es, oft zum Ärger des Erziehers, erstaunlich munter und fröhlich.

Auch wenn jemand ganz bewußt sein Körpergewicht reduzieren will, es aber bis heute noch nicht geschafft hat, ist der Ablauf des unbewußten Widerstandes so: Jemand hat den festen Willen, ein paar Pfunde abzuspecken. Er stellt sich womöglich auf die Nulldiät ein, das heißt, er will auf das Aufnehmen von Nahrung ganz verzichten. Nun steht er vor einem schön gedeckten Tisch. Zuerst wird er nervös, weil er eigentlich nichts essen sollte, aber das Unterbewußtsein drängt ihn dazu. Als zweiten Schritt hat er einen guten Einfall, der sich allerdings in der Regel als fauler Kompromiß entpuppt. Er beginnt ein Salatblatt zu verspeisen, mit der beiläufigen Bemerkung, Salat mache ja nicht dick, und etwas müsse man doch essen, schließlich müsse man noch etwas haben vom Leben. Doch es bleibt nicht bei diesem Salatblatt. Es folgt der nächste Schritt: Rasch und entschlossen, vor allem wenn es die anderen, die von seiner Nulldiät wissen, nicht sehen, werden schnell noch andere Sachen in den

Mund gestopft. Und dann folgt der vierte Schritt. Aber dieser bringt jetzt, weil Bewußtsein und Unterbewußtsein nicht harmonieren, nicht die völlige Zufriedenheit, sondern bewirkt das genaue Gegenteil: Es folgen heftige Schuldgefühle.

So kenne ich eine Frau, die unbedingt ein paar Kilos weniger haben sollte. Ihr Hausarzt riet ihr zur Gewichtsabnahme. Als sie nach einer Zeit der Enthaltung abends doch zu einer Tafel Schokolade griff und diese in einem Zug verspeiste, überfielen sie anschließend so große Schuldgefühle, daß sie zur Strafe den ganzen Keller aufräumte und die halbe Nacht putzte.

Mit dieser Einstellung begann das Spiel bald wieder von vorn, ohne aber jemals Aussicht auf Erfolg zu haben. Denn nur, wenn das Programm im Unbewußten gespeichert ist, führt der Einsatz des Willens zum Erfolg. In diesem Falle der Wille, einige überflüssige Kilos abzunehmen. Mit der richtigen Tiefenprogrammierung schafft man es problemlos. Ich werde im zweiten Teil des Buches nochmals ausführlich auf das Programmieren des Unbewußten zurückkommen. Jetzt möchte ich Ihnen zuerst ein Organ ins Bewußtsein bringen, das seine Arbeit nach einer unbewußten Schaltung und schon im vorgeburtlichen Zustand tut: Das Herz!

Das Herz ist immer dabei.

Alle, auch die überall beschimpften »herzlosen« Menschen haben natürlich ein Herz, und bei allen zwischenmenschlichen Kontakten ist das Herz stets mit angesprochen. Dadurch können Spannungsfelder entstehen, die dann das Herz, dieser Seismograph der Seele, auspendeln muß.

Eine junge, begeisterte Stewardeß wollte ihre Arbeit besonders gut machen. Sie bediente die Fluggäste mit Herz und Seele, »bezahlte« ihren totalen Einsatz aber mit Depressionen und Spannungen in der Herzgegend. Wie soll man sich das erklären? Nun, wenn sich eine schöne junge Stewardeß und ein freundlicher Passagier näherkommen, so wandern die beiden auf dem Grat der Herzensangelegenheit. Ob die Beziehung rein geschäftlich ist und bleibt oder eine Liebesbeziehung wird, hängt von der persönlichen Einstellung ab. Ist diese unklar, entsteht ein Spiel mit dem Feuer. Das mag zwar schön sein; aber es streßt, und es kann zu Depressionen als Folge von Enttäuschungen führen. Wer im Beruf mit Personen zu tun hat, muß seine

Arbeitseinstellung sehr exakt formulieren; denn das menschliche Gehirn kann von sich aus nicht zwischen Beruf und Privat unterscheiden. Man kann sich darum ausmalen, welcher Streß entsteht, wenn diese mentale Disziplin bei Leuten fehlt, die beruflich mit Menschen zu tun haben: Herzstreß!

Und genau dieser mental bedingte Herzstreß macht es notwendig, bei der Herzübung im autogenen Training speziell auf die Entladungen zu achten. Diese Übung wird darum oft nicht an die dritte Stelle gesetzt, sondern an den Schluß genommen. Wer bei dieser Übung die geringsten Unregelmäßigkeiten verspürt, sollte die klassische Reihenfolge nach Schultz umstellen und die Herzübung als letzte der sechs autogenen Stufen realisieren.

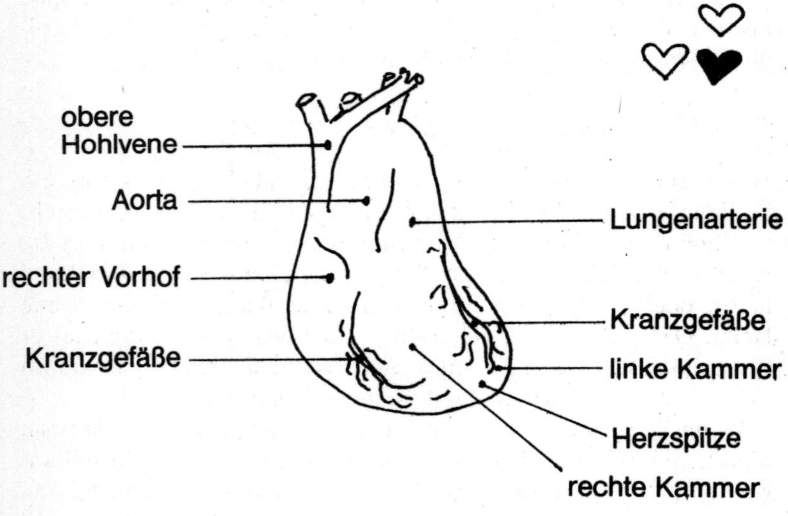

Abb. 4. Das Herz, vereinfacht dargestellt. Es ist das Organ, das den Blutkreislauf des Menschen bewirkt. Es ist ein muskulöser, etwa faustgroßer Hohlkörper. Die Herzspitze liegt links. Ganz anders also als beim Herzchen, das wir auf Liebeskärtchen malen.

Das Herz ist ein Muskel.

der bei der Arbeit, bei Verliebtheit, Liebeskummer, Herzschmerz, Tag und Nacht in jeder Lebenslage seine Arbeit tut. Herzensangelegenheiten lassen sich aber nicht mit dem Anatomiebuch erklären.

Würde jemand ein Herz aus einem Anatomiebuch auf ein schönes Kärtchen abzeichnen und dann, mit herzlichen Grüßen versehen, der Geliebten zuschicken, so würde sie dies wohl als üblen Scherz verstehen. Es wäre für sie eine Beleidigung. So etwas tut man nicht, genausowenig wie man ein Herz schwarz malt. Es ist überall auf der ganzen Welt rot. Das Herzchen, das wir auf Liebesbriefen oder Spielkarten sehen, entspricht auch nicht der Anatomie des Herzens. Die Herzspitze befindet sich nicht unten in der Mitte, sondern in Wirklichkeit unten links. Mit dem Herzsymbol will man also unmißverständlich andeuten, daß Herzensangelegenheiten mehr sind als anatomische. Darum wird im autogenen Training das Herz besser nicht mit einer anatomischen Vorstellung angesprochen, sondern mit einer symbolischen. Wer die Herzübung macht, vertieft zum Beispiel mit der Vorstellung des Pendels einer schönen Uhr, eines Metronoms oder einer Glocke, die gerade schlägt.

Es sind Vorstellungen, die beeinflussen.

Wenn Sie das Wort »Auto« denken, dann sehen Sie sofort ein bestimmtes Auto vor sich. Wenn Sie an ein Haus denken, entsteht vor Ihrem inneren Auge das Bild eines bestimmten Gebäudes. In der Regel ist es ein Haus, zu dem Sie eine ganz persönliche Beziehung haben oder hatten, zum Beispiel das Elternhaus oder das eigene Heim. Daß sich jemand auf Anhieb ein Haus vorstellt, welches er unbewußt nicht kennt, kommt nicht vor. Das zeigt, wie wir im Unbewußten mit Vorstellungen »belastet« sind.

Wenn Herr und Frau X miteinander über irgendeinen Hausbau diskutieren, so haben beide im Unbewußten bestimmte Vorstellungen, an die sie gebunden sind. Diese erschweren die sachliche und neutrale Diskussion auch dann, wenn man bewußt behauptet, neutral zu sein. Wirklich sachlich und neutral kann sich nur derjenige verhalten, der sich von unbewußten Vorstellungen gelöst hat oder gelöst ist. Völlig gelöst davon ist das menschliche Gehirn im vorgeburtlichen Zustand! Der innere Loslösungsprozeß ist eine permanente Lebensaufgabe; denn Neues entdecken und schaffen ist immer verbunden mit der Loslösung von alten und dem Einstellen auf neue Vorstellungen. Wer sich keine neuen Vorstellungen mehr machen will, ist in Wirklichkeit alt und verbraucht. Und wer grundlos an Vorstellungen festhält, ist neurotisch und gestreßt.

Wenn zum Beispiel jemand die Vorstellung hat, er habe nicht den richtigen Partner geheiratet, und an ihr festhält, ohne sich aber vom Partner zu trennen, so macht ihm diese das Leben so lange schwer, bis er sich vorstellen kann, daß auch der jetzige Lebenspartner Vorzüge hat. Vorzüge vielleicht, die sich irgendwann im gemeinsamen Leben als große Vorteile erweisen können. Daraus kann die gesunde, streßbeseitigende Gesamtvorstellung entstehen, daß ein Leben mit diesem Partner auch sehr schön und interessant sein kann.

Ich habe absichtlich dieses Bild der sich nicht liebenden Partner gewählt, weil bei Herzensproblemen fast alle Menschen den Partner ändern wollen und nicht die eigene Vorstellung. Schade: Denn Liebesangelegenheiten sind im Grunde stets eine Frage der richtigen Einstellung. Aber gerade das ist ein Gedanke, den man nicht wahrhaben will. Und damit bin ich wieder an jenem Punkt angelangt, auf den man immer wieder hinweisen muß: auf die Macht der Vorstellung. Ihr werden Sie später in diesem Buch wieder begegnen. Dann nämlich, wenn ich zeige, mit welchen Übungen man sich in der fortführenden Technik des autogenen Trainings von alten Vorstellungen befreit und wie man die Beweglichkeit der Gehirn-Einstellungen im Unbewußten übt.

Für die Fortführung des autogenen Trainings ist vorerst einmal wichtig, daß man sich daran gewöhnt, mit Vorstellungen weiter zu vertiefen.

Die dritte Vertiefungsstufe: die Herzübung

Auf dieser Stufe soll der Gesunde, und das sind in der Regel all diejenigen, die nicht in ständiger ärztlicher Behandlung wegen ihres Herzens sind, wie schon erwähnt, mit einer Vorstellung vertiefen, die nicht der Anatomie des Herzens entspricht. Man kann sich im Geiste auf ein Pendel einstellen, das ruhig und gleichmäßig hin- und herschlägt.

Die Verwendung eines Herz-Symbols ist aus einem weiteren Grund bestimmt einleuchtend: Im Alltag beschäftigt sich der Gesunde nicht mit dem Organ. Wer arbeitet, einkauft oder Bücher liest, zählt nicht andauernd seine Pulsschläge. Eine Konzentration auf die Arbeit des Herzens könnte neurotisierend wirken, man würde dann plötzlich beginnen, während einer Zugfahrt die Pulsschläge zu zählen.

Im autogenen Training wird der Pulsschlag, der die Arbeit des Herzens anzeigt, nicht zu schnellerer oder zu langsamerer Schlagfolge angeregt. Mit der Formel »Mein Herz schlägt ruhig und gleichmäßig« wird die natürliche, dynamische Herzkraft angesprochen. Der Herzmuskel soll seine ganz natürliche Arbeit tun, wie er sie übrigens schon im vorgeburtlichen Zustand ausgezeichnet machte, ohne durch im Unbewußten vorkommende Spannungen belastet zu werden. Entladungen sollen nicht auf den Herzmuskel, sondern auf Arme und Beine geleitet werden, wo diese Energien durch die tägliche Bewegung »verbraucht« werden können.

Durch nicht verarbeitete Herzensangelegenheiten kann es zu unbewußten Spannungen kommen. Wie ist das zu verstehen? Wenn Sie sich eine Stadt vorstellen, nehmen wir Berlin, sehen Sie sofort ein Bild von Berlin vor sich. Und dieses innere Bild ist so perfekt, daß Sie an verschiedenen Details sofort erkennen, daß es sich um Berlin und nicht um Hamburg oder Zürich handelt. Damit eine solche Vorstellung überhaupt möglich wird, muß die Vorstellung der Stadt Berlin irgendwo gespeichert und auch dann vorhanden sein, wenn Sie nicht bewußt an Berlin denken. Genauso sind alle Herzensangelegenheiten irgendwo gespeichert, wobei es für die Herzübung nicht wichtig ist, wo genau sich diese Informationen befinden, solange sie nicht ins Bewußtsein gelangen. Wichtig ist allein, daß daraus entstehende Nervenspannungen auf Arme und Beine, also vom Herzen weggeleitet werden. Und das werden sie, wenn man sich bei der Herzübung sehr wohl fühlt, wenn keine Pulsbeschleunigung die Vertiefung verhindert. Sollte sich dieses Wohlbefinden nicht einstellen, sollte sich sogar ein unangenehm beschleunigter Puls bemerkbar machen, ist die Herzübung sofort zu beenden. Es darf, das soll an dieser Stelle ausdrücklich wiederholt werden, nur so lange vertieft werden, als das »wohlige« organisch-euphorische Entspannungs- und Ruheerlebnis anhält. Das ist *die* Grundregel, die für alle Vertiefungs- und Entspannungsmethoden gilt, wenn sie zum Wohle des Menschen angewendet werden sollen.

Mit zunehmender Vertiefung gelingt es leichter, eine Vorstellung zu halten, und sie wird mit zunehmender Tiefe auch immer intensiver erlebt.

Die dritte Vertiefungsstufe soll also wie folgt durchgeführt werden: Der Übende nimmt wieder, wie gewohnt, seine Übungshaltung ein, er schließt die Augen, und mit den Formeln:

»Ich bin ganz ruhig«

»Arme und Beine sind schwer«

»Ich bin ganz ruhig«

»Arme und Beine sind warm«

»Ich bin ganz ruhig«

realisiert er die ersten beiden Vertiefungsstufen. Dann läßt der Übende in seiner Vorstellung zum Beispiel ein Pendel entstehen, das ruhig und gleichmäßig hin und her schwingt. Dazu denkt er im Geiste sechsmal:

»Mein Herz schlägt ruhig und gleichmäßig.«

Und einmal denkt er:

»Ich bin ganz ruhig.«

Er bleibt vollkommen ruhig auf seine Vorstellung eingestellt, bis er die Übung wie gewohnt zurücknimmt oder mit der nächsten Vertiefungsstufe fortfährt.

Wieso werden die Einstellungen sechsmal wiederholt?

Diese Frage wird mir auch immer wieder von meinen Schülern gestellt. Eine eindeutige Antwort darauf gibt es nicht. Der Begründer des autogenen Trainings war der Meinung, daß eine Formel nach sechsmaliger Wiederholung erfahrungsgemäß recht gut realisiert ist. Auch eine siebenmalige Wiederholung wäre nicht schädlich. Wichtig und für den Erfolg entscheidend ist vor allem, daß man sich an eine einmal gegebene Anweisung hält und sich von einer Einstellung 100prozentig führen läßt.

In Chur, der Hauptstadt des Kantons Graubünden, in dem auch der Nobelkurort St. Moritz liegt, demonstrierte ich einmal auf einer kleinen Bühne vor rund 100 Kursteilnehmern dieses totale Sichführen-Lassen in der Hypnose, von der ja das autogene Training abgeleitet ist. Eine junge Lehrerin hatte sich zur Verfügung gestellt. In der abgesenkten Bewußtseinslage suggerierte ich ihr, sie könne jetzt jeweils sechs Schritte tun, aber auf dieser Bühne an diesem Abend keinen siebten oder gar achten. Die Lehrerin wollte und konnte sich von dieser Einstellung führen lassen, und es geschah, daß sie tatsächlich immer nach sechs Schritten wie angewurzelt stehen blieb. Sie verzählte sich nie. Und wenn sie aufgefordert wurde weiterzugehen, schienen ihre Füße plötzlich am Boden zu kleben, so daß sie eher hingefallen wäre, als einen Schritt tun zu können.

Nun gibt es natürlich immer Kritiker und Zweifler, die erst überzeugt sind, wenn sie am eigenen Leib die Macht der Gedanken eindrücklich erlebt haben. Im selben Kurs geschah noch folgendes: Als es darum ging zu zeigen, daß jeder von uns Suggestionsformeln vorgeben kann, wählten wir einen erfolgreichen Geschäftsmann aus, der an meiner Stelle den Übenden die Formeln zur anfänglichen Gedächtnisstütze vorsagen sollte. Er kam bis zur Formel des Herzens. Dann bat er die Leute, sich einzugeben: »Die Atmung schlägt ruhig und gleichmäßig.« Nun soll aber die Atmung nicht schlagen, niemals. Die Übungsgruppe, die vertieft war, reagierte auf den Widerspruch sofort, fiel aus der Vertiefung und brach in schallendes Gelächter aus. Mit zunehmender Vertiefung wird man also empfindlicher und darf sich immer weniger Fehler leisten. Das ist sicher mit ein Grund dafür, daß die Autosuggestionen des autogenen Trainings so präzise vorgegeben sind. Sie sollen nicht eigenwillig abgeändert werden; denn sie sind medizinisch richtig und erprobt.

Die Vorstellung soll nicht mit persönlichen Interessen verbunden sein.

Natürlich kommt es bei der erfolgreichen Vertiefung weder auf eine bestimmte Menge noch auf bestimmte Formeln an. Bloß richtig müssen sie sein. Es kommt entschieden darauf an, wie tief der einzelne mit den einfachen Formeln des autogenen Trainings und den damit verbundenen Vorstellungen in die Entspannung treiben kann. Wichtig ist dabei auch, daß diese Vorstellungen frei von persönlichen Interessen sind. Stellt sich jemand bei der Herzübung das Pendel seiner Uhr vor, auf die er stolz ist, weil sie einen antiquarischen Wert besitzt, verbindet er persönliche Interessen mit einer Vertiefungsübung. Viel besser ist es, hier eine Trennung vorzunehmen und sich einen Gegenstand vorzustellen, der ohne persönliche Verbindung das ausdrückt, was das Herz tun soll: schlagen – ruhig und gleichmäßig.

Meistens gelingt die Vorstellung eines Pendels noch recht gut. Aber bewegt es sich in der Vorstellung auch hin und her? Oder steht es wie auf einem Foto ganz still? Das sind wichtige Detailfragen. Die Vorstellung soll immer ganz genau der Formel entsprechen.

Und hier beginnt das eigentliche Training.

Eine junge Frau, Mutter von zwei Kindern, die in ihrer Ehe Probleme hatte, konnte die Herzübung nicht sofort realisieren. Bei ihr schlug das vorgestellte Pendel viel zu rasch aus, und sie konnte es einfach nicht langsam machen. Sobald sie versuchte, sich die Pendelbewegungen schön ruhig und langsam vorzustellen, bekam sie Angst, einen beschleunigten Puls, so daß sie die Übung zurücknehmen mußte. Sie stellte sie an den Schluß des Trainings; aber die Übung gelang ihr erst, als sie wiederholt folgende Überlegungen anstellte: »Das Herz ist ein lebenswichtiger Muskel, der seine Arbeit ohne Belastung tun können soll. Ich sitze jetzt hier auf einem Stuhl und trenne mich von den Problemen des Alltags. Was kann das Herz dafür, daß ich Spannungen mit meinem Mann habe? Für meine eigene Gesundheit ist eine gute Funktion des Herzens notwendig. Die Herzübung gibt mir Kraft und die Fähigkeit, mich innerlich zu lösen . . .«

In einem andern Fall schlug das Pendel in der Vorstellung zwar hin und her, aber es knickte am Anschlag stets ein.

Eine Analyse dieses Bildes ist möglich, aber nicht unbedingt notwendig. Wichtig ist beim Entspannen auf dieser Stufe vielmehr, daß man sich bewußt ist, daß in dieser kurzen Erholungspause der Organismus nur als Organismus, ohne Belastungen durch die persönlichen Probleme, funktionieren soll. In der Entspannung nimmt man gewissermaßen den Organismus aus dem Spannungsfeld heraus und läßt ihn so funktionieren, daß er sich auch wirklich tief erholen kann. Konkrete Probleme müssen zusätzlich durch gezielte Vorsatzbildungen beseitigt werden. Aber das ist ein Thema, auf das ich später wieder zu sprechen komme.

Im Moment genügt es zu wissen, daß das Herz ein Muskel ist, dem man in der Ruhephase wirklich Ruhe gönnen sollte. Es arbeitet 24 Stunden, am Tag und in der Nacht, und es ist ein so wichtiges Organ, daß man es schon dann und wann vom Streß freidenken darf. Herzensangelegenheiten kann das Herz als Organ ohnehin nicht lösen. Es ist ein Muskel, der die Geisteshaltungen des Menschen realisiert, und allzu oft ist es nicht nur der Seismograph der Seele, sondern auch gleichsam der Abfallkübel für gestörte Liebesbeziehungen und unnötigen Bürostreß. Mit Hilfe des autogenen Trainings kann man beides, anfänglich für kurze Zeit, mit zunehmender Trainingserfahrung immer besser, tiefer und länger, von ihm fernhalten.

Autogen geübte Gesunde lassen sich manchmal darauf ein, eine zur Formel passende Vorstellung aus dem Unbewußten zu verwenden. Sie werden bei dieser Übung also innovativ kreativ!

Ein Student dazu: »Als ich so dasaß und mich entspannte, gab ich die Formel für das Herz ein, ohne dazu aber eine Vorstellung zu geben. Ich wollte sehen, was geschehen würde. Mein Kopf war ganz klar, und ich fühlte mich ausgesprochen wohl. Längere Zeit geschah nichts, es war einfach dunkel, ohne daß ich aber Angst hatte. Ich beherrschte die Lage. Dann, während ich schön ruhig und gleichmäßig die Formel für das Herz wiederholte, hatte ich plötzlich die Vorstellung einer Matratze, die auf einem See schwamm. Ich sah dann deutlich die Tafel »Nur für Schwimmer«. Ich sah die Matratze von oben und das Wasser, das in leichter Bewegung war. Und ich fragte mich dabei, was dieses Bild mit dem Herzschlag zu tun haben könnte. Ich wiederholte nochmals die Herzformel. Da drehte sich die Matratze, so daß ich ganz deutlich ihre Seitenwand sah. Sie kam immer näher, bis ich schließlich nur noch diese Seitenwand vor mir sah. Dann bemerkte ich die Nähte auf der Seite, diese Steppnähte. Plötzlich wechselte das Bild, und es entstand ein Elektrokardiogramm daraus, das heißt, ich saß in meiner Vorstellung plötzlich in einem Zimmer und war an das Gerät angeschlossen. Ich sah einen weißen Punkt, der den Verlauf der Aktionsströme des Herzens auf einen Bildschirm zeichnete, und ich hörte den für ein Herzgerät typischen Piepston. Ich fühlte mich dabei ausgesprochen wohlig, fast euphorisch, und ich bedauerte, daß nach meiner Kopfuhr die Übungszeit vorbei war. Ich hätte noch lange in dieser tiefen Versenkung verharren können.«

Eine junge Frau berichtete: »Ich wollte mich bei der Herzübung von einem unbewußten Bild »überraschen« lassen. Ich gab die Formel für das Herz ein. Lange Zeit geschah nichts. Aber ich fühlte mich sehr wohl. Dann sah ich plötzlich ganz deutlich einen Sportplatz mit der Hochsprunganlage, und ich fragte mich, was dieses Bild mit dem Herzschlag zu tun haben könnte. Ich sah bloß den Schaumstoffstapel mit einem tiefblauen Plastiküberzug und die Stangen, aber ich sah keine Menschen. Ich wiederholte nun die Herzformel ganz ruhig, und plötzlich sah ich mich selbst durch einen Feldstecher schauen. Ich schaute einem jungen Sportler auf der 400 m langen Kreisbahn nach. Zuerst sah ich ihn von hinten. Sein Leibchen war leicht feucht. Er schwitzte. Deutlich sah ich ihn ruhig und gleichmäßig laufen, und ich hörte sogar, wie seine schneeweißen Turnschuhe auf dem Boden fest im Takt aufschlugen. Ich folgte ihm mit dem Feldstecher, und als er mir auf der Gegengerade entgegenlief, sah ich, daß sein Leibchen auch vorn eine ganz feine feuchte Spur aufwies. Er war sehr jung, die Haare hatte er kurz geschnitten. Ich erkannte ihn nicht, war aber von seinen schönen, perfekten, ruhigen Bewegungen innerlich so erfreut, daß ich zu spüren glaubte, er laufe auch für meine Gesundheit. Ich bedauerte richtig, daß ich mich jetzt innerlich gedrängt fühlte, auf die nächste Übungsstufe weiterzugehen. Ich hätte ihm noch lange zuschauen mögen.

Wenn es am schönsten ist, ist auch die beste Gelegenheit, die Übung zu beenden.

Was im Alltag gilt, trifft auch auf Vertiefungen zu: Sie sollten dann beendet werden, wenn man sich so richtig tief und wohl fühlt. Aber gerade dann möchten viele noch bleiben. Das führt in der Regel zu keinem guten Ergebnis. Zu vergleichen etwa mit dem Höhepunkt auf einem Fest: Wer ihn überschreitet, fällt in ein Tief. Und schon endet ein fröhliches Fest in einem Chaos. Dasselbe gilt auch für Vertiefungsübungen. Daher sollten Sie unbedingt die obenstehende Regel beherzigen. Wer sich nicht daran hält, schult womöglich eine Depression. Das Leben kann man nicht anhalten, und man sollte es auch nicht meditierend fliehen wollen. Das Leben geht vorwärts, und es pulsiert zwischen den beiden Polen Spannung und Entspannung.

Alles in der Natur funktioniert nach immer geltenden Gesetzen.

Nicht etwa nach Lust und Laune. Die Erde dreht sich, die Planeten ziehen ihre Bahn nach festen Gesetzen. Das Eis schmilzt bei einer bestimmten Temperatur und wird zu Wasser. Dieses Gesetz gilt immer und überall ohne Ausnahme. Nach solchen Gesetzmäßigkeiten läuft alles im menschlichen Organismus ab, auch die Atmung.

Die Atmung

Mit jedem Atemzug nehmen wir Sauerstoff aus der Luft in unsere Lungen auf und geben bei der Ausatmung Kohlendioxyd ab. Viele Muskeln sind aktiv an der Atmung beteiligt. Der größte von ihnen ist der Atemmuskel, das Zwerchfell. Beim Einatmen senkt sich das Zwerchfell nach unten, beim Ausatmen steigt es nach oben. Deshalb wird der Bauch bei der Einatmung dick, bei der Ausatmung dünn.

Daß der Bauch bei der Einatmung an Volumen zunimmt, stört

anscheinend sehr viele Menschen. Wer findet einen dicken, runden Bauch schon attraktiv? Viele halten deshalb mit der Einatmung ganz gewohnheitsmäßig etwas zurück, was natürlich nicht gut ist und auf Kosten einer tiefen Atmung geht.

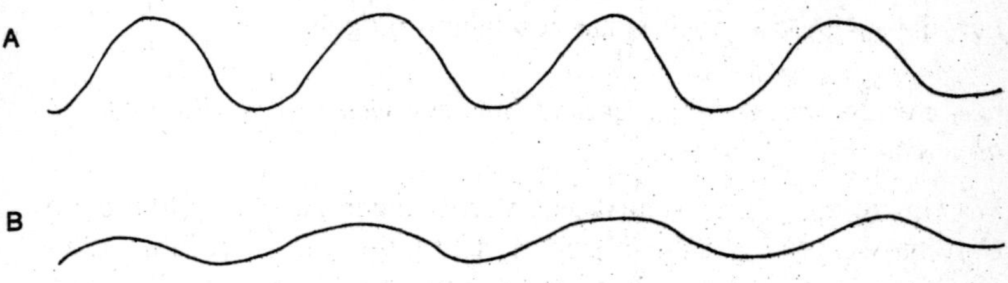

Abb. 5: A zeigt den Typus der Tagesatmung.
B zeigt den Typus der Nachtatmung. Der Nachttyp ist langsamer, flacher und verläuft als gleichmäßige (Sinus)-Kurve. Die Atmung in der vertieften Ruhe und Entspannung entspricht dem Nachttyp.

Atmen lassen muß oberstes Gebot sein. Es gibt keine für alle gültige »richtige« Atmung. Auch die Atmung hängt, wie alle Organfunktionen, von der jeweiligen Lebenssituation ab. Im Augenblick der Überraschung zum Beispiel funktioniert die Atmung anders als beim Ruheerlebnis in konzentrativer Entspannung.

Die äußere Atmung beginnt erst nach der Geburt. Darum kann mit der Atmung das Herz beruhigt werden. Umgekehrt aber kann das Herz, das schon im vorgeburtlichen Zustand seine Arbeit tut, die Atmung nicht beruhigen! Die Verführung ist groß, beim Entspannen die Atmung auf irgendeine Art absichtlich zu beeinflussen, eine gelernte Atmungstechnik anzuwenden. Durch *absichtliche* Steuerung der Atmungsvorgänge aber kann das Hypnoid aufgehoben und die Vertiefung damit schlagartig zurückgenommen sein. Darum wird im autogenen Training empfohlen, sich ganz der Atmung zu überlassen. Die Atmung soll den Übenden tragen und mit sich nehmen. Sie ist vergleichbar mit den Wogen des Meeres, die kommen und gehen. Über die konzentrative Einstellung »Die Atmung ist ruhig und gleichmäßig« erlebt der Übende bei ganz klarem Kopf, ohne irgendwelche Angst, die Unendlichkeit. Er spürt das steuernde Prinzip in sich selbst. Es dominiert jene Atmungssteuerung, die wir schon im frühesten Kindesalter besaßen. Der Übende kehrt also auf die Ebene jener Gehirnschaltung zurück, die ihm ins Leben mitgegeben wurde und die wir bei Kleinkindern gut beobachten können, wenn sie in der Tragetasche von ihren Eltern herumgetragen werden und dabei so göttlich schlafen.

Die vierte Vertiefungsstufe: Die Atemübung

Der Übende nimmt wieder seine Übungshaltung ein, er schließt seine Augen. Mit den Formeln:

»Ich bin ganz ruhig«

»Arme und Beine sind schwer«

»Ich bin ganz ruhig«

»Arme und Beine sind warm«

»Ich bin ganz ruhig«

»Mein Herz schlägt ruhig und gleichmäßig«

»Ich bin ganz ruhig«

realisiert er nun wie gewohnt die ersten drei Vertiefungsstufen, wobei er die Formel »Ich bin ganz ruhig« einmal, die andern Formeln aber sechsmal wiederholt. Damit ist er konzentrativ vertieft. Die genaue Anzahl der Einstellungen, nämlich sechsmal und einmal, erfordert einen glasklaren Kopf. Im Unterschied zum Wachzustand ist jetzt die Bewußtseinslage aber abgesenkt, was das Bild*erlebnis* ermöglicht. Nun läßt der Übende vor seinem inneren Auge ein Bild entstehen, zum Beispiel die Wogen des Meeres. Er läßt sich von diesem Bild »tragen« mit der Formel:

»Die Atmung ist ruhig und gleichmäßig«,

die er sechsmal wiederholt. Dann folgt wieder die einmalige Einstellung:

»Ich bin ganz ruhig.«

Damit ganz sicher nicht bewußt geatmet wird, fügt der Übende noch einmal hinzu:

»Es atmet mich.«

Zur weiteren Vertiefung bleibt er ganz ruhig auf die Wogen des Meeres eingestellt. Natürlich bleibt der Übende, wie immer, nur so lange in der Vertiefung, als das »wohlige«, organisch-euphorische Entspannungs- und Ruheerlebnis besteht. Die Übung wird dann mit der nächsten Stufe, der Sonnengeflechtsübung, weiter vertieft oder wie immer in bekannter Weise energisch zurückgenommen (nicht zurückgerissen!).

Atmungsbilder: Das Geheimnis des Wassers

Selbstverständlich gibt es keine verbindliche Vorschrift, welches Naturbild mit der Atmung verbunden erlebt werden soll. Die Wogen des Meeres eignen sich jedoch dafür aber aus verschiedenen Gründen besonders gut: Erstens besteht unser menschlicher Körper zum größten Teil aus Wasser. Deswegen kommt uns das Wasser im tiefsten Unbewußten sehr vertraut vor. Und zweitens braucht der Mensch das Wasser zum Leben genauso dringend wie die Luft. Ohne Wasser kann er niemals überleben.

Auch Menschen, die Angst vor dem Wasser haben und darum noch nicht schwimmen können, oder solche, die sich nicht gern waschen, auch Kinder, die besonders gerne mit fließendem Wasser herumspritzen, sprechen im Unterbewußtsein positiv auf Wasser an. Eine gestörte Beziehung zum Wasser ist nicht angeboren, sondern anerzogen und kann darum wegsuggeriert werden, zum Beispiel im Zusammenspiel mit der Atmungsübung, indem man sich mit der richtigen Atmungseinstellung vom Atmungsbild so richtig »tragen« und »nehmen« läßt. Der Ängstliche muß dies allerdings üben.

Innerliches Loslassen erfordert Ich-Stärke. Was heißt das? Wenn Sie sich entschlossen haben, ein Entspannungstraining zu machen, und das auch durchführen, es sei denn, gute Gründe bringen Sie von Ihrem Entschluß ab, dann sind Sie schon sehr ich-stark. Wenn Sie aber einen einmal gefaßten Entschluß immer wieder und ohne triftigen Grund widerrufen, dann sind Sie leicht beeinflußbar und damit wahrscheinlich ich-schwach. Wenn Sie sich innerlich loslassen wollen, dann sollten Sie Ihren festen Entschluß nicht bei jedem sich bietenden Gedanken wieder verwerfen. Bleiben Sie fest dabei, lassen Sie sich nicht von Ihrem Ziel abbringen!

Dann sind Sie bald im Bild.

Man wird oft gefragt: »Bist du im Bild?« Und wer sagt, er sei nicht im Bild, gibt damit zu verstehen, daß er sich etwas Bestimmtes nicht vorstellen kann. Können Sie sich die Wogen des Meeres vorstellen? Oder gefällt Ihnen das Bild vom wogenden Kornfeld im Wind besser? Wenn Sie ich-stark sind, dann entschließen Sie sich in Ihrem autogenen Training für das eine oder andere Bild, das zur Atmungsübung paßt und halten es im Geiste fest. Lassen Sie sich durch Störgedanken und Störbilder nicht vom Weg abbringen. So und nur so kommen Sie mit der Übung immer besser »ins Bild«, wird es mit zunehmender Vertiefung immer deutlicher und intensiver *erlebt.*

Eine unterstützende Maßnahme

Damit man gut ins Bild kommt, empfiehlt es sich, hinter verschlossenen Augenlidern die Augäpfel »zu stellen«, das heißt, in eine bestimmte Richtung zu schauen. Die alten Hypnoseschulen empfahlen einen inneren Blick nach oben, etwa dorthin, wo die Inder ihren roten Punkt tragen. Allerdings kann diese unterstützende Maßnahme für Bilder Kopfschmerzen geben. Dann soll sie natürlich sofort weggelassen werden; denn es gilt ja die Regel: Nur solange etwas tun, als das »wohlige«, organisch-euphorische Ruheerlebnis anhält. Die Kopfschmerzen könnten daher kommen, daß die Augenmuskeln diese Augenstellung nicht gut halten können. Besonders Brillenträger müssen meist von dieser unterstützenden Maßnahme absehen. Man kann natürlich ebensogut die Augen hinter verschlossenen Augenlidern geradeaus richten oder sogar auf die Nasenspitze schauen. Wichtig ist allein, daß man entschlossen eine Augenstellung einnimmt und in eine bestimmte Richtung schaut.

Warum ist die Augenstellung so wichtig?

Solange Sie eine schöne, rote Blume betrachten, nimmt Ihr Gehirn stets dieselbe Information auf. Sie erleben die Blume darum mit der Zeit sehr intensiv. Beim Musikhören gelangt die Information ununterbrochen über das Gehörorgan ins Gehirn. Das musikalische Bild kann sich formen. Sie erleben Musik. Wenn Sie sich nun aber bei geschlossenen Augen etwas vorstellen, wer sorgt dann für die Information, die im Gehirn verarbeitet werden muß? Doch nur Sie selbst.

Hören Sie auf, an etwas Bestimmtes zu denken, lassen Sie sich durch störende Gedanken ablenken, wird das schöne Bild sofort verzerrt, vielleicht verschwindet es sogar. Indem Sie also an ein bestimmtes Bild denken, geben Sie Ihrem Gehirn ununterbrochen Schaltinformationen. Damit nun der Informationsnachschub immer in die gleiche Richtung fließt, sollen die Augen während der Übung stets in eine Richtung schauen, gerade so, wie wenn Sie durch den Feldstecher einer Seilschaft zuschauen, die eine Felswand durchsteigt.

Aber noch aus einem anderen Grund sollen die Augäpfel während der konzentrativen Vertiefung hinter verschlossenen Augenlidern in eine bestimmte Sehrichtung gestellt sein: Sowohl bei der Herzübung wie auch bei der Atmungsübung wird Bewegung angesprochen. Mit dem Herzbild wird der Herzschlag angesprochen, mit dem Atmungsbild die Bewegung der Atmung. Der Körper soll bei diesen Vertiefungsübungen aber ganz ruhig bleiben. Die Gefahr, daß sich der ganze Körper auf einmal hin- und herbewegt, auf und ab, ist groß. Dieser Gefahr beugt die fixierte Stellung der Augäpfel vor. Dadurch schauen dem Bild lediglich die Augen nach. Man kann also das Bild einer schwingenden Glocke erleben, ohne dabei den Kopf bewegen zu müssen. Nur die Augäpfel schauen hinter verschlossenen Augenlidern der schwingenden Glocke nach. So wird die konzentrative Vertiefung richtig durchgeführt.

Wie verändert sich das Bild?

Diese Frage ist durchaus berechtigt. Wer mit offenen Augen einen Stuhl betrachtet, gibt seinem Gehirn über das Sehorgan konstant die gleiche Information. Er sieht den Stuhl mit offenen Augen ganz deutlich. Schließt er dann die Augen, und versucht er, sich den Stuhl vorzustellen, so ist das Bild anders, denn die Information stammt nicht mehr von außen, aus der Welt der realen Gegenstände, sie kommt jetzt aus dem eigenen Gehirn.

Wie verändert sich dadurch das Bild? Denken Sie kurz an eine Stadt, sagen wir Paris. Sie werden, kaum haben Sie jetzt den Gedanken vernommen, ein Bild von Paris vor Ihren Augen haben. Ihre Vorstellung von Paris hat Merkmale, an denen Sie ganz genau erkennen, daß es sich um keine andere Stadt handeln kann. Derart perfekte Vorstellungen vermag das Gehirn hervorzubringen. Und doch ist Ihre Vorstellung von Paris anders als das Bild, das Sie haben, wenn Sie tatsächlich mit dem Zug in Paris ankommen.

Bei zunehmender Vertiefung wird eine Vorstellung intensiver erlebt. Es wäre aber völlig unsinnig, hinter verschlossenen Augenlidern ein Bild zu erwarten, das hundertprozentig dem realen Gegenstand entspricht, den man mit offenen Augen betrachtet. Jeder kann Bildvorstellungen haben, und wenn nicht, sucht er vielleicht zu sehr danach, er strengt sich an. Manche sind nicht zufrieden mit ihren Vorstellungen, sie wollen mehr, irgendwelche Wahnbilder vielleicht oder halt Vorstellungen, die stets identisch sind mit dem Anblick von realen Gegenständen. Das ist unsinnig. Die obige Erklärung ist sicher einleuchtend.

Oft sind persönliche Emotionen schuld, wenn Vorstellungen nicht sofort gelingen. So gibt es Menschen, die sich nicht vorstellen können oder wollen, daß sie ein Flugzeug besteigen. Sie haben Angst vor dem Fliegen. Wieder andere können oder wollen sich nicht vorstellen, daß ihnen etwas gelingen könnte. Sie haben Angst zu versagen. Das Gefühl der Angst verbietet die Vorstellung! Ich werde später noch weiter darauf eingehen, wenn erklärt wird, wie bildhaft eine Neuanpassung an die Umwelt realisiert werden kann.

Das Sonnengeflecht

Können Sie sich vorstellen, daß es ein Sonnengeflecht gibt?

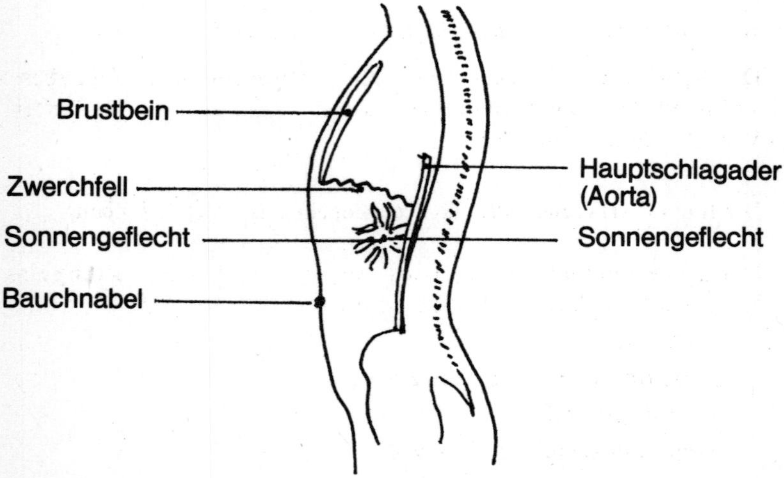

Abb. 6: Das Sonnengeflecht, auch Lebensnervenknoten genannt, liegt an der hinteren Bauchwand, etwa in der Mitte zwischen Nabel und unterem Ende des Brustbeins.

Wenn ja, haben Sie eine klare Vorstellung davon? Das Sonnengeflecht gibt es tatsächlich. Es existiert also nicht bloß in der menschlichen Vorstellung. »Das Sonnengeflecht liegt an der hinteren Bauchwand, etwa in der Mitte zwischen Nabel und unterem Ende des Brustbeins«, schreibt der Begründer des autogenen Trainings. Wer die Hand auf den Oberbauch legt, zwischen Brustbeinende und Nabel, erfaßt genau diese Region.

»Die paar Nervenfädchen, die dort durchgehen, genügen mir nicht zur Vorstellung eines Geflechtes«, sagte mir ein ganz junger Arzt, als ich versuchte, einer Kursgruppe das Sonnengeflecht zu erklären. Gewiß: Mit anatomischen Erklärungsversuchen kann man kein Sonnengeflecht erleben. Und auf das Erlebnis kommt es doch an. Damit man das Sonnengeflecht in der Vertiefung erleben kann, müssen die Nerven entspannt und die Bahnen entladen sein. Das Sonnengeflecht wird auch Lebensnervenknoten genannt. Es beeinflußt nach ärztlichen Erklärungen den gesamten Bauchraum, den Magen, den Darm, die Leber mit der Gallenblase, die Drüsen der inneren Sekretion wie etwa die Bauchspeicheldrüse, die Sexualorgane, kurz: alle Organe und Organsysteme, die unterhalb des Zwerchfells liegen.

Wie wird das Sonnengeflecht in der Vertiefung erlebt?

Die Antwort darauf ist kurz und einfach: strömend warm. Und diese strömende Wärme wird im autogenen Training mit der fünften Vertiefungsstufe realisiert.

Die fünfte Vertiefungsstufe: die Sonnengeflechts- oder Leibübung

Der Übende nimmt dabei wieder seine gewohnte Übungshaltung ein. Er schließt die Augen. Mit den Formeln:

»Ich bin ganz ruhig«

»Arme und Beine sind schwer«

»Ich bin ganz ruhig«

»Arme und Beine sind warm«

»Ich bin ganz ruhig«

»Mein Herz schlägt ruhig und gleichmäßig«

»Ich bin ganz ruhig«

»Die Atmung ist ruhig und gleichmäßig«

»Ich bin ganz ruhig – es atmet mich«

realisiert er die ersten vier Vertiefungsstufen. In dieser konzentrativen Tiefe spricht er nun sein Sonnengeflecht an mit der Formel:

»Mein Sonnengeflecht ist strömend warm«,

die er sechsmal wiederholt. Dann folgt wie immer die Formel:

»Ich bin ganz ruhig.«

Der Übende bleibt nun so lange in der abgesenkten Bewußtseinslage, als das »wohlige«, organisch-euphorische Entspannungs- und Ruheerlebnis anhält oder bis er die Übung mit der Kopfübung weiter vertieft oder die Vertiefung wie gewohnt zurücknimmt.

Die strömende Wärme im Sonnengeflecht wird sehr verschieden erlebt und mit ganz persönlichen Vorstellungen verbunden.

Eine Kursteilnehmerin sagte: »Ich habe das Gefühl, eine glühende Kugel im Bauch zu haben, die nach allen Seiten Wärme ausströmt. Am stärksten spüre ich die Wärme bauchabwärts, den Oberschenkeln entgegen . . .« Und ein junger Mann: »Ich habe das Gefühl, die warme Luft, die ich ausatme, komme nicht aus der Nase, sondern aus dem Bauch.« »Mir kommt einer der schönsten Brunnen Italiens in den Sinn, dessen Wasser, das aus einem Löwenmaul fließt, ganz warm ist. Es ist, als würde dieses warme Wasser schön regelmäßig nicht aus dem Löwenmaul, sondern aus meinem Bauch fließen«, berichtete eine Italienerin. Die strömende Wärme wird von vielen auch bauchaufwärts, bis über die ganze Brust oder manchmal sogar im Rücken erlebt.

Entscheidend für das strömende Wärmeerlebnis sind die Tiefe der Absenkung und die damit verbundene Stabilisierung und die Harmonisierung des Organismus. Das Erlebnis ist also eine Frage der Übung. Stellt sich dieses Erlebnis nicht sofort ein, ist dies kein Grund zum Verzagen. Zeit und Übung führen schon zum Erfolg.

Ist es wichtig, daß man die strömende Wärme des Sonnengeflechts auch wirklich erlebt?

Gewiß! Wenn man bedenkt, daß dieser Lebensnervenknoten den gesamten Bauchraum beeinflußt, auch die Drüsen der inneren

Sekretion, die Sexualdrüsen, dann kann man sich gut vorstellen, welche positiven Auswirkungen eine Stabilisierung und Harmonisierung des Organismus auf dieser Entspannungsstufe haben kann.

Das Streitgespräch zwischen Sigmund Freud und J. H. Schultz

Auf einem Kongreß trafen sich der damals schon berühmte Freud und der noch junge Arzt J. H. Schultz. Freud vertrat bei dieser Begegnung die Meinung, man müsse Problemen analytisch auf den Grund gehen. Schultz dagegen meinte, es genüge, den Organismus systematisch zu stabilisieren und zu harmonisieren. Körperliche Beschwerden als Folge von Problemen würden damit von selbst verschwinden. Die Meinungen zweier Ärzte standen also gegeneinander. Tatsächlich ist es so, daß mit den Autosuggestionen des autogenen Trainings der Organismus aus dem Problemdenken herausgenommen und in jenen Zustand gebracht wird, der einer natürlichen Grundstimmung entspricht und, wie schon oft hervorgehoben, als »wohliges«, organisch-euphorisches Entspannungs- und Ruheerlebnis zu beschreiben ist. Die Probleme selbst sind damit nicht einfach gelöst. Man hält sie sich dadurch aber vorläufig »vom Leibe«. Erst durch die gezielte Vorsatzbildung, die nach der sechsten Übungsstufe ins Unterbewußtsein eingegeben wird, kommt ein »neues Programm« ins Gehirn. Mit einer solchen Neueinstellung sind Probleme, wie wir noch sehen werden, tatsächlich leicht zu lösen; denn die meisten Probleme sind in Wahrheit lediglich Fehleinstellungen im eigenen Gehirn.

Bevor aber mit der gezielten Vorsatzbildung begonnen wird, soll der autogen Übende noch die sechste und letzte Stufe des Trainings realisieren:

Die sechste Vertiefungsstufe: Einstellung des Kopfgebietes

Der Übende nimmt dabei wieder seine Übungshaltung ein, er schließt die Augen, und mit den Formeln:

»Ich bin ganz ruhig«

»Arme und Beine sind schwer«

»Ich bin ganz ruhig«

»Arme und Beine sind warm«

»Ich bin ganz ruhig«

»Mein Herz schlägt ruhig und gleichmäßig«

»Ich bin ganz ruhig«

»Die Atmung ist ruhig und gleichmäßig«

»Ich bin ganz ruhig – es atmet mich«

»Mein Sonnengeflecht ist strömend warm«

»Ich bin ganz ruhig«

realisiert er die ersten fünf Vertiefungsstufen. Die gesamte Körpermuskulatur ist nun völlig schlaff, ähnlich wie im Nachtschlaf, und der Körper wird schwer, warm, mit ruhiger Herz- und Atemtätigkeit und mit strömend warmer Bauchgegend erlebt. Er ruht völlig entspannt. Der Kopf ist bei diesem Erlebnis ganz klar. Auch Geräusche werden wahrgenommen, aber mit der Formel: »Geräusche sind gleichgültig« können sie schlagartig neutralisiert werden, so daß sie die Konzentration in keiner Weise stören.

Der Übende grenzt nun seinen Kopf von diesem Allgemeinerlebnis ab und zwar besonders die Gegend, in der wir das Ich-Erlebnis zu lokalisieren pflegen: die Stirngegend. Für diese Abgrenzung bedient sich der Übende der Formel:

»Die Stirn ist angenehm kühl.«

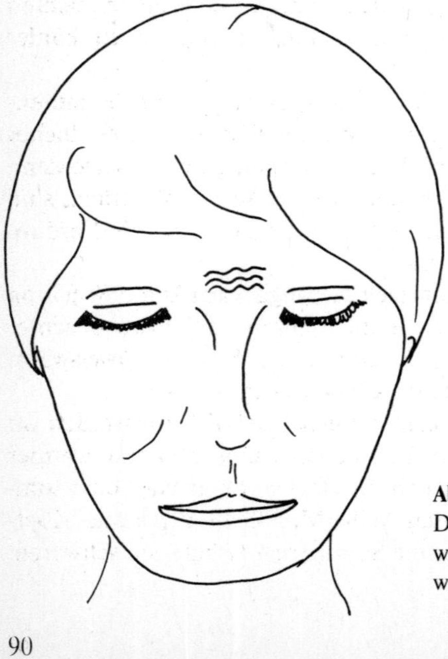

Abb. 7:
Die gewellten Linien sollen zeigen, wo die angenehme Stirnkühle gewöhnlich erlebt wird.

Die Stirnkühle wird zunächst nur zweimal eingestellt, bei der nächsten Übung dann dreimal. Dann wird die Zahl der Wiederholungen vorsichtig gesteigert, bis die vollkommene, angenehme Kühle der Stirn erlebt wird. Der Kopf ist dabei ganz leicht und klar, die Gesichtszüge sind glatt und völlig entspannt.

Die Übung wird in jedem Falle nur so lange durchgeführt, als das bekannte, »wohlige«, organisch-euphorische Entspannungs- und Ruheerlebnis besteht, und sie wird stets in gleicher Weise zurückgenommen. Zuerst denkt der Übende, daß er nach der Zurücknahme hellwach, frisch, munter und gut aufgelegt sein wird, dann werden

Arme (und auch Beine) locker, aber energisch gebeugt
und gestreckt, darauf erfolgt
tiefes Durchatmen und schließlich
das Öffnen der Augen.

Und wie wird nun die Stirnkühle erlebt?

Das subjektive Erlebnis nach der Vorgabe der Formel »Die Stirn ist angenehm kühl« wird oft so geschildert, als streiche ein leichter, kühler Hauch über die Stirn. Der Übende hat das Gefühl, etwas Mentholhaltiges auf die Stirn gerieben zu haben oder einen leichten Durchzug im Zimmer zu erleben. Es ist ihm, als streiche ein kühler Luftzug an der Stirn vorbei.

Das Erlebnis der Stirnkühle läßt sich so erklären: Mit der stufenweisen, konzentrativen Vertiefung wird der Übende empfindlicher und ist leichter zu beeinflussen. Darum können gute Vorsätze dann auch Erfolg haben! Was der Übende nun als Stirnkühle erlebt, sind die stets vorhandenen, leichten Luftbewegungen sowie die Verdunstungskühlung der eigenen Haut.

Bei weiterer Vertiefung grenzt sich der angenehm kühle Kopf von dem schweren, warmen Körper deutlich ab. Gute Selbstbeobachter schildern dieses Erlebnis häufig so, als liege der Körper schwer-warm irgendwo tief unten und der Kopf schwebe kühl darüber.

Zur Verdeutlichung dieser eigenartigen Erlebnisform werden oft folgende Bilder genannt: Ein Schneeberg über blühend warmer Landschaft, etwa das Jungfraujoch im Hochsommer oder eine sommerliche Mondnacht, wobei das kalte Mondlicht die kühle Kopfsphäre symbolisiert und die warme Sommerlandschaft den schweren, warmen Körper.

Warum die Stirnkühle zunächst nur zweimal und nicht sofort sechsmal eingestellt wird.

Wir haben bereits zu Beginn gehört, daß im autogenen Training die Nervenbahnen entspannt, das heißt entladen werden sollen. Bei zunehmender Vertiefung kommen nun immer neue Hirnregionen zu dieser Entspannung hinzu. Dabei soll unbedingt vermieden werden, daß Entladungen in den Kopf gehen. Sie müssen stets in die Arme und Beine umgeleitet werden. Würden die Entladungen in den Kopf gehen, könnte dies im Extremfall ein migräneartiges Kopfweh verursachen. Durch das sorgfältige, schrittweise Vertiefen bei ganz klarem Kopf kann das »wohlige«, organisch-euphorische Entspannungs- und Ruheerlebnis anhalten, die Entladungen gelangen nicht in den Kopf.

Entladungen sollen nicht in die Kiefermuskulatur gehen.

Nicht minder wichtig ist es, daß Entladungen von der Kiefermuskulatur ferngehalten werden. Gelangen sie trotzdem dorthin, so führt dies zu einem schädlichen Zähneknirschen.

Sie kennen dieses Phänomen bestimmt von Menschen mit angestauten Aggressionen. Solche Spannungen können leicht abgeleitet werden mit der Formel: »Entladungen gehen in die Arme und Beine«. Die täglichen Bewegungen mit Armen und Beinen können diese Lebensenergie endgültig und völlig gefahrlos »verbrauchen«. Das ist der natürliche Ablauf, den die Natur, wie wir bereits gesehen haben, für uns vorgesehen hat.

Mit den sechs beschriebenen Übungen ist das autogene Training in seiner Unterstufe aufgebaut.

Jeder Vertiefungsschritt soll dabei in systematischer Übung erarbeitet werden und hat die vorhergehenden nicht nur allgemein zur Voraussetzung, sondern der Gesamtablauf muß in jeder Übungssitzung von Ruhe über Schwere gewissenhaft eingehalten werden. Nur wer gut trainiert ist, darf die Reihenfolge nach der Realisierung der Schwere nach Belieben umstellen. Der Grund für diese Empfehlung ist bekannt. Die Nervenspannungen sollen anfänglich *systematisch* aus der jeweiligen Körperregion in die entspannten Arme und Beine entladen werden.

Erst wenn die Übungsformeln wirklich in Fleisch und Blut übergegangen sind, dürfen sie abgekürzt werden. Man denkt dann nur noch einmal kurz:

»Ruhig, schwer, warm,
Herz und Atmung ruhig und gleichmäßig,
Sonnengeflecht strömend warm,
Stirn angenehm kühl.«
Die Zurücknahme einer Übung erfolgt immer in gleicher Weise.

Viele autogen gut Trainierte vertiefen »rein optisch«.

Sie stellen reflexartig der Reihe nach zum Beispiel folgende Bilder ein:

Einen Wiesenbach mit seinem ruhig fließenden Wasser	für *Ruhe*
Tiefe, schwere Spuren von Schritten im Sand	für *Schwere*
Sie sitzen im warmen Sand am Meer	für *Wärme*
Das Pendel einer Uhr, das ruhig und gleichmäßig hin und her schlägt	für *Herz schlägt ruhig und gleichmäßig*
Die Wogen des Meeres, wie sie kommen und gehen	für *Atmung ruhig und gleichmäßig*
Einen warmen Heizkörper, der Wärme abgibt	für *Sonnengeflecht strömend warm*
Einen Schneeberg über blühend warmer Sommerlandschaft	für *Stirn angenehm kühl*

In dieser optischen Vertiefung geben Sie Ihre persönlichen Vorsätze mehrmals ein und nehmen anschließend die Übung wie gewohnt zurück, fügen allerdings vor der Zurücknahme noch hinzu: »Vorsätze wirken weiter, die Ruhe wird bleiben.« Nur so ist die Gewißheit gegeben, daß Vorsätze im Unbewußten auch wirklich weiterwirken. Aber welche Vorsätze sind die besten? Wie viele Vorsätze kann man sich eingeben? Und wozu braucht es überhaupt Vorsatzgebungen? Wie schon eingangs erwähnt, pulsiert jedes Leben zwischen den Polen Spannung und Entspannung. Wer sich richtig entspannt, zieht sich gewissermaßen aus seiner Großhirnrinde mit ihren Einstellungen für die Bewältigung der Lebensaufgaben in die eigene innere Tiefe zurück; er schöpft dort Lebenskraft. Aus dieser Tiefe erwacht er dann im wahrsten Sinne des Wortes wie neu geboren, um mit voller Kraft seine Lebensaufgabe zu erfüllen.

Volles Leben ohne Streß

Mit, nicht gegen die Natur des Menschen leben

Der Ehrenkodex, der für das Leben gilt, läßt sich etwa in folgende Worte fassen: »Der Mensch ist verpflichtet, das Leben mit voller Kraft zu leben, und zwar von der ersten bis zur letzten Sekunde.«

Wer sein Leben krampfhaft und angespannt erhalten will, wird es verlieren.

Manche leben nach dem Grundsatz: »Bloß nichts verlieren« und lassen sich auch in weniger zugespitzten Lebenslagen von dieser Formel beherrschen. Sie verfolgen diese Lebenstaktik ganz aus eigenem Antrieb. Einer solchen Lebenshaltung liegt aber nicht nur mangelndes Vertrauen in die eigenen Lebenskräfte zugrunde, sondern auch ein zu passiver Charakter und das Unvermögen, aus eigener Initiative eine günstige Lebenssituation zu schaffen. Man kann in der Tat nichts zustande bringen im Leben, auch keine tiefe Entspannung, wenn man jedes Risiko scheut und das natürliche Streben nach Initiative unterdrückt.

Das Streben nach Initiative liegt in jedem von uns.

Besonders bei kleinen Kindern ist dieses Streben nach Initiative noch mehr oder weniger »unverdorben« beobachtbar. Auf einer meiner Bergwanderungen begegneten mir zwei Kinder, die miteinander einen kleinen Kessel gefüllt mit Milch trugen. Jedes der beiden versuchte, die Initiative buchstäblich an sich zu reißen. Das kleinere der beiden, ein Mädchen, wollte das Plastikgefäß unbedingt ganz allein tragen, der größere Bruder versuchte dies zu verhindern. Es war ein Hin und Her auf dem ganzen Heimweg, und ein Teil der Milch wurde dabei verschüttet.

Wir Erwachsenen wären in dieser Situation wohl doch weniger zimperlich. Wir würden das Tragen der Last gerne dem andern überlassen.

Warum das Streben nach Initiative in unserer Natur liegt, ist leicht zu erklären: Wir brauchen Erfolge. Und Erfolgserlebnisse kommen, wie schon erwähnt, nur durch eigene Initiative zustande. Ohne Erfolgserlebnisse würde niemals ein Lebensinteresse aufkommen. Wer erfolglos ist, kann das Leben nicht lieben.

Ein junger Vater hatte die Gewohnheit, nach Feierabend seinen kleinen Buben zum Schachspiel herauszufordern. Er zeigte dem Kleinen zwar, wie die Steine geführt werden mußten, ließ ihn aber nicht an die Bücher zum Thema Schachspiel heran. Er aber studierte diese im Büro, um am Abend dann mit immer neuen Varianten seinen Sohn zu besiegen. Mit der Zeit weigerte sich das Kind, mit dem Vater Schach zu spielen. Jetzt wurde es dazu gezwungen, denn der Vater vertrat die Meinung, das Schachspiel sei eine gute Lebensschule und wenn sein Sohn talentiert sei, so werde er sich, einem Wunderkind gleich, auch ohne ausreichendes Wissen in jeder beliebigen Stellung zurechtfinden. Das aber ist ein Trugschluß. Denn auch die Intuition eines Genies basiert auf Information.

Information ist die Mutter der Intuition.

Die Information holt sich der Mensch von Natur aus durch eigene Initiative. Und wenn, wie im obigen Fall, die Information nicht zugänglich ist, weil der Vater seinem Sohn die Schachbücher verweigert, dann kommt an einem bestimmten Punkt die Resignation.

Schon Kleinkinder wollen Information. Und damit sie an diese herankommen, steigen sie bereits frühmorgens voller Neugier aus dem Bett. Es gibt kein gesundes Kind, das am frühen Morgen nicht aus dem Bett geht, um sich Information zu holen. Oft zum Ärger der Eltern natürlich, die noch gerne ihre Ruhe hätten. Um informiert zu sein, stellen Kinder auch unentwegt Fragen an die Erwachsenen. Bezeichnend ist auch, daß Kleinkinder nicht auf die Idee kommen, man könnte im Bett liegen bleiben, bis das Frühstück »serviert« ist. Wozu mit den Klötzen im Kinderzimmer spielen? Das bringt ja kein Geld. Aber es bringt Information, und diese ist lebensnotwendig. Diese Einstellung haben wir von der Natur erhalten. Sie ist eine Art Software, ein Programm zum Überleben. Wird dieses Streben nach Initiative in irgendeiner Form unterdrückt, zum Beispiel vom Erzieher, weil ihn diese Initiative stört, so führt das zu Fehlverhalten und zu ungesundem Streß.

Wenn man das Leben und Treiben von Kindern beobachtet, die im Sandkasten ihre Lebenserfahrungen sammeln, so fällt auf, daß sie große Initiative zeigen. Ohne Unterlaß wird Sand in einen Kübel abgefüllt und sofort wieder ausgeleert. Dann beginnt das Spiel von vorn. Dies geschieht, ohne zu murren, nicht widerwillig, sondern mit viel Spaß und Freude. Auffallend ist wiederum, daß der junge Mensch nie auf die Idee kommt, das Ganze könnte sinnlos sein oder am Ende doch nichts einbringen. Denn es bringt etwas: Information und die damit verbundenen Erfolgserlebnisse. Da werden Sandhaufen gebaut und Löcher geschaufelt. Das Ganze wird wieder zerstört und neu aufgebaut. Es wird mit voller Kraft gelebt. Gedanken wie: »Das hat doch keinen bleibenden Wert, wozu soll ich das machen? Für was soll das am Ende gut sein?« bleiben fern. Hier läuft das Programm ab, das von Natur aus im Gehirn des Menschen eingeprägt ist. Das kritische Bewußtsein ist, wie schon gesagt, noch nicht so weit entwickelt, daß es diesen natürlichen Aktivitätsdrang stören könnte. Man sieht die Kinder darum nicht untätig herumsitzen und über den Sinn des Lebens nachdenken. Auch wir waren einmal Kinder. Von Natur aus sollten wir jetzt auch in Bewegung bleiben! Also mit aller Kraft leben.

Wer laufen kann und läuft, lebt besser.

Auf einem meiner Spaziermärsche durch den tiefverschneiten Winterwald erreichte ich abends ein kleines Dorf in Nähe des Zürichsees. Niemand war auf den Straßen. Es herrschte klirrende Kälte. Auf einem kleinen Hügel sah ich Kinder mit ihren Schlitten. Sie stapften im tiefen Schnee den Hügel hinauf, um dann freudestrahlend hinunterzurodeln. Manchmal stürzten sie, und ihre Köpfe gruben sich in die tiefen Schneemassen. Ihre Kleider waren naß, die Handschuhe voller kleiner Eiszapfen, ihre Wangen blutrot. Aber sie lachten und hatten leuchtend frische Augen.

Warum kommt man als Mensch in diesem Alter nicht auf die Idee, es könnte doch in der warmen Stube hinter dem Ofen viel bequemer sein? Die Antwort steht bereits in diesem Buch: Die Entladungen sind der Grund dafür. Als Kind ist man von Natur aus dazu gedrängt, einerseits lebenswichtige Informationen zu sammeln, andererseits aber auch die Spannungsfelder in den Nervenbahnen über die Motorik abzuführen. Wir werden darum kein gesundes Kind finden, das nicht in ständiger Bewegung ist, es sei denn, es schläft. Und würde es an solch lebenswichtiger Bewegung gehindert, käme es in einen sehr ungesunden Streß.

Spielend leicht gewinnt man als Kind Kondition und Information.

Gesunde junge Menschen drängt es auf den Spielplatz. Alle Kinder spielen. Und ihr Spiel ist innovativ kreativ, das heißt, es bereichert ihr Leben, es bringt sie auf neue Ideen. Die körperliche Kondition holt sich ein Kind spielend leicht. Es tanzt, hüpft, springt und macht Fangspiele. Es ist kein Zwang dabei. Da gibt es keine ausgeklügelten Konditionstrainings. Alles gelingt spielend, auch das Lernen. Sogar die Sprache wird spielend leicht erlernt. Gesunde Kinder brauchen keinen besonderen Sprachkurs. Sie lernen die Muttersprache mit Freude und spielend leicht im Umgang mit den Mitmenschen.

Einer der berühmtesten Eishockeyspieler der Welt, *Wayne Gretzky,* antwortete in einem Interview auf die Frage, wie er es denn fertigbringe, in fast jedem Spiel so gute Leistungen zu vollbringen, er sei als Kind von Natur aus eher schwächlich gewesen und habe vor den stärkeren Kindern immer davonrennen müssen. Das habe ihm die Schnelligkeit gebracht, die er heute noch habe, und er spiele jetzt im Grunde noch genauso wie früher auf den gefrorenen Seen in Kanada mit seinen Kameraden. Er habe heute noch genauso viel Spaß daran wie damals. Würde diese kindliche Freude verlorengehen oder würde man versuchen, ihm diese Freude zu verderben, würde er mit dem Hockeyspielen sofort aufhören.

Im Leben lernt man auch aus Niederlagen.

Der Lebensweg ist kein stetiger Aufstieg, vielmehr ein ständiges Auf und Ab. Von Natur aus ist der Mensch nach einer Niederlage nicht sehr lange demoralisiert. Normale Kinder beweisen es. Sie behalten in einer solchen Lage eine erstaunlich stabile Gemütsverfassung. Die meisten werden durch Niederlagen sogar angestachelt und noch unternehmungslustiger. Auf jeden Fall gilt schon im Kindesalter, also von Natur aus, die Devise:

Nicht aufgeben, bevor nicht unwiderruflich und endgültig feststeht, daß die Lage hoffnungslos ist.

An einem schönen Sonntagmorgen fuhr ich mit der Seilbahn zum Skifahren. In der Seilbahnkabine befand sich auch eine junge Mutter mit ihren beiden kleinen Söhnen. Während die Mutter nun die Aussicht aus der Kabine genießen wollte, plagten sich die zwei Kleinen mit den Skistöcken gegenseitig. Jeder beanspruchte den Platz vor der Mutter für sich, und sie drängten sich mit allen Kindertricks solange gegenseitig zur Seite, bis die Mutter endlich ein Machtwort sprach. Dann erst war es für kurze Zeit still. Inzwischen hatten wir die Bergstation erreicht.

Der Mensch ist von Natur aus konstruktiv-aggressiv.

Wenn Erwachsene Karten spielen, so mögen sie es im allgemeinen nicht, wenn der eine oder andere nicht voll mitspielt. Es tönt dann so: »Spiele richtig, sonst hören wir auf.« Wir lieben es nicht, wenn man andere gewinnen läßt, nur weil sie es nicht ertragen können zu verlieren. Ein alle begeisterndes Spiel gibt es nur dort, wo alle daran Beteiligten gewinnen wollen.

Der Tennisspieler zum Beispiel setzt sich, wenn er seinen Partner schätzt, beim Spiel voll ein. Nur so findet ein richtiges Tennisspiel statt. Ein richtiges Spiel ist konstruktiv-aggressiv, also immer nach vorn, auf Gewinn orientiert, wie das menschliche Leben von Natur aus.

Manche verstehen das Wort »aggressiv« falsch. Sie meinen, es bedeute immer, den anderen zu schlagen, ihn zu quälen, ihm weh zu tun. Das ist nicht richtig. In einem solchen Fall ist die natürliche Aggression fehlgeleitet, darum destruktiv. Manchmal fehlt die Aggression aber auch. Dann ist sie bloß verdrängt. Von Natur aus sind wir konstruktiv, also aufbauend aggressiv.

Wie friedfertig kann man als Mensch sein?

Im hohen Norden, in eisiger Landschaft, sah ich einen Eskimo auf einem Stück Eis sitzen. Er war in dicke Felle eingehüllt. In den Händen hielt er ein Stück Holz. Daran baumelte eine Schnur, die in einem Loch im Eis verschwand. Der Eskimo wartete auf Beute. Plötzlich bewegte sich die Schnur. Der Mann stand auf und zerrte mit großer Kraft einen Seehund aus dem Loch, das genau so groß war, daß er das Tier durch die Öffnung ziehen konnte. Der Haken an der Schnur hatte sich in der Brust des Seehundes festgebohrt, und der Eskimo zerrte ihn etwa hundert Meter weit über die Eisfläche. Das

Tier, wahrscheinlich von Schmerz geplagt, wehrte sich nicht. Dann hielt der Eskimo inne. Und der Seehund schaute fragend zu ihm auf. Sie sahen sich etwa eine halbe Minute lang tief in die Augen. Es war unheimlich still. Dann sauste die rechte Hand des Mannes plötzlich wie die eines geübten Karateschlägers auf das Genick des Tieres nieder. Es brach sofort tot zusammen und lag ihm ausgestreckt zu Füßen.

Dieses Erlebnis hat mich tief beeindruckt. Viele Gedanken gingen mir dabei durch den Kopf: Warum ist die Natur so herzlos? Gäbe es keine bessere Lösung für den Lauf der Dinge? Sind wir Menschen halt doch zum Töten geboren, und können wir gar nicht so friedfertig sein, wie wir es gerne möchten? Die Antwort auf solche und ähnliche Fragen steht bereits in diesem Buch: Sie wissen, was eingangs über das Reptil-Hirn gesagt wurde, diese dunkle Seite unseres Charakters. Die Großhirnrinde muß lernen, mit ihr so umzugehen, daß das Gefühl im limbischen System, das wie das Fleisch im Sandwich zwischen den beiden liegt, gut ist. Dieses Lernen nennt man Erziehung!

Erziehung muß sein.

Die Erziehung ist von Land zu Land, von Lebensgemeinschaft zu Lebensgemeinschaft verschieden. Wenn man in eine Gruppe von Menschen auf Borneo hineingeboren wird, muß man andere Anpassungsmechanismen entwickeln als im Königshaus von England. Das Gehirn des Menschen aber und die Software, wie der Computerfachmann vermutlich sagen würde, die von der Natur mitgeliefert wird, ist bei uns Menschen im wesentlichen gleich: Alle Menschen streben von Natur aus nach Initiative, sie suchen Information, um Überlebensstrategien zu entwickeln, sie spielen und bewegen sich gerne, um die Nerven zu entladen, sie sind konstruktiv-aggressiv, wollen sich also im Leben behaupten und geben nie auf, bevor nicht unwiderruflich feststeht, daß die Lage hoffnungslos ist.

Wie erstaunlich ähnlich sich Menschen im Grunde sind, beweisen auch Kinderzeichnungen. Überall auf der Welt beginnen Kinder ihre Zeichnungen auf dem unteren Blattrand, und wenn sie ein Haus zeichnen, dann ist der Kamin am Anfang stets schräg. Auch Vögel, Tiere, Menschen zeichnen die Kleinen nach dem einen ähnlichen Grundmuster.

Besonders in der Schulzeit wird jedoch das menschliche Gehirn mit neuen Programmen konfrontiert. Man muß etwas lernen, was der Analphabet nicht zum Leben braucht: schreiben, lesen. Mit der sozialen Anpassung wird es jetzt ernst, die Programme, die von der Natur mitgeliefert werden, müssen nun mit Einstellungen übereinstimmen, die das Vorankommen in der Gemeinschaft betreffen. Ist die Übereinstimmung gut, so fühlt sich der Mensch wohl. Gelingt es ihm nicht, seine natürliche und gesellschaftliche Dimension in Harmonie zu bringen, dann leidet er unter Streß.

Wie ungesunder Streß entstehen und wieder abgebaut werden kann.

Hans ist ein kleiner, kerngesunder Junge. Er besucht die Grundschule. Die Lehrerin hat ihm liebevoll und mit verschiedenen Vorstellungshilfen erklärt, wie man Zahlen miteinander multipliziert. Nun kündigt sie eine Probe an, und auf dem ganzen Heimweg denkt Hans darüber nach. Der Schulsack auf seinem Rücken wird immer schwerer. Hans hat die Sache mit dem Multiplizieren zwar einigermaßen verstanden, fühlt sich dabei aber ganz einfach noch zu wenig sicher.

Nun kommt er nach Hause. Die Mutter begrüßt ihn. Konstruktiv-aggressiv kommt er sofort zur Sache: »Die Schule ist ein großer Mist. Ich gehe heute nachmittag nicht hin. Jetzt will die Lehrerin eine Probe machen, obwohl wir viel zu wenig geübt haben. Wenn ich hingehe und eine schlechte Note kriege, so drückt das doch nur den Durchschnitt. Das will ich nicht, es wäre doch unklug.«

»Kommt doch nicht in Frage«, erwidert die Mutter resolut, »was fällt dir eigentlich ein? – Du gehst zur Schule, verstanden?«

»Schon etwas von taktischer Klugheit gehört?« möchte Hans antworten. Aber dazu reicht sein Wortschatz noch nicht aus. Und die Gedanken, die ihm weiter durch den Kopf schwirren, könnte man etwa in folgende Worte fassen: »Macht der Erwachsene etwa seine Führerscheinprüfung, wenn er noch nicht sicher genug ist? Wieso muß ich denn jetzt sozusagen ins offene Messer rennen? Ist es klug, etwas zu tun, wenn man sicher ist, daß es ein Mißerfolg wird? Wie soll ich mich durchsetzen?«

Von Natur aus strebt Hans, wie alle Menschen, nach Initiative. Er sucht Information, um eine Überlebensstrategie zu entwickeln, er muß die Nervenspannung durch Bewegung entspannen, und vor allem hat auch er in sich die Einstellung, nicht aufzugeben, bevor nicht unwiderruflich feststeht, daß die Lage hoffnungslos ist. Wie also kann unsere Geschichte weitergehen?

Hans, unverstanden und darum nervlich »geladen«, wirft den Schulranzen in eine Wohnzimmerecke, geht in sein Zimmer und schlägt die Tür zu. Damit hat er seine Nerven vorerst entladen. Er hat sich Luft gemacht. Die Mutter, von dieser destruktiven Aggression betroffen, geht hinter Hans her, öffnet die Zimmertür und sagt energisch: »Wenn du noch einmal die Tür so zuschlägst, daß sie fast aus den Angeln fällt, dann passiert etwas. Das sage ich Dir!« Dann schließt sie leise die Tür hinter sich. Hans soll sehen, wie man Türen zumacht.

Hans liegt nun auf seinem Bett, das Gesicht in sein Kissen vergraben. Bevor nicht unwiderruflich feststeht, daß die Lage hoffnungslos ist, kann er von Natur aus nicht aufgeben, und sie ist noch nicht hoffnungslos. In seinem Kopf entwickeln sich Überlebensstrategien. Er wirft sich im Bett hin und her. Das entspannt die Nerven.

Plötzlich steht Hans auf. Er schleppt sich müde aus dem Zimmer und geht auf direktem Weg zur Toilette. Dort erbricht er sich. Der Vater, inzwischen nach Hause gekommen, eilt dazu. Hans erbricht sich wieder. Auch die Mutter ist herbeigeeilt. »Es ist sicher dieses Grippevirus, das umgeht«, sagt die Mutter überzeugt. »Oder gar die Milch von heute früh, sie war einen Tag über dem Verfallsdatum«, meint der Vater. Hans wird von seinen Eltern gemeinsam ins Schlafzimmer geführt. Dort legt er sich aufs Bett und bekommt jetzt die beste Pflege: Tee, Bananenmus und ein kleines Stück Brot, seine Temperatur soll gemessen werden. Hans deckt sich zu, rührt nichts an und fällt in einen tiefen Schlaf. Doch pünktlich um 16 Uhr ist er wach. Es ist Zeit, den Fernseher einzuschalten. Die Prüfung in der Schule ist jetzt schließlich vorbei, ohne daß er daran teilnehmen mußte, der Tagesablauf kann sich nun wieder normalisieren. Hans geht aus seinem Zimmer, die Mutter soll nur sehen, wie bleich und müde er noch ist, und ihn deshalb nach Kräften umsorgen. Am nächsten Tag geht er jedoch wieder frisch, fröhlich und munter zur Schule. Dort zeigt er stolz eine vom Vater unterzeichnete Entschuldigung. Und im Elternhaus ist man froh, daß nichts Schlimmeres geschehen ist.

Natürlich ist diese Geschichte frei erfunden. Aber sie kann sich so oder ähnlich in jeder Familie abspielen. Immer dann, wenn die von Natur mitgegebene Grundeinstellung, das Streben nach eigener Initiative, in der Welt der Mitmenschen nicht durchgesetzt werden kann, oder wenn die bewußte Anpassung an eine Lebenssituation nicht sofort gelingt, gibt es Spannungen im Nervensystem, die den Organismus belasten und ihn sogar zerstören können. Auch kann ein einmal entwickeltes Verhaltensmuster leicht zur Gewohnheit werden.

Wie könnte ein Tag im Leben des nun erwachsenen Hans demzufolge aussehen?

Hans ist 20 Jahre älter geworden. Er hat sich über eine Banklehre zum Bankangestellten ausbilden lassen. Sehr zur Freude der leistungsbewußten Eltern. Hans ist nun selbst verheiratet und stolzer Vater einer kleinen Tochter. Es ist Montag. Die Arbeit hat begonnen. Der Chef ruft ihn in sein Büro. Hans hat dabei ein etwas flaues Gefühl im Magen. Was will der Chef von ihm? Nun steht er vor dem Schreibtisch seines Vorgesetzten. Er ist tadellos angezogen, die Krawatte sitzt. Der Chef, ein graumelierter übergewichtiger Herr, legt feierlich seine dicke Hornbrille weg, nimmt einen Aktenordner und legt ihn vor den Augen von Hans auf den Tisch. Dann runzelt er die Stirn, und mit tiefer, ruhiger Stimme sagt er: »Hier haben Sie zu wenig getan. Der Kunde ist nicht zufrieden. Haben Sie dafür eine Erklärung?«

Hans, bleich geworden, denkt kurz an seine Familie, an seine kleine Tochter und das neue Haus, in das er demnächst einziehen will. Er darf diese Arbeitsstelle nicht verlieren. Hans bringt kein Wort heraus, er beginnt zu schwitzen.

»Ist Ihnen nicht gut?« fragt der Chef kurz und setzt seine Brille wieder auf.

Hans bringt immer noch kein Wort heraus. Ihm ist übel, er glaubt, sich erbrechen zu müssen.

»Gehen Sie zum Arzt!« sagt der Chef und öffnet ihm die Tür. Hans schleppt sich müde und abgespannt, die rechte Hand auf dem Bauch, in sein Büro. Ein Kollege meldet ihn sofort beim Hausarzt an. Dieser untersucht Hans gründlich und meint dann: »Es sind bloß die Nerven! Nehmen Sie diese Tabletten, sie helfen Ihnen, den Streß zu bewältigen. Und besuchen Sie bei nächster Gelegenheit einen Kurs für autogenes Training.«

Was die konzentrative Entspannung, das autogene Training also, in diesem Falle bewirken könnte, wissen wir: Sie würde, richtig durchgeführt, alle jene Grundeigenschaften wieder freilegen, die von Natur aus vorhanden sind, durch anerzogene Verhaltensmuster aber fehlgeleitet wurden. Hans würde durch das autogene Training wieder konstruktiv-aggressiver und damit innerlich oder nervlich ruhiger. Er würde also jenes Verhaltensmuster korrigieren, das er im Umgang mit seinen Eltern entwickeln mußte. Konnte man als Kind noch bei jedem Unwohlsein sofort die Hilfe der besorgten Eltern erwarten, so fällt dieses Verständnis und dieses Umsorgen im beruflichen Alltag zu Recht völlig weg. Zu Recht deshalb, weil es nicht in der Natur des Menschen liegt, daß er durch Fehlverhalten Anpassung erreichen soll. Von Natur aus soll der Mensch nach Initiative streben, sich Information holen und Erfolg haben. Das ist die Grundeinstellung, die hinter allen Streßsymptomen »lauert«, die ich im folgenden aufführen werde und die zum Beispiel durch autogenes Training freigelegt werden kann.

Psychologische Streßsymptome

- Gereizte Stimmung
- Feindseligkeiten
- Übertriebenes Autoritätsverhalten oder Dominanzstreben
- Ständiger Wechsel der Interessengebiete, des Hobbys oder des Arbeitsfeldes
- Ständige Umschwünge in Religions- oder Glaubensfragen
- Verlust oder Einschränkung der Fähigkeit, Entscheidungen zu treffen
- Verlust der Selbstkontrolle oder der Selbstdisziplin
- Sinnlose Gewalttätigkeiten gegen Personen, Tiere oder Gegenstände
- Depression oder starke Stimmungen der Niedergeschlagenheit ohne äußeren Anlaß
- Gleichgültigkeit Arbeit und Hobbys oder gar Familienangehörigen gegenüber, die einem eigentlich nicht gleichgültig sein sollten
- Apathie, also Unfähigkeit, Gefühle zu empfinden
- Unvermittelt auftretende Stimmungsumschwünge, von »himmelhoch jauchzend« bis »zu Tode betrübt« in einem Zeitraum von Stunden

- Das Gefühl des Alleinseins, des Von-allen-Verlassen-Seins, selbst inmitten des Familien-, Freundes- oder Kollegenkreises
- Das Gefühl des Sich-Verkriechen-Wollens
- Das Gefühl der absoluten Leere mit dem Gedanken, es habe alles keinen Sinn
- Angst und Unsicherheitsgefühle, sowie Hemmungen oder Nervosität
- Gefühle des »Schwimmens«, des den Boden-unter-den-Füßen-Verlierens
- Soziales, intellektuelles oder gefühlsmäßiges Sich-Zurückziehen
- Sich bedroht, bedrückt oder belastet fühlen
- Plan- und Ziellosigkeit
- Das Gefühl, von den Ereignissen überrollt zu werden, daß das »Netz« sich zuzieht
- Das Gefühl, Situationen oder Personen einfach nicht mehr gewachsen zu sein
- Das Gefühl, daß einen Situationen anstrengen, die man früher mit Leichtigkeit bewältigt hat
- Unfähigkeit, sich wichtige Dinge zu merken
- Lernschwierigkeiten
- Konzentrationsschwierigkeiten
- Starkes Erschrecken, wenn das Telefon klingelt oder wenn man plötzlich angesprochen wird
- Das Gefühl, gegen Langeweile ohnmächtig zu sein
- Mangelnde Motivation bei Dingen, die man eigentlich gern tun möchte

Diese Liste erhebt natürlich keinen Anspruch auf Vollständigkeit. Sie ist eine Beispielauswahl.

Wie die Natur zum Vorschein kommt, wenn psychologische Streßsymptome abgebaut sind

Eine junge Ehefrau, Mutter von drei schulpflichtigen Kindern, litt sehr unter Angstzuständen. Auch Unsicherheitsgefühle plagten sie. Sie fühlte sich gehemmt und nervös. Ihr Mann war mit ihr der Meinung, autogenes Training würde ihr guttun. Sie besuchte also einen

Kurs. Doch schon nach den ersten Kursabenden war der Mann etwas verwirrt. Es kam nicht das heraus, was er sich erhofft hatte. Er hatte erwartet, seine Frau würde nur ruhig und gelassener. Sie wurde indessen auch »frecher«; sie war ohne Angst so selbstsicher, wie sie es von Natur aus war, bevor irgendein Erziehungsmuster die natürliche Entfaltung gehemmt hatte.

Eines Tages rief mich ein anderer Ehemann an und fragte: »Sie, was ist das eigentlich, dieses autogene Training? Wissen Sie, meine Frau besucht einen solchen Kurs, und seither ist sie wie umgewandelt. Ich habe gemeint, man würde dort ruhiger. Meine Frau ist schon ruhig, aber gleichzeitig auch unternehmungslustig geworden. Und das paßt mir ganz und gar nicht.«

Es herrscht tatsächlich da und dort die Meinung vor, man könne Streßsymptome abbauen, ohne dabei der Natur ihren Lauf zu lassen. So glaubte ein Mann, er könne nun, da seine Frau autogenes Training praktiziere, zu jeder Tages- und Nachtzeit nach Hause kommen. Seine Frau würde das ruhig und gelassen akzeptieren. Was meinen Sie, was ein gut autogen Trainierter macht, wenn ihm jemand in der Straßenbahn auf die Füße steigt? Nimmt er das ruhig und gelassen hin? Bestimmt nicht: Er wird sich lautstark bemerkbar machen, also konstruktiv-aggressiv reagieren.

Wenn Streßsymptome den psychischen Raum verlassen und im Gehirn tiefer und damit direkt auf Organe geschaltet sind, dann sagen wir, es seien

Physiologische Streßsymptome

Dazu können zum Beispiel gehören:

- Zu hoher Blutzucker
- Zu hoher Cholesterin- oder Fettsäurespiegel
- Zu hohe Blutsenkung
- Erhöhter Blutdruck (Hypertonie)
- Niedriger Blutdruck (Hypotonie)
- Hämorrhoiden
- Stark ausgeprägte Krampfadern
- Herzprobleme bei nicht angeborener Herzinsuffizienz

- Erhöhte Anfälligkeit gegenüber Infektionskrankheiten, angefangen bei Schnupfen
- Plötzlich auftretende Allergien auf Dinge, auf die man früher nicht allergisch war
- Beim Mann: Nachlassen des sexuellen Dranges oder der Potenz oder verminderte Samenbildung (kann allerdings auch altersbedingt sein)
- Bei der Frau: ständige Zyklusschwankungen oder starke Schmerzen während der Regel
- Geschwüre oder offene Hautprobleme ohne erkennbaren äußeren Anlaß
- Kopfschmerzen
- Schlaflosigkeit
- Müdigkeit oder Niedergeschlagenheit tagsüber
- Verdauungsstörungen
- Magendruck
- Sodbrennen
- Darmtraktprobleme wie Durchfall oder Verstopfung
- Durchblutungsstörungen, kalte Hände und Füße
- Kreislaufstörungen mit Schwindelgefühlen
- Schweißausbrüche bei nichtigen Anlässen
- Atembeschwerden bei nichtigen Anlässen
- Sogenannter kalter Schweiß

Auch diese Liste ist nur eine Auswahl und erhebt keinen Anspruch auf Vollständigkeit.

Wie die Natur zum Vorschein kommt, wenn physiologische Streßsymptome verschwunden sind

Eine junge, bildhübsche Frau mit südländischem Temperament litt zeitweise unter einem unangenehmen Druck in der Herzgegend. Ihr Hausarzt hatte sie untersucht und festgestellt, daß ihre Beschwerden nervlich bedingt waren. Sie lernte deshalb, sich zu entspannen. Bei Vertiefungen wurde sie anfänglich jedoch immer ängstlich. Andererseits entwickelte sie aggressive Gedanken gegen die Eltern, vor allem gegen den autoritären Vater. Und diese aggressiven Gedanken wiederum bereiteten ihr Schuldgefühle, weil es ihr die religiöse Einstellung verbot, gegen die Eltern irgendwelche negativen Gedanken zu hegen. Mit dem Wissen, daß es nur die Natur war, die von ganz tief unten durchdringen würde, durchschritt sie diese Widerstandsphase. Die Ängstlichkeit und die aggressiven Gedanken klangen ab. Sie erlebte dann ein Streben nach eigener Initiative, und als sie begann, Malkurse zu besuchen, ging es ihr immer besser und besser. Ihr Verhältnis zu den Eltern normalisierte sich wie von selbst, und die Angst verschwand gerade so, wie sich Nebel am fernen Horizont auflösen kann.

An diesem Fall aus der Praxis ist gut zu erkennen, daß physiologische Streßsymptome, wenn sie sich auflösen, eine psychische Ebene durchschreiten, bevor sie endgültig verschwinden. Der Weg der Besserung ist stets die Umkehrung der Entstehung des Krankheitsbildes. Zuerst wird die Spannung aus dem Organ genommen, welches Beschwerden bereitet. Im oben geschilderten Fall aus dem Herzen. Die freigewordene Lebensenergie produziert dann wieder wie in frühester Jugend Angst mit Schuldgefühlen, dazu die Aggression gegen den Erzieher. Erst wenn mit Hilfe des reifen Verstandes eines Erwachsenen diese psychologische Situation durchgearbeitet wird (mit einer gezielten Vorsatzbildung), liegt das natürliche Verhalten wieder so frei, daß sich der Mensch ohne Symptome in sein Umfeld eingliedern kann.

Bei sehr vielen Krankheitsbildern ist die wahre Ursache eine aus der Kindheit stammende, innere Feindseligkeit, die sich zu einem Gewohnheitsreflex entwickeln konnte. So zum Beispiel oft bei Migräne, Hochdruck, Hyperthyreose, das heißt erhöhter Aktivität der Schilddrüse, aber auch bei der Herzneurose und sogar bei Arthritis. Es kann, was man kaum für möglich halten würde, zu schwersten Wirbelveränderungen kommen, wenn unbewußte Aggressionen gewohnheitsmäßig dorthin abgeführt werden.

Damit die Natur wieder ganz zum Vorschein kommen kann, braucht man in solchen Fällen vor allem die Einsicht, daß die zugrundeliegende psychische Situation durchgearbeitet werden muß. Das gelingt mit gezielten Vorsätzen, wie

»Ich finde das Streben nach Initiative.«

»Ich schaffe es, die Natur in mir freizubekommen.«

»Ich bin mutig und frei von Hemmungen und Angst.«

Solche Vorsätze werden dann in der Vertiefung mehrmals eingegeben. Das Wichtigste dabei aber ist zu wissen, daß man mit solchen Zielsetzungen nichts anderes bewirkt, als die Natur wieder zum Vorschein zu bringen. Die Natur heilt richtig, wenn, das ist die Voraussetzung dafür, die mentale Einstellung richtig ist. Wie wichtig die richtige Einstellung ist, soll anhand des Beispiels vom gebrochenen Bein erläutert werden. Wenn ein Knochen gebrochen ist, so ist die Natur nicht in der Lage, den Knochen selbst so zusammenzufügen, wie er einmal war. Man benötigt einen Arzt, um den Knochen in die richtige Stellung zu bringen. Genauso muß die richtige Einstellung im Gehirn herbeigeführt werden, damit die natürlichen Anlagen richtig zum Vorschein kommen können. Von allein geschieht das nicht.

Die Gefahr ist sehr groß, daß eine Behandlung, besonders auch von physiologischen Symptomen, lediglich eine Symptomverschiebung erreicht. Wird zum Beispiel eine Wirbelsäulenveränderung, die durch falsch geleiteten Spannungsausgleich verursacht wurde, ärztlich behandelt, ohne daß der Patient seine persönliche Lebenseinstellung ändert, so kann es sein, daß zwar eine Besserung eintritt, weil die Spannung freigelegt wird, daß diese dann aber in ein anderes Organ umgeleitet wird.

Aus den Spannungen, die vorher in die Wirbelsäule abgeleitet worden sind, entsteht nun ein anderes physiologisches Symptom, zum Beispiel Bluthochdruck. Aus einem behandelten Hochdruck kann dann ohne die entsprechende geistige Einstellungsänderung eine Überfunktion der Schilddrüse werden, und so weiter. So dreht sich das Karussell der Symptome. Aber immer nur so lange, bis im Geiste die Entschlossenheit vorhanden ist, die Natur in sich freizulegen. Dann erst ist eine wirkliche Heilung möglich; dann hat die ärztliche Kunst, sofern Gott will, auch Erfolg.

Kampf oder Flucht, das ist stets die Frage.

Eine Familie befindet sich auf einer Hochgebirgswanderung. Das Schuhwerk ist gut, der Regenschutz im Rucksack. Auf halbem Weg nun nimmt die Bewölkung rasch zu, es kündigt sich ein Wetterumsturz an. Es könnte sehr kalt werden, sogar Schneefall ist möglich. Was tut die Familie? Sie entscheidet, ob sie sich noch bis zur Berghütte, dem eigentlichen Ziel, »vorkämpfen« oder aber zum Ausgangspunkt zurückkehren will. Eine Rückkehr ist in diesem Falle nicht etwa eine Niederlage, sondern eine klare, bewußte Entscheidung. Auch ein Schritt zurück kann also ein sinnvoller Fortschritt sein. Dann nämlich, wenn er der Sicherung des eigenen Lebens dient.

Eine kinderlose Ehefrau hatte schon seit Jahren Probleme mit ihrem Mann. Sie war noch ein ziemlich unreifes Mädchen gewesen, als sie ihn kennengelernt und auf Anraten der Mutter, die diesen Mann gern mochte, geheiratet hatte. Jahrelang hatte sie sich oft überlegt, ob sie ihn verlassen oder bei ihm bleiben solle. Solange sie sich nicht zum einen oder anderen Schritt entscheiden konnte, litt sie unter heftigen Migräneanfällen. Die Ursache ihrer Migräne war ohne Zweifel die angestaute innere Aggression. Sie redete mit ihrem Mann nicht mehr über ihre Beziehung. Das hatte sie schon längst aufgegeben. Sie entschloß sich dann aber doch, ihn nicht zu verlassen, ihre religiöse Einstellung verbot ihr dies. Sie sozialisierte das natürliche Streben nach Initiative später in einer sportlichen Betätigung: Sie »flüchtete« sich in den Tennissport. So löste sie das Nervenspannungsproblem. Im Klub gewann sie bald viele Freunde. Und ihren Ehemann ließ sie so, wie er war. Sie versuchte nicht länger, ihn zu ändern. Sie erkannte seine Vorteile, er war ihr gegenüber stets pflichtbewußt und großzügig, und sie akzeptierte im Geiste seine Nachteile: Er war antriebsarm und ging nicht gerne unter Leute. Er hatte keine echten Freunde, kurz: Er war einer jener Männer, die man als Psychologe in der »Schachtel Nr. 2« versorgen kann.

Der Mann aus der »Schachtel Nr. 2«

Er bereitet vielen Frauen Kopfzerbrechen. Denn er ist zu Hause passiv, in sich gekehrt, redet oft kaum ein Wort, man muß ihm »die Würmer« aus der Nase ziehen. Er ist feminin, das heißt oft recht gut aussehend, so daß er auf Frauen anziehend wirkt. In Gesellschaft ist er sehr freundlich, zu Hause oft genau das Gegenteil. Und er ist antriebsarm. Die Frau muß »den Karren« ziehen. Er fährt einfach mit. Im Beruf ist er reaktionsstark und pflichtbewußt. Wenn es sein muß, kann er Tag und Nacht für seine Firma dasein. Wenn es in der Ehe nicht klappt, wendet er sich mit seinen Sorgen gerne an seine Mutter. Bei Trennung oder Scheidung kehrt er meist auch zu ihr zurück. Er sitzt oft und gern bis zum Sendeschluß vor dem Fernsehgerät. Er dreht sich auch nach anderen Frauen um, und er ist stets auf der Suche. Oft wünscht er seine Frau in die Wüste, und er meint, das Leben wäre viel leichter ohne sie. Kehrt sich die Frau aber tatsächlich von ihm ab oder geht sie gar von ihm weg, so trauert er ihr ewig nach, und er versucht, oft ein Leben lang, sie zurückzugewinnen. Die sexuelle Beziehung läßt er in der Ehe gerne einschlafen. Die Aktivität soll stets bei der Frau liegen.

Wo die Gelegenheit besteht, steigt dieser Männertyp ins Geschäft des Schwiegervaters ein. Aber fast immer ohne Erfolg. Dadurch kommt es bald zu Spannungen. Und nicht selten wird dieser Schwiegersohn fristlos aus der Firma entlassen, weil er als Schmarotzer entlarvt wird.

Diesem Männertyp steht in der Regel eine Frau zur Seite, die eine Helferin ist, die ihm manchmal mit allen ihr zur Verfügung stehenden Mitteln Hilfe anträgt, bis zu ihrer völligen Erschöpfung. Sie glaubt, diesem Männertyp auf die Beine helfen zu können. Aber das Unterfangen scheitert. Meist wünscht sich diese Frau einen starken Mann, an den sie sich anlehnen kann. Aber im Grunde hat sie wiederum Angst vor einem Mann, der das Streben nach eigener Initiative im Vordergrund hat. Sie wünscht sich ihn sehnlichst, hat aber gleichzeitig Angst vor ihm. Nach einer Scheidung bleibt sie darum oft allein. Genau wie ihr Mann aus der »Schachtel Nr. 2« auch.

Es gibt biologische Unterschiede zwischen Mann und Frau.

Diese sind aber nicht derart gravierend, daß daraus die soziale Ungerechtigkeit entstehen müßte, die auch heute noch das Verhältnis der Geschlechter bestimmt. Wo hingegen die Natur völlig freigelegt ist, kann eine echte tiefe Liebesbeziehung entstehen. Diese ist stets das Abbild des Zeugungsvorganges. Und dieser ist, seit es Menschen gibt, immer und überall gleich. Die Samenzelle geht stets der Eizelle entgegen und befruchtet diese. Niemals ist es umgekehrt. Es kommt nicht vor, daß die Eizelle der Samenzelle helfend entgegengeht, weil diese den Befruchtungsweg sonst nicht schaffen würde. Und die Frau hat von Natur aus die Rolle der Eizelle, der Mann die Aktivität der Samenzelle. Dieses Rollenspiel drückt sich auch im sozialen Verhalten aus. Der Mann soll um die Gunst der Frau werben, nicht umgekehrt. Wenn die Musik zum Tanze aufspielt, fordert der Mann die Frau auf. Früher war es mancherorts noch üblich, in Wien zum

Beispiel, daß Frauen ein kleines Büchlein mit sich führten, um darin die Verehrer zu notieren, die sich für einen Tanz angemeldet hatten. Auf diese Weise konnte die Frau ihren Partner auslesen. Mit der natürlichen Geisteshaltung produziert der Körper der Frau eine ganz bestimmte Ausdünstung, eine Art Parfüm, das Männer anzieht. Es ist darum die Frau, die sich schminkt und attraktiv macht. Und es ist der Mann, der auf die Frau zugeht. Wo Frauen die aktive Rolle übernehmen, treffen sie in der Regel auf den passiven, femininen, antriebsarmen Mann, den Mann aus der »Schachtel Nr. 2« also, der stets nimmt, was ihm ins Körbchen fällt. Damit sind aber beide auf die Dauer nicht ganz glücklich, weder der Mann noch die Frau. Denn in der Liebe gelten die Naturgesetze, die von keiner bewußten Einstellung des Menschen verändert werden können. Und Liebe ist im Grunde doch auch eine biologische Angelegenheit, denn aus ihr gehen neue Menschen hervor. Wer also wirklich glücklich sein will, muß die geschlechtliche Natur in sich freilegen.

Die Frau ist die Blume, der Mann ein Schmetterling.

Natürlich ist dies symbolisch gemeint. In der Regel schenkt man einer geliebten und geschätzten Frau und nicht einem Mann einen Strauß schöner roter Rosen. Die Blume ist ihr Symbol. Eine Rose wächst aus der Erde empor und entfaltet sich von der Knospe bis zur vollsten Blüte. Dieser Entfaltungsprozeß entspricht dem Zyklus, der ein typisches Merkmal des weiblichen Organismus ist. Auch die Entstehung des neuen Lebens im Mutterleib gleicht der Entfaltung einer Blume. Die auffallenden Merkmale des Schmetterlings dagegen sind nicht nur seine Farben, sondern auch seine Leichtigkeit und *Beweglichkeit* im Fluge. Das sind Eigenschaften, die auch in der Samenzelle, also in der Natur des Mannes liegen. Verstehen Sie mich recht: Dies ist symbolisch gemeint. Nicht daß Sie meinen, der Schmetterling-Mann müsse nun von Blume zu Blume, von Frau zu Frau flattern. Es geht hier nur darum, das Aktive im Mann anhand dieses Bildes darzustellen.

An einem meiner Vertiefungskurse nahm auch einer dieser typischen Männer aus der »Schachtel Nr. 2« teil, ein passiver, femininer, antriebsarmer Mann also. Er besuchte den Kurs natürlich auf Anraten seiner Frau. Er machte das autogene Training sehr gut und wollte sich in tiefgetriebener Versenkung das Bild eines Schmetterlings vergegenwärtigen, mit seiner Leichtigkeit und Beweglichkeit im

Fluge. Es gelang ihm nicht. Er nahm die Übung lachend zurück und erzählte dann, was in seiner Vorstellung passiert war: »Ich fühlte mich zuerst sehr »wohlig«, völlig ruhig und entspannt. Ich wußte, daß ich tief abgesenkt war. Ich machte sogar die Kontrolle nach der LeCron-Skala. Dann versuchte ich, mir einen Schmetterling im Fluge vorzustellen. Aber diese Vorstellung kam einfach nicht. Ich sah mich in meiner Vorstellung statt dessen auf einer Brücke stehen. Ich beugte mich lässig über das Geländer und schaute dem Wasser zu, das unter der Brücke floß. Auf meinem Rücken hatte ich Flügel. Aber es waren nicht die Flügel eines Schmetterlings; denn sie waren aus Holz, und wenn ich in meiner Vorstellung fliegen wollte wie ein Schmetterling, klapperten die Flügel bloß, und ich kam nicht vom Fleck. Da mußte ich einfach lachen. Ich probierte es immer wieder. Aber stets hörte ich dieses Klappern der Holzflügel, worauf ich die Übung zurücknahm.« Die Frage, die nun bestimmt manchem Leser auf der Zunge liegt, ist: »Kann man eine solche Vorstellung ändern, und bringt eine Vorstellungsänderung eine Charakteränderung zustande?«

Die visuelle Vorstellungskraft

Was in der eigenen Vorstellung gelingt, ist auch im Leben im Rahmen der Naturgesetze realisierbar, und die Vorstellung ist bis zu einem gewissen Punkt machbar; denn es geht dabei oft nur darum, Denkwiderstände abzubauen und dann das Gehirn zu einer bestimmten Vorstellung zu führen.

Die Macht der Vorstellung war auch das Thema eines Kurses, zu dem sich an einem Abend mehr als 100 Personen eingefunden hatten. Es war in einem Saal mit Konzertbestuhlung und einer kleinen Bühne, auf der zwei leere Stühle im Scheinwerferlicht standen. Sie waren noch unbesetzt. In meinen Händen hielt ich zwei wunderschöne Zwiebeln, so groß wie Äpfel, fein säuberlich gewaschen. Auf meine Aufforderung meldeten sich zwei Personen, ein Mann in mittleren Jahren und eine junge Frau in einem buntfarbenen Minirock.

Ich legte den beiden je eine Zwiebel in die Hand und forderte sie auf, diese genau anzuschauen. Dann wurden sie gebeten, die Augen zu schließen und sich in gewohnter Weise autogen zu vertiefen. In tiefgetriebener Versenkung wurden sie angewiesen, die Augen zu öffnen, nachdem sie sich selbst eingegeben hatten, daß durch das Öffnen der Augen die Vertiefung nicht beeinträchtigt würde. Sie hatten nun die Augen geöffnet und schauten »verloren« in die Menge. Jetzt wurden sie gebeten, sich einzugeben, daß das, was sie in der Hand hielten, ein wunderschöner, großer Apfel sei, in den sie hineinbeißen sollten. Sie aßen darauf ein Stück der Zwiebel, als ob es ein Apfel wäre, der gut schmeckt. Ihre Augen blieben dabei völlig trocken. Dann wurden sie gebeten, sich vorzustellen, daß sie jetzt keinen Apfel mehr aßen, sondern eine Zwiebel. Sofort verzogen sich ihre Gesichter, die Augen wurden feucht, und sie spuckten einen Teil des Gegessenen wieder aus. Dann wurden sie aufgefordert, die Augen zu schließen und die Übung in gewohnter Weise zurückzunehmen. Die Zuschauer, die sich bei dieser Demonstration der Macht der Vorstellung recht gut amüsiert hatten, applaudierten heftig, die Frauen etwas mehr als die Männer, die eher staunend und fragend zu den beiden Versuchspersonen aufschauten.

Der Mann, der diese Demonstration mitgemacht hatte, beschrieb sein Erlebnis: »Als ich mir vorstellte, in einen schönen, roten Apfel zu beißen, war die Wahrnehmung entsprechend. Die Zwiebel schmeckte tatsächlich wie ein Apfel, und ich verspürte keine Tränen, wie sie sonst beim Schneiden einer Zwiebel fließen. Als ich mir aber dann die Zwiebel vorstellte, war die Wahrnehmung sofort bitter, und ich mußte das Abgebissene ausspucken. Ich weiß, daß meine Augen zu tränen begannen.« Die Frau nickte und ergänzte die Ausführung des Mannes: »Es war scheußlich, als ich merkte, in was ich da biß.«

Doch was soll mit solchen Demonstrationen gezeigt werden? Die Macht der Vorstellung natürlich. Und dabei muß stets ein Widerspruch aufgelöst werden. Der kritische gesunde Menschenverstand sagt einem, was man gerade in der Hand hält: eine Zwiebel. Diese Tatsache muß man ausschalten. Auch bei der Anwendung von formelhaften Vorsätzen muß dieser Tausch von Wirklichkeit und Vorstellung stattfinden, sonst hat man keinen Erfolg.

Ein Übergewichtiger, der sich immer wieder sagt: »Aber ich sehe es doch, daß ich Übergewicht habe, die Waage kann mir das jederzeit bestätigen«, wird mit dieser Vorstellung nicht abnehmen. Damit er abnehmen kann, muß er die Vorstellung haben, wie er aussehen wird ohne Übergewicht. Nur dann kann das Gehirn die erfolgbringenden Schaltungen vornehmen, sonst nicht.

Wenn jemand keinen Erfolg hat, so muß er sich nur vorstellen, wie es aussieht, wenn er Erfolg hat. Diese Vorstellung kann er sich jedoch nur machen, wenn er die Tatsachen einfach ignoriert. Viele Menschen, die Erfolg haben möchten, denen dies aber nicht so gelingt, wie sie es sich erhoffen, machen ganz einfach den Fehler, daß sie sich auch in ihrer Vorstellung nicht vom Mißerfolg lösen, weil sie immer mit dem logischen Menschenverstand arbeiten und sich sagen: »Aber ich kann mir doch nicht einbilden, Erfolg zu haben, wenn ich doch immer wieder sehe und erlebe, daß dem nicht so ist.«

Schreiben Sie sich das faustdick hinter die Ohren.

Der Volksmund sagt: »Schreib' es dir hinter die Ohren.« Damit will er sagen, man müsse sich etwas besonders gut merken. Oder man pflegt zu sagen: »Du bist halt noch naß und grün hinter den Ohren.« Damit ist gemeint, daß der Betreffende noch etwas kindlich und unreif ist. Wenn Sie sich jetzt aber Abbildung B auf den ersten Seiten des Buches ansehen und sich vorstellen, daß speziell vom Hypothalamus aus alle vegetativen Prozesse wie Hunger, Durst, Schwitzen, Frieren, Fluchtverhalten, Aggression, Stoffwechsel, Körpertemperatur und vieles andere gesteuert werden, dann finden Sie den als Volksmund bekannten Ausspruch sicher auch erstaunlich treffend, liegt doch der Hypothalamus etwa dort, wo man auf der Abbildung die Ohrmuschel eintragen müßte.

Wenn Sie jetzt den Zeigefinger hinter Ihr rechtes Ohr legen und ihn von dort bis zur Mitte Ihres Kopfes hineinbohren würden, kämen Sie etwa an die Stelle, wo der Hypothalamus liegt. Und wenn Sie jetzt noch Abbildung 6 auf S. 115 dieses Buches anschauen, dann erkennen Sie eine REM-Zone.

Sie brauchen keine Angst zu haben, daß Sie jetzt mit Fachausdrükken bombardiert werden. Es geht hier lediglich darum zu zeigen, wo in Ihrem Gehirn die Lebensprogramme gemacht werden. Das menschliche Gehirn ist ja sowieso, wie eingangs dieses Buches andeutungsweise beschrieben, ein Organ, das noch voller Geheimnisse ist, so daß die nun folgenden Angaben bloß als Vorstellungshilfe zu betrachten sind.

In der REM-Zone wird das Gehirn auf die Bewältigung der Alltagsaufgaben vorbereitet

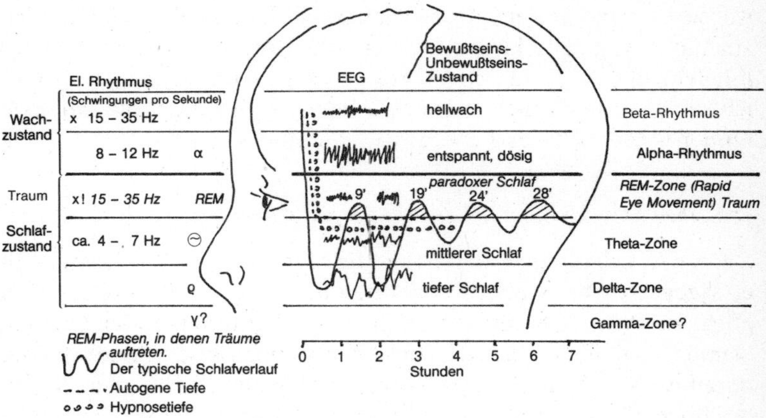

Abb. 6: Wachzustand, Schlaf, Traum (vereinfacht dargestellt; nach Beyer G. Schnell und erfolgreich lernen. Humboldt 1985, modifiziert). Die Kurve zeigt den typischen Schlaf-Verlauf (schraffierte Flächen: REM-Phasen, in denen Träume auftreten; Dauer in Minuten), nach W. Dement und E. Wolpert, In: Psychologie. Das Fischer Lexikon, Frankfurt am Main 1957.
In der autogenen und fremdhypnotischen Vertiefung spielt das bildhafte Erleben eine erfolgsentscheidende Rolle (REM-Bild). Je besser die Vertiefung (vgl. oben die Linien ---- und oooooo), desto höher ist das organisch-euphorische Erlebnis.
Das menschliche Gehirn ist ein rätselhaftes und noch weitgehend unerforschtes Schaltorgan. Darum sind die obigen Angaben auch ohne Garantie und ohne Gewähr.

Aus Schema 6 geht deutlich hervor, daß der Wille die REM-Zone nicht direkt erreicht. Der Wille regiert im Beta-Bereich, dort also, wo man hellwach, frisch und munter ist. Über den Alpha-Rhythmus, in dem man müde, dösig und schläfrig ist, erreicht man schließlich die REM-Zone. Sie ist ein paradoxer Zustand, in dem man Bilder (Traumbilder) nicht bloß sieht, sondern tatsächlich erlebt. In dieser

Zone kommen offenbar die Strebungen des Unbewußten mit denen des Bewußtseins zusammen. Daraus werden Überlebensstrategien entwikkelt. Diese REM-Zone hat ihre Bezeichnung von den Bewegungen der Augäpfel, die einem inneren Bild folgen und die wir bei Schlafenden hinter verschlossenen Augenlidern gut beobachten können.

Ein Kind im Kinderwagen

Stellen Sie sich vor, eine junge Mutter fährt ihr Kind im Kinderwagen durch die Stadt. Das Kind schläft. Das heißt, wir, die das Kind sehen, meinen, es schlafe. In Wahrheit nimmt es aber die Umwelt sehr genau wahr. Manchmal öffnet es die Augen, schaut sich um und »taucht« dann wieder in die REM-Zone, wo die Überlebensprogramme gemacht werden. Es schläft jetzt nicht richtig tief, sondern das kindliche Gehirn ist nun dabei, Information auf bildhafter Ebene zu verarbeiten. Die Augen folgen hinter verschlossenen Augenlidern den Impulsen des Gehirns. Ähnliche Augapfelbewegungen beobachten wir bei Träumenden. Der Mensch im hohen Norden braucht andere Programme als der Italiener, der Mensch in einer kinderreichen Familie wiederum andere als das Einzelkind. Die Struktur des Gehirns ist bei allen Menschen gleich. Die Hardware, wie der Computerfachmann sagen würde, die Anatomie des Gehirns also, ist gegeben. Der Apparat wird von der Natur zur Verfügung gestellt. Die Programme aber müssen gemacht werden, wie Fernseh- oder Computerprogramme auch. Was wir in der frühen Kindheit erlebt, die Einstellungen, die wir einmal im Umgang mit den Erziehern und unserer Umwelt gemacht haben, könnte man als die Software der Kindheit bezeichnen. An dieser Grundeinstellung erkennen wir den Nordländer, den Italiener, den Katholiken und den Protestanten. Wie tief die Software von damals liegt, erkennt man vor allem bei den religiösen Einstellungen, die ebenfalls von frühester Kindheit an vorhanden sind. Und wir sehen heute nicht nur in Nordirland, wo sich die Katholiken und Protestanten bis aufs Blut bekämpfen, oder in islamischen Ländern, wo ganz andere Bräuche herrschen, wie diese Software der Kindheit beschaffen ist. Wir erkennen dabei auch die Intoleranz, die die Einstellungen von damals mit sich bringen. Der Italiener wird wahrscheinlich zeitlebens in seiner typischen Art Spaghetti essen, die ihn leicht vom Nordländer unterscheidet. Ein Schwede wird immer der eher kühle Skandinavier bleiben und in seinem Temperament ganz anders sein als etwa ein Brasilianer.

Dennoch: Es ist lediglich die Einstellung von ganz früher, nicht etwa, wie viele meinen, etwas Angeborenes, was den Menschen mit seinem typischen Rassen- oder Familienverhalten auszeichnet. Das Gehirn, die Hardware also, dies muß ich erneut betonen, ist bei allen etwa gleich. Es ist das Programm, die Software, die anders ist.

Verhaltensprogramme sind beliebig austauschbar.

Wie leicht Programme austauschbar sind, beweist uns die Geschichte. Wo sich noch vor 45 Jahren die Deutschen und Franzosen heftige Kämpfe lieferten, machen sie nun gemeinsam Urlaub. Heute kann ein Jude sorgenfrei durch die Straßen Berlins laufen. Vor 50 Jahren wurde er dort gepackt, mit anderen in Viehwaggons gesteckt und irgendwo in einem Konzentrationslager verbrannt, weil seine erfolgreiche Rasse dem deutschen Führer ein Dorn im Auge war.

Würde ein biederer Schweizer einmal aus Wut seine Dienstwaffe in die Hand nehmen und einen Mitmenschen niederschießen, so käme er für diese Tat für viele Jahre hinter Gitter. Würde dagegen sein Land angegriffen und müßte er im Auftrag der Armee die gleiche Tat vollbringen, so bekäme er dafür einen Orden.

So leicht also sind Programme austauschbar, ähnlich der Software beim Computer. Daß der Italiener sein Temperament beibehält und der Jude seine sozialreligiöse Einstellung, liegt wohl ganz einfach daran, daß keiner der beiden einen Grund sieht, sein Programm zu ändern. Und von selbst geschieht eben nichts, gar nichts.

Die Programme, die unser Leben leiten, machen wir selbst. Und wenn wir nichts ändern, ob aus eigener Initiative oder gedrängt durch die Umwelt, läuft stets das eingespielte Programm ab. Wer darin gehemmt ist, bleibt gehemmt, wer ängstlich ist, bleibt ängstlich, der Erfolglose wird immer wieder vom Unterbewußtsein auf Erfolglosigkeit geschaltet, so perfekt sogar, daß er seine Erfolglosigkeit stets aufs neue bestätigt findet. Wer lästige Gewohnheiten und Zwänge programmiert hat, wird solche immer wieder bei sich feststellen. Wer Störungen und Fehlverhalten im Liebesleben einprogrammierte, findet sich in allen Lebenslagen mit diesen Störungen konfrontiert. Wer kein Selbstvertrauen im Programm hat, zeigt auch tatsächlich kein Selbstvertrauen. Und wo Charakterlosigkeit zum Programm geworden ist, finden wir auch ein charakterloses Verhalten im Alltag. Wenn andererseits die Software auf Krankheit eingestellt ist, dann kommt diese Krankheit irgendwann zum Ausbruch. Jedes Suchtverhalten ist ein programmiertes Verhalten, und wir wissen ja, wie viele Raucher sich im Bewußtsein gegen das Rauchen wehren. Aber das Programm liegt tiefer, und solange dort unten nicht umprogrammiert ist, findet das Suchtverhalten statt und zwingt den Menschen nach einer kurzen Enthaltungspause, die willentlich herbeigeführt werden kann, wieder zu rauchen, übermäßig zu trinken, zu essen oder Drogen zu nehmen.

Wieso kommt es zu Fehlverhaltensprogrammen?

Eine junge Mutter ist verhaltensgestört. Sie raucht und trinkt. Vor allem aber leidet sie an einer krankhaften Redesucht. Ich habe sie selbst erlebt. Es ist schrecklich, man kommt nie zu Wort, sie redet einen in Grund und Boden. Ihr Kind ist gehörlos. Ist das Zufall? Ein natürliches Anpassungsprogramm an diese mütterliche Umgebung? (Die Mutter redet krankhaft, das Kind hört nicht und hat damit seine Ruhe, die es für die sonst normale Entwicklung braucht.) Kommt es durch natürliche Anpassungsprogramme an eine kranke Umwelt auch zu Fehlverhaltensprogrammen?

Vielleicht wissen Sie aus eigener Erfahrung, daß eine leichte Erkältung im Kindesalter auch große Vorteile bringt: Man entgeht als Kind einer möglichen Strafe, weil kranke Kinder nicht getadelt werden. Man muß nicht zur Schule oder hat eine Entschuldigung für eine schlechte Note. Man wird gehegt und gepflegt und den Geschwistern gegenüber bevorzugt. Der Gehemmte und Ängstliche wird motiviert, der Erzieher steht ihm zur Seite und redet ihm zu. Durch ein solches Verhaltensmuster kann das Kind den Erzieher richtiggehend »beherrschen« und »knechten«.

Jedes Programm also, das sich später einmal als Nachteil erweist und darum als Fehlverhaltensprogramm bezeichnet wird, hatte irgendwann auch einmal seine Vorteile. Und wieso sollte man Vorteile aufgeben? Dazu müßte man Gründe haben und entsprechend motiviert sein.

Das Suchtverhalten als Beispiel

Jedes Suchtverhalten ist ein »Kinderprogramm«. Es geht zurück auf die Zeit, in der man gehegt, gepflegt, gestillt wurde und das Essen und Trinken zugetragen bekam. Der Mensch ist ja von Natur aus ein

»Nesthocker«, er ist lange überhaupt nicht in der Lage, sich seine Nahrung selbst zu beschaffen. Er müßte sterben, wenn ihn die Mitmenschen nicht versorgen würden. Diese Zeit des Versorgtwerdens ist auch eine schöne Zeit. Zum Verweilen schön. Und sie ist verbunden mit anderen schönen Erlebnissen. Also behält man das Programm gern bei und löscht es nicht. Es ist nicht so, daß sich mit dem Heranwachsen des Körpers dieses Überlebensprogramm aus frühester Kindheit überflüssig macht. Wenn dem so wäre, wäre der Mensch kein freies Wesen mehr. Die Programme von damals werden durch Deckprogramme, neue Verhaltensmuster, ergänzt. Aber das »Kind bleibt im Manne«.

Zwischendurch meldet sich dieses »Kinderprogramm«, das jetzt nur dann kein Fehlverhaltensprogramm ist, wenn es der Bewältigung der Zukunft dient! Und weil diese Einstellung mit Erinnerungen von damals verbunden ist, muß sie wie ein Klassentreffen gefeiert werden. Zum Beispiel mit Zigaretten, Bier oder gar Drogen. Über den Mund. Also mit oraler Befriedigung. Etwa drei Zigaretten könnten vielleicht noch gut sein, um den Hirnstoffwechsel anzuregen. Was mehr ist, schädigt den Körper sicher. Daß der Süchtige dies nicht bemerkt, daß er freudig bereit ist, seinem Körper Schaden zuzufügen, beweist, daß er auf einer frühen Verhaltensstufe fixiert ist und im Augenblick des Suchtverhaltens nicht weiterdenkt. Nicht vorwärtsdenken kann. Denn könnte er dies, wäre er nicht süchtig. Das eine schließt das andere aus. Wer naturentsprechend vorwärts denkt, wird doch nicht den Körper zerstören, mit dem er ja die Zukunft meistern will.

Die schöne Lebensphase des Behütet- und Versorgtwerdens kann noch anderes ins Programm bringen als Suchtverhalten. Asthma, Erschöpfungszustände, Entzündungen des Dickdarms, Durchfall und Verstopfung, Magengeschwüre, Rückenschmerzen und sogar Krebs scheinen manchmal Krankheitsprogramme eines *Anlehners* zu sein. Ein Anlehner ist ein Mensch, der in seiner Kindheit sehr eng in eine Personenbeziehung genommen wurde. Ängstliche Eltern haben bekanntlich ängstliche Kinder. Das ist eine Binsenwahrheit. Weil ängstliche Eltern das natürliche Streben nach Initiative beim Kind unterbinden und weil aber das natürliche Streben nicht einfach aufhören kann, müssen im Gehirn entsprechende Lebensbewältigungsprogramme ausgebildet werden, Programme, die den ängstlichen Erzieher vorläufig zufriedenstellen. Und schon ist der Anlehner geboren.

Wenn ein Anlehner sein »Kinderprogramm« antastet und verändert, taucht als erstes wieder Angst, vor allem Trennungsangst, auf. Hat er diese dann überwunden, ist er wieder so, wie er von Natur aus war: voller Kraft, mit einem auffälligen Streben nach Initiative.

Das Tier hat es leichter.

Jedenfalls was die Trennung von den Eltern anbelangt. Wenn die jungen Füchse alt genug sind, verlassen sie den Fuchsbau. Sie müssen weg, denn es gibt bei ihnen kein Familienleben, das über die Aufzucht der Jungtiere hinausgeht. Sie können nie wieder in den elterlichen Bau zurückkehren. Auch ein Vogelnest wird von ausgeflogenen Jungvögeln nicht wieder besucht. Falls Sie ein Haustier haben, dann lebt dieses wahrscheinlich fernab vom Muttertier, das es wohl zeitlebens nie mehr wiedersieht. Harte Bräuche, aber so ist die Natur. Wir Menschen sind zwar keine Tiere, wir wollen ja schließlich die Krone der Schöpfung sein. Aber mit unserem Organismus sind wir ein Stück Natur, und damit gelten diese harten Bräuche teilweise auch für uns. Im Unterschied zum Tier sind wir denkende Wesen, und wir müssen darum die Trennung im Geiste selbst vollziehen. Das heißt, wir sollen uns stets *neu* auf die Umwelt und die Mitmenschen einstellen. Wir pflegen, im Unterschied zum Tier, Kontakte zu unseren Eltern. Aber wenn wir erwachsen sind, sollten wir uns auch als Erwachsene fühlen und nicht länger als Kind behandelt werden wollen. Diese Umstellung im Geiste müssen nicht die Eltern vollziehen, sondern der Mensch, der erwachsen geworden ist. Die Eltern werden immer wieder die alten Verhaltensmuster fordern. Sie betrachten ihren Nachwuchs oft ein Leben lang als ihr Kind, und sie weigern sich manchmal, ihm das Erwachsensein zuzugestehen. Verständlich: Denn solange die Eltern ihr Kind als Kind erleben, bleiben sie jung. Jeder Trennungsprozeß tut irgendwie weh. Das Wissen auch, daß ihre Kinder jetzt Erwachsene sind, macht Eltern alt. Sie spüren dann, daß die schöne Zeit des Behüten- und Versorgendürfens vorbei ist. Der Generationswechsel ist vor allem für die Alten ein harter Schritt. Aber er muß sein. Die Natur verlangt das so.

Der Rhythmus der Natur ist stetige Erneuerung, kein Bewahren

Darum müssen auch wir unsere Anpassungsprogramme stets erneuern und auf den aktuellen Stand bringen. Doch wie macht man das? Wie kann man, wenn man dies will, die Software von damals ergänzen und korrigieren, wenn sie Fehlverhalten hervorbringt?

Es gibt viele Wege zu einer solchen Korrektur. Manchmal gelingt sie auch ganz spontan. Sie kennen sicher den Raucher, der eines Tages plötzlich den Entschluß faßt, die Sucht aufzugeben. Er wirft Zigaretten und Aschenbecher weg und rührt kein Nikotin mehr an, auch dann nicht, wenn andere genüßlich weiterrauchen.

Viele nehmen gute Vorsätze mit in den Schlaf und berieseln nachts ihr Unterbewußtsein damit. Sie wissen ja: Steter Tropfen höhlt den Stein. Mit der Zeit ist man damit tief genug, um den Schalter im Verhaltensprogramm zu treffen. Dann ist das Programm weg. Das gelingt leicht, so leicht wie eine Programmänderung am Computer oder Fernseher. Allerdings muß man die richtige Taste drücken. Das ist die Kunst.

Autogen Trainierte vertiefen systematisch. Sie gelangen in die REM-Zone und pflanzen dort ihre Vorsätze bei ganz klarem Kopf mehrmals ein und übertragen sie dann in die rechte Gehirnhälfte, wo sie weiterwirken.

Mit der rechten Gehirnhälfte bildhaft denken und lernen

In der deutschen Fernsehshow »Wetten, daß« trat auch ein junger Mann auf, der beweisen wollte, daß er durch kurzes Betrachten von Wetterkarten schlagartig sagen konnte, an welchem Tag diese Wetterkarte Gültigkeit hatte. Und er schaffte es. Kaum hatte der Quizmaster die Wetterkarte gezeigt, war die richtige Antwort da. Zum Staunen der Millionen von Fernsehzuschauern. Wie war das möglich? Durch bildhaftes Denken. Natürlich müssen die 200 Wetterkarten einmal programmiert werden, und zwar tief. Eben in der REM-Zone. Das kurze Betrachten einer Karte genügte in diesem Fall. Das Programm wurde bewußt, und die Antwort kam reflexartig, ganz leicht, ohne langes Nachdenken.

Natürlich gibt es Lohnenderes in die rechte Gehirnhälfte zu programmieren als alte Wetterkarten: Bilder aus der Natur zum Beispiel.

Bildhaft die Natur in sich freilegen

Als Kind zeichnet der Mensch gerne. Er beginnt mit ganz einfachen Strichen und Kreisen. Dann malt er Bilderbücher aus und schließlich erschafft er »schöne« Bilder. Wenn Kinder eine Zeichnung gemacht haben, fragen sie die Erwachsenen, ob die Zeichnung schön sei. Wir haben dafür ganz klare Beurteilungskriterien. Eine Wiese soll saftig grün, das Gras üppig, dicht und bis zu einem Meter hoch sein. Blumen und Pflanzen sind farbig. Das Wetter ist stets freundlich und klar, der Himmel tiefblau, die Sonne scheint. Diese natürliche Umgebung ist stets belebt, die Menschen sind fröhlich und freundlich. Den Hintergrund kann zum Beispiel ein Schneeberg bilden.

Wenn man sich ein solches Bild vorstellt und in die Tiefe bringt, in die REM-Zone, dann wird dadurch ganz automatisch die Natur im Menschen angesprochen und freigelegt. Wir fühlen uns in diesem Falle »wohlig«, fast euphorisch. Hohes Gras, farbige Blumen, blauer Himmel, ein Schneeberg und ein friedliches Dorf sind bildhafte Einstellungen, die alle Menschen fröhlich stimmen. Oder macht Sie dieses Bild mit seinem strahlenden Sonnenschein etwa traurig? Ich hoffe nicht.

In der Oberstufe des autogenen Trainings, die auch mentales Training oder autogene Meditation genannt wird, werden solche Übungen empfohlen. Meditation ist eine Übung, die zur Erfahrung des inneren Selbst führen soll. Und dort erfahren wir die göttlichen Gesetze, die in der Natur und im ganzen Universum Gültigkeit haben.

Die Natur erleben wir farbig.

Blumen und Pflanzen sehen wir grün, rot, blau, gelb. Auch Schwarz und Weiß können wir sofort nach der Geburt wahrnehmen, aber natürlich noch nicht in Worte fassen. Farben sind Schwingungen des Lichts, die zu den ersten und damit tiefsten Eindrücken gehören, die wir als Menschen in dieser Welt wahrnehmen. Darum lieben alle die Farben. Auch in der bildhaften Einstellung machen sie uns glücklich.

Bildhaft positiv denken

Positives Denken ist stets aufwärts gerichtet. Wenn es dem Kranken gesundheitlich wieder besser geht, sagt er, es gehe aufwärts. Geht es uns wirtschaftlich besser, sagen wir, es gehe aufwärts. Als Kind liebt es der Mensch, aufwärts zu steigen und zu klettern. Er steigt als Kleinkind auf Stühle, später auf Mauern, er klettert auf Bäume und hohe Stangen. Das liebt der Mensch, weil er von Natur aus in seinem Grundprogramm positiv eingestellt ist. Wie dies zu verstehen ist, verdeutlicht das Erlernen der Muttersprache. Es gibt keinen einzigen Menschen auf der Welt, der sich weigert, seine Muttersprache zu erlernen. Egal wie kompliziert sie ist: Er lernt sie, und es ist nur eine Frage der Zeit, bis er sie vollkommen beherrscht. Wer in der Schweiz geboren und Sohn oder Tochter einer Schweizerin ist, wird Schweizerdeutsch sprechen. Selbst dann, wenn die Milieuverhältnisse miserabel sind, weigert sich der Mensch nicht, die Sprache der Mutter zu sprechen. Er kommt nicht auf die Idee, daß die Sprache der italienischen Nachbarsfamilie schöner sei und er deshalb Italienisch als seine Muttersprache wählen könnte. Das kommt nicht vor, weil das entsprechende Grundprogramm, das die Natur uns allen mitgibt, durchaus positiv ist. Daher wird auch das miserabelste Milieu noch als sinnvoll und positiv erlebt. Kinder können sich auf alle Umweltbedingungen einstellen und die entsprechenden Verhaltensmuster üben.

Aber gerade diese Verhaltensmuster sind es dann, die bei mentalen Übungen Schwierigkeiten bereiten können. Versucht jemand, sich eine schöne Wiese mit einem leise plätschernden Bächlein vorzustellen, denkt er vielleicht sofort an ein bestimmtes Erlebnis aus seiner Jugend, das mit diesem Stück Natur verbunden ist. Er schweift ab, und statt die Natur zu erleben, läßt er nun ein bestimmtes Jugenderlebnis wieder aufleben. Das bringt Sehnsucht nach einer Zeit, die nie mehr kommt und erzeugt darum Streß. Die Kunst besteht darin, sich ganz auf die Natur einzustellen.

Versuchen Sie einmal, sich eine Wiese mit einem schönen Bächlein vorzustellen. Wenn Sie im Bild sind, versuchen Sie zu erkennen, von welcher Seite das Wasser fließt. Dann probieren Sie im Geiste, diesem Bächlein zu folgen, und zwar aufwärts, Richtung Quelle. Hindernisse auf Ihrem Weg dem Bach entlang können in der Vorstellung leicht beseitigt werden. Wenn es Ihnen gelingt, diese Vorstellung zu halten, was Übungssache ist, erleben Sie dieses Wandern dem Bach entlang immer tiefer und schöner. Sind Sie tief genug, bekommen Sie plötzlich das Bedürfnis, im Bach zu baden. Das ist völlig ungefährlich und schön; denn als Kind liebt man es ja auch, die

Füße ins Wasser eines Bächleins zu halten. Es ist ein herrliches Erlebnis, sich in einem Bach mit klarem fließenden Wasser zu erfrischen. Die Natur im Menschen wird dadurch tief angesprochen. Vielleicht lieben es Kinder deshalb so sehr, in Wassertümpeln zu planschen, manchmal sehr zum Ärger der Erzieher, die es gar nicht gerne haben, wenn sich Kinder naß machen. Sie könnten sich doch erkälten. Solche Befürchtungen kennt man als Kind nicht.

In Ihrer Vorstellung können Sie dem Bach bis zur Quelle folgen. Die Quelle des Baches ist auch die Quelle des Lebens.

Es gibt noch eine andere Vorstellung, die das Positive im Menschen anspricht: die Wanderung auf einen Berg. Natürlich wiederholt man dabei nicht einfach eine Bergwanderung aus früherer Zeit. Das würde nur alte Erinnerungen wachrufen und vielleicht auch Sehnsüchte wecken. Viel tiefer gelingt die Einstellung dann, wenn man sich nur das Aufwärtsgehen vergegenwärtigt. Man steigt im Geiste Schritt um Schritt höher und höher und erreicht den Gipfel erst mit der entsprechenden Einstellung: »Jetzt bin ich auf dem Berg.« Dort schaut man sich um und genießt die herrliche Aussicht. Man hat sein Ziel erreicht.

Der Aufstieg ist stets mühelos, die Stimmung gehoben, euphorisch sogar, wenn man die Natur in sich angesprochen hat. Denn von Natur aus steigen wir sehr gern aufwärts. Wo eine depressive Einstellung das Aufwärtsgehen in der Vorstellung und in der Realität erschwert oder gar verhindert, dominiert ein Programm, welches man sich selbst anerzogen hat. In der von der Natur ins Leben mitgegebenen Grundeinstellung gibt es noch keine Depression. Es geht also bei bildhaftem Denken darum, das natürliche Grundmuster wieder freizulegen. Das macht situationsangepaßt, beweglich und glücklich.

Ohne Restabbilder leben

Wenn Kinder Grimassen schneiden, sagen wir, sie sollten aufhören damit, sonst würden sie ihnen plötzlich bleiben. Genausowenig sollte eine bildhafte Vorstellung andauernd vor dem inneren Auge bleiben. Wer also bildhaft einem Bach entlang bis zur Quelle gegangen oder auf einen Berg gestiegen ist, geht anschließend bildhaft zurück an den Ort, von dem er ausgegangen ist, und denkt dann die bildhafte

Einstellung ganz weg. Sie muß weggeschaltet werden! Eine bildhafte Einstellung der Natur kann auch in der rechten Gehirnhälfte versorgt gedacht werden. Damit ist sie weggeschaltet (kann aber reflexartig wieder hervorgeholt werden). In der rechten Gehirnhälfte deshalb, weil wir dort das bildhafte Denken lokalisieren. Die linke und die rechte Gehirnhälfte haben unterschiedliche Aufgaben, die man sich etwa folgendermaßen vorstellen kann: Wenn Sie sprechen, dann formt die linke Gehirnhälfte die Sprache, sie bewegt die Lippen. Die rechte macht die Betonung. Den gleichen Satz kann man bekanntlich mit ganz unterschiedlicher Betonung aussprechen. Es ist der Ton, der die Musik macht. Und dieser Ton kommt aus der rechten Gehirnhälfte. Wo die Impulse aus der rechten und der linken Gehirnhälfte, statt sich zu ergänzen, aufeinanderprallen, erkennen wir eine Sprachstörung. Menschen, die davon betroffen sind, können fast keinen Ton herausbringen, wenn sie angesprochen werden. Auch Gehemmte leiden unter einer ähnlichen »Schaltstörung«. Man kann sich diese grundsätzlich abgewöhnen; denn sie liegt nicht im Naturprogramm. Sie ist angewöhnt. Ich komme später in diesem Buch wieder auf das hier Geschriebene zurück.

Auch Restabbilder sind Störungen. Es sind Vorstellungen, die immer wieder aufkommen können, auch in Situationen, in denen sie nicht erwünscht sind. Wer auf einem Spaziergang grübelt und über Dinge nachdenkt, über die er jetzt eigentlich gar nicht nachdenken will, wird vielleicht von einem Restabbild geplagt. Nun kann das menschliche Gehirn, wie wir schon gehört haben, keine Schaltung selbständig durchführen. Der Mensch als freies und denkendes Wesen muß dies selbst tun. Ein Restabbild wegschalten ist reine Übungssache.

Wenn sich Kinder auf dem Spielplatz tummeln oder Schüler Fußball spielen, dann sind sie in der Regel voll bei der Sache, die Schulaufgaben sind fern. Wenn sie von den Eltern in dieser Spielsituation an die Schulaufgaben erinnert werden, empfinden sie dies geradezu als lästig. Das nennt man, ohne Restabbild leben.

Wenn Jugendliche so richtig faul herumlungern, weil sie sich gerade völlig entspannen, dann finden ihre leistungsorientierten Erzieher dieses Verhalten manchmal unerhört. Sie sagen darum: »Könntest du nicht wenigstens ein Buch lesen? Es gibt doch sicher etwas Gescheites zu tun. Mach' doch endlich etwas . . .« und bringen einen Katalog von Arbeiten, die noch zu erledigen wären. Schade;

denn Entspannung muß sein. Nur wer sich richtig tief entspannen kann, ist in der Lage, optimale Leistung zu erbringen. Die Entspannung gehört ebenso zum vollen Leben wie die Leistung. Aber davon wollen leistungsbewußte Erwachsene oft nichts wissen. Sie meinen, bildhafte Entspannung sei reine Zeitverschwendung. Das sagen in der Regel aber gerade jene Personen, die stark von Restabbildern geplagt werden. Und wer mit Restabbildern lebt, verschwendet Energie.

Wer einen Spaziergang macht und dabei unfreiwillig Probleme wälzt, weil er sie noch nicht abschalten kann, verbraucht doppelte Energie. Denn wenn zwei Programme gleichzeitig laufen, dann kostet jedes dieser Programme Kraft. Ohne Energieverbrauch läuft nichts, auch kein Denkprozeß. Ein Unterschied zwischen Erwachsenen und Kindern besteht oftmals gerade darin, daß sich Kinder auf *eine* Sache noch besser einstellen können. Sie haben darum einen größeren Energievorrat. Um also mit der Lebenskraft haushälterisch umzugehen, braucht man sich bloß die Fähigkeit wieder zu holen, alle Restbilder wegzuschalten, die einen belasten können.

Vielleicht kennen Sie London. Dort, inmitten der Stadt, gibt es einen See, die Serpentine. Man kann um diesen See wandern, braucht dazu aber eine gute Stunde. Als ich mit Schachgroßmeister Kortschnoi in London war, machten wir diese Wanderung mehrmals täglich. Nicht allein weil sie schön ist, sondern weil wir dabei Gelegenheit hatten, die Natur zu erleben und abzuschalten. Manchmal marschierten wir längere Zeit nebeneinander her, ohne auch nur ein Wort zu wechseln. Wenn wir wollten, sprachen wir miteinander. Und Kortschnoi, die große russische Schachspielerpersönlichkeit, erklärte mir auf einem solchen Spaziergang, wie entscheidend das Restbild auch im Schachspiel ist. »Wenn man im Schachspiel eine einzige Figur bewegt, so ist das ganze Schachbild verändert«, sagte der damalige Vizeweltmeister. »Doch manchmal will man das einfach nicht wahrhaben. Man klebt in seiner Vorstellung an einer Stellung des Spiels, die einem besonders gefällt. Man will nicht davon loskommen, und schließlich verliert man deswegen sogar das Spiel.«

So ist es auch im Alltag. Jeder Lebensschritt verändert immer das ganze Leben. Aber man will das oft einfach nicht wahrhaben. Man klebt richtig an einem Lebensabschnitt, der einem besonders viel Schönes gebracht hat, und man verpaßt oder verliert damit sogar das Leben.

Ein bekanntes Restbild: einer verlorenen Liebe nachzutrauern

In Frankreich lebt ein Mann, der vor mehr als 20 Jahren die Frau seines Lebens kennenlernte. Er folgte ihr bis nach Südfrankreich. Aber sie wollte von ihm nichts wissen. Sie hatte sich für einen anderen Lebenspartner entschieden, diesen auch geheiratet. Und mit ihm hatte sie Kinder. Sie sagte dies ihrem Verehrer mehrmals klar und deutlich, jedoch umsonst. Er ließ zwar äußerlich von ihr ab und versuchte, eine andere Beziehung einzugehen, aber in seinem Innersten blieb er auf diese eine Liebe fixiert. Darum scheiterte jeder Versuch, eine andere Partnerin zu finden. Es lag aber nicht an den Frauen, sondern an dieser Fixiertheit. Er wurde schließlich lebensunfähig und mußte in eine Klinik eingeliefert werden. Dort lebt er heute noch. Und manchmal läßt er für zwei Personen auftischen. Er bestellt zwei Mahlzeiten, zwei Weingläser, und er tafelt in seinem Wahn mit seiner großen Liebe. Er bildet sich ein, diese Frau sitze ihm gegenüber. Er unterhält sich mit ihr. Ein kleiner Hund ist auch dabei, er trägt den Namen seiner verlorenen Liebe.

Restabbilder im Alltag

Ein Restabbild einer Person in sich zu tragen ist besonders gefährlich, weil diese Bilder sehr tief liegen. Wir Menschen können ja nicht ohne Personenbeziehung aufwachsen. Jeder hat seine Personenumgebung. Aber ein Festkleben an einer Erziehungsperson kann lebensgefährlich werden. Viele Süchtige, besonders Drogenabhängige, leben unbewußt mit solchen Personenrestabbildern.

Weniger gefährlich als Personenrestabbilder sind Abbilder von Dingen, Gegenständen oder Objekten, die es in der Natur nicht gibt. Stellen Sie sich nun ein Haus vor. Denken Sie an eines? Ich wette, daß Sie jetzt, wenn Sie an ein Haus denken, eines im Kopf haben, das Sie sehr gut kennen, zum Beispiel Ihr Elternhaus, das Haus Ihrer Großeltern oder gar Ihr eigenes. Ich bin sicher, daß Sie nicht an ein Haus denken, das es noch gar nicht gibt. Haben Sie Ihr Restabbild erkannt?

Häuser werden nach den Vorstellungen von uns Menschen gebaut. Sie sind keine Objekte der Natur, wie etwa Berge oder Flüsse. Um Neues zu schaffen, müssen wir stets in der Lage sein, uns von überholten Vorstellungen zu trennen. Nur wer imstande ist, diese Trennung auch unbewußt zu realisieren, sofern er dies überhaupt will, kann kreativ sein. Entdeckungen und Erfindungen sind da möglich, wo sich der Mensch in seiner Vorstellung vom Bestehenden trennen kann. Alle Menschen müssen sich ständig neu auf ihre Umgebung einstellen. Demzufolge sollte jeder in der Beziehung zu Gegenständen sehr beweglich sein. Diese geistige Beweglichkeit ist auch eine Frage der Übung!

Das frühkindliche Gehirn hat praktisch noch keine Beziehungen zu Gegenständen. Man entwickelt diese Programme erst nach der Geburt. Wer könnte sich etwa rühmen, als Kleinkind bereits ein Verständnis für Antiquitäten gehabt zu haben? Kinder bekritzelten mit ihren Farbstiften die schönsten und teuersten Möbel, würden sie die Eltern nicht davon abhalten. Und sie liegen und schlafen im Kinderwagen; ob dieser teuer gekauft, ein besonders originelles Modell, bezahlt oder gar gestohlen ist, kümmert sie überhaupt nicht. Sie schlafen darin tief und fest, wie Engel. Ganz anders ist unsere Beziehung zur Natur. Bäche, Wiesen, Blumen, Farben, Berge und vor allem Tiere kommen uns von Kindheit an vertraut vor, weil sie wie unser Organismus ein Stück Natur sind. Die Mitmenschen gehören selbstverständlich ebenfalls zur Natur. Sonst kämen wir uns in der Welt schon von Beginn an recht gottverlassen vor.

Die Beziehung zur Natur und zur Musik haben alle Menschen gleichermaßen im Grundprogramm. Darum lieben alle Menschen die Natur. Und es gibt keinen Menschen auf der Welt, der nicht irgendeine Art von Musik lieben würde. Bei den Objekten, die wir Menschen schaffen, ist es allerdings anders. Es gibt Leute, die Autos mögen, andere hassen sie. Es gibt Erwachsene, die verrückt nach Geld sind, das Licht der Welt erblicken alle Menschen mittellos. Es muß nicht jeder ein Briefmarkenliebhaber sein. Die Beziehung zum Sachwert kann von Generation zu Generation wechseln, ganz im Gegensatz zur grundsätzlichen Beziehung, die jeder Mensch zur Natur oder zur Musik hat.

Bildhaft eine Neuanpassung an die Umwelt realisieren

Ein Haus ist ein geeignetes Objekt, um seine Neuanpassung an die Objektwelt zu realisieren, weil das Haus ja auch die Personen, die darin wohnen, symbolisiert. Wir sagen in der Alltagssprache doch: »Ich haue dir eins aufs Dach.« Und wenn eine Sportmannschaft eine Niederlage einstecken mußte, so sagt man, sie habe »eins aufs Dach bekommen«.

Im Unterschied zu den bildhaften Einstellungen aus der Natur soll man bei vom Menschen geschaffenen Objekten darauf achten, daß ein Austausch realisiert wird. Wer an ein Haus denkt oder dieses bei konzentrativer Entspannung in der REM-Zone erlebt, wird erkennen, daß er ein Haus vor sich hat, das er leicht wiedererkennt. Nun soll es bildhaft so verändert werden, daß es schließlich ein Musterhaus ist, ein Haus also, mit dem keine besonderen Erlebnisse verbunden sind, weder aus der Jugend noch aus der Zeit von jetzt. Diese Bildveränderung ist mit viel Arbeit an sich selbst verbunden. Ein gutes Gefühl gibt stets ein Musterhaus ab, das gut bewohnbar, sehr individuell, aber gepflegt, freundlich und einladend ist. Der Eintritt ins Musterhaus soll stets komplikationslos sein. Und ein schönes Haus hat in der Regel mehr als drei Räume. So sagen wir es auch den Kindern, wenn wir wollen, daß sie ein schönes Haus zeichnen. Es hat eine Küche, ein geräumiges Wohnzimmer und schöne Schlafzimmer. Alle Räumlichkeiten in diesem Musterhaus sind zweckmäßig, natürlich sauber geputzt und aufgeräumt. Es sind Lebensmittelvorräte vorhanden, so daß man weiß, daß stets genügend zu essen da ist. Im Wohnzimmer ist es gemütlich und sehr wohnlich; im Schlafzimmer freundlich, hell und sonnig. Die Möblierung darf reichhaltig und geschmackvoll sein. In den Schränken gibt es Geschirr, Wäsche und Kleider. Wenn Menschen im Musterhaus sind – natürlich nicht die Verwandten und Bekannten, sondern einfach Menschen – so zeigen sie eine große Aktivität. Die Tendenz zum Verweilen im Musterhaus ist stark, und die eigene Stimmung ist bei dieser gelungenen bildhaften Einstellung gut, fast etwas euphorisch.

Die Angst, durch bildhafte Neueinstellung alte Beziehungen zu verlieren, ist unbegründet.

Es war Montagnachmittag um 16.00 Uhr. Ich fuhr mit meinem Wagen auf den Parkplatz einer Firma. Das Führungspersonal wartete bereits im großen Konferenzraum. In der Eingangshalle begrüßte ich die Damen an der Telefonzentrale. Sie lächelten etwas geübt, aber doch spürbar freundlich zurück. Mit dem Lift erreichte ich die Konferenzetage. Ich trat aus dem Lift in den Saal. Die Köpfe der Männer drehten sich kurz zu mir, ein leises Raunen ging durch die Menge. Aber der ganze Kader stand immer noch entlang der Fensterfront, und man diskutierte und debattierte: Worüber wohl? Natürlich über das Geschäft. Es sind nicht nur die Frauen, die gern viel reden. Die Männer stehen ihnen darin nicht nach. Nur heißt es bei ihnen eben anders: Männer führen wichtige Gespräche, verhandeln, machen ein »Brainstorming«. Und um innovative Kreativität und Entspannung zu trainieren, wurde ich als Kursleiter verpflichtet. Wir wollten heute mit dem Objekt *Haus* üben. Ich stand vor meinem Overheadprojektor. Das war zugleich das Signal, die Geschäftsgespräche zu beenden. Der Kurs begann. Sofort reagierten die Manager. Wortlos nahmen sie auf ihren Stühlen Platz. Schlagartig kann man das Gehirn um- und »wegschalten«. Die Natur liefert das Vorbild: im Lidschlag. Ohne daß wir es merken, schließen wir ab und zu einen Augenblick lang die Augenlider. Wir meinen, die Augen stets ganz offen zu halten. Aber achten Sie einmal selbst darauf. Sie machen die Lider immer wieder kurz zu. Das ist eine lebensnotwendige »Wegschaltung«. Durch kurzen Lidschluß wird der ganze Organismus einen Augenblick lang aus dem Rhythmus genommen. Dieser Lidschlag zeigt, wie jedes menschliche Leben pulsiert. Es verläuft niemals in einer geraden Linie.

So ist denn auch die bildhafte Einstellung eines Hauses pulsierend. Das Bild ist nicht einfach da, wie ein Tisch oder ein Stuhl. Bei der Übung mit den Managern ging es darum, sämtliche Räume eines Hauses, einschließlich des Kellers, bildhaft zu durchschreiten und die Möblierung dabei auszuräumen und anschließend komplett zu erneuern. Der Übende sollte zudem in jedem Raum, wenn dieser ganz leer war, einige Zeit verharren, um das Gefühl der Leere durchzuarbeiten. Nachdem die bildhafte Einstellung beendet war, wurde die Übung – ohne irgendwelche Restbilder – wie im autogenen Training zurückgenommen.

Die Übungsbesprechung eröffnete ein Teilnehmer mit einer ganz interessanten Bemerkung: »Mir gelang die Ausräumerei überhaupt nicht. Wenn ich bildhaft einen der Stühle wegtrug und in die Stube zurückkam, dann fand ich dort mehr Stühle als vorher. So hört das Wegtragen ja nie auf. Ich wurde dabei ganz unruhig. Von Wohlbefinden keine Spur mehr. Ich fiel dann aus der Vertiefung buchstäblich heraus. Aber ich muß hinzufügen, daß mir dasselbe auch häufig in Geschäftsdingen passiert. Wenn ich an ein Dossier denke, dann kommen mir fünf andere Arbeiten in den Sinn, und ich finde manchmal über das ganze Wochenende keine richtige Ruhe. Selbst auf Bergwanderungen, wo ich auf den Weg aufpassen sollte, kommt mir das Geschäft in den Kopf. Und wenn ich dann energisch werde und mich zur Vernunft rufe, bekomme ich Angst, ich könnte im Geschäftsleben den Faden verlieren.« Diese Angst ist unbegründet.

Das bildhafte Aus- und Einräumen von Räumlichkeiten ist Übungssache. Und es hilft, das Abschalten zu lernen. Man sollte sich dabei aber stets bewußt sein, daß das Gehirn von sich aus keine Entscheidungen treffen kann. Wer also kurz das Geschäft vergessen will, aber Angst hat, er könnte den Faden verlieren, muß es seinem Gehirn halt »sagen«. Zum Beispiel durch folgenden Gedankengang: »Jetzt mache ich eine Wanderung, das Geschäft bleibt solange fern, bis ich wieder darauf zurückkomme.« Damit weiß man, daß das Geschäftsprogramm jederzeit wieder hervorgeholt werden kann, und das Abschalten gelingt so leichter, sogar schlagartig.

Restbilder aus frühester Kindheit aus- und einschalten

Nach psychoanalytischer Erkenntnis durchlaufen wir Menschen drei wichtige Entwicklungsstadien: die orale Phase, die analsadistische und die genitale. Eine starke Persönlichkeit ist in der Lage, Verhaltensprogramme aus diesen Phasen wegzuschalten und, wenn nötig, wieder zurückzurufen. Der Neurotiker dagegen ist auf eine dieser Lebensphasen so fixiert, daß er glaubt, sein Gehirn nicht mehr richtig davon losbringen zu können.

Die orale Phase ist die Lebenszeit, in der wir verwöhnt, behütet und, wie früher schon erwähnt, verpflegt werden. Wir bekommen automatisch unsere Nahrung, das ist schön. Wir brauchen uns nicht darum zu kümmern, wo und wie der Erzieher die Nahrung für uns beschafft. Wir brauchen sie nur zu fordern und zu warten, bis er sie bringt. Eine Fixierung auf diese orale Zeit führt zum Bedürfnis nach engem Kontakt mit anderen Menschen, und daraus ergibt sich gerne der Wunsch, einen Beruf zu wählen, in dem man viel mit anderen Menschen zu tun hat. Personen, die gerne und oft auch gut reden, können oral fixiert sein. Die Verhaltensprogramme aus der oralen

Phase haben also nicht nur Nachteile. Es gibt ja nichts im Leben, das nur Vorteile oder nur Nachteile hat. Entscheidend ist die *Beweglichkeit.* Wenn eine orale Fixierung besteht, das heißt, wenn man zu gewissen Zeiten nicht von diesem Programm wegschalten kann, dann entstehen Neurosen. Der starke Raucher oder Trinker ist, wie schon oft gesagt, ein Neurotiker in diesem Sinne. Ob man also zu gewissen Zeiten neurotisch ist oder nicht, hängt allein von der Beweglichkeit in der Programmschaltung ab.

Ein junger Mann verliebte sich in ein Mädchen. Sie trafen sich, und es wurde viel über Liebe, Gott und die Welt geredet. Das Mädchen war begeistert. Sie hatte einen Mann gefunden, mit dem man reden konnte. Als die Beziehung tiefer wurde, meldete dieser junge Mann jedoch immer mehr Bedenken an. Jetzt fand er Fehler an ihr. Man sprach lange über diese Fehler. Dann wurde er wortkarg. Je vertrauter das Mädchen mit ihm werden wollte, desto nervöser und abweisender wurde er. Sie ließ darum von ihm ab. Zu einem vereinbarten Rendezvous kam sie nicht mehr. Er war jetzt furchtbar enttäuscht, schimpfte über die Frauen, und im Wirtshaus tröstete er sich mit Bier. Seine Freizeit verbrachte dieser junge Mann nach der Enttäuschung fast nur noch in Bars, wo er sich Wochenende für Wochenende betrank.

Natürlich lag das Problem nicht bei den Frauen. Es lag bei ihm, das heißt an seiner oralen Fixierung, was ihm leider nicht bewußt war.

Die nächste Entwicklungsstufe, die wir durchmachen und auf die man ebenfalls fixiert bleiben kann, ist die analsadistische Phase. Hans ist gerade so groß, daß er jetzt allein auf dem Töpfchen sitzen kann. Es ist Sonntag, und die Familie will zum üblichen Sonntagsspaziergang aufbrechen. Hans soll aber vorher noch seine »Sachen« machen. Die Eltern wollen nicht, daß er bei der nächsten Hausecke schon nasse Hosen hat. Hans genießt es, auf dem Töpfchen zu sitzen. Seine Mutter kommt unruhig herbei und schaut nach, ob schon etwas darin ist. Zu ihrem Ärger ist der Topf aber noch ganz leer. Sie drängt ihren Kleinen, sich zu beeilen. Aber jetzt läßt sich der Junge erst recht Zeit. Damit plagt er seine Mutter. Der Sauberkeitskampf ist das Grundprogramm der analsadistischen Phase.

Nun ist aus dem kleinen Hans ein junger Mann geworden. Hans hat es im Leben zu etwas gebracht. Er ist Direktor einer großen Firma, und er hat nun die Gewohnheit, sich pünktlich um 9 Uhr auf die Toilette zurückzuziehen, um in aller Ruhe »sein Geschäft« zu machen. Er will dabei nicht gestört werden; denn er nimmt sämtliche Tageszeitungen mit, die er, auf dem WC sitzend, liest. Manchmal nimmt er auch ein gutes Buch mit, und er »hockt« dann über eine halbe Stunde. Diese Zeit genießt er besonders.

Der analsadistisch Fixierte ist beruflich meist erfolgreich. Vor allem Berufe, bei denen Sauberkeit, Exaktheit und Disziplin wichtig sind, gefallen ihm. Aber das Privatleben leidet oft, weil eine analsadistische Fixierung im Unbewußten eine harmonische Beziehung nicht zuläßt. Der so Fixierte macht stets »spitze« Bemerkungen, und er hat die Angewohnheit, den Lebenspartner zu kritisieren und anzuklagen.

Die genitale Entwicklungsstufe wird beim Menschen in der Pubertät vorbereitet. Sie bedeutet die Ablösung vom Erzieher, und der Wunsch, selbst Kinder zu zeugen, kündigt sich an. Die Natur drängt zur Arterhaltung. Die Fähigkeit dazu ist von der Biologie her viel früher vorhanden, als dies von der westlichen Gesellschaft toleriert wird. Eine Aufschiebung wird verlangt. Unter 16 Jahren ist sexueller Verkehr bei uns in der Schweiz nicht erlaubt. Er ist sogar strafbar. Diese Aufschiebung bringt Probleme mit sich.

Ein Bauer hatte vier schöne Töchter. Ihnen schärfte er ein, den Knaben fernzubleiben. Er wollte verhindern, daß eine von ihnen zu früh Kinder bekam. Die älteste Tochter lernte aber mit 15 Jahren einen Südländer kennen. Sie war in den frühreifen jungen Mann unsterblich verliebt und wollte ihn später heiraten. Die Eltern sprachen ein Machtwort. Die Beziehung wurde mit allen verfügbaren Mitteln vereitelt. Die Tochter verlor schließlich ihren Geliebten aus den Augen. Sie wurde dann 25 Jahre alt, und die Eltern hofften nun, sie würde sich bald verheiraten. Aber jetzt hatte sie plötzlich Angst, sich auf eine Männerbeziehung fest einzulassen. Mögliche feste Beziehungen scheiterten immer an dieser Angst. Sie blieb unbewußt auf diese Angst fixiert. Eine Psychotherapie konnte ihr schließlich helfen, von dieser Fixierung loszukommen.

Geistige Beweglichkeit ist alles.

Man braucht schon eine recht gute und gesunde kritische Bereitschaft zur Selbstbeobachtung, um Fixierungen aus frühester Zeit überhaupt als solche zu erkennen. Denn im Laufe der Jahre werden sie durch neue Verhaltensprogramme zugedeckt. Ein analsadistisch Fixierter, der mit diesem Programm im Geschäftsleben Geld verdient, dessen Privatleben aber gescheitert ist, wird kaum zugeben, daß sein Programm schlecht sei. Er wird eher meinen, der Erfolg habe eben seinen Preis. Sein Privatleben ist der Preis. Das müßte natürlich nicht sein. Würde der beruflich Erfolgreiche, wenn er das Büro verläßt, auch ganz konsequent sein Programm ändern und sich sagen, daß jetzt eine andere Zeit beginne, die Freizeit, die Familienzeit, dann wäre damit der wichtigste Schritt zur Neueinstellung schon gemacht. Statt dessen aber bleibt er, solange ihm die Problematik nicht bewußt ist, auf seinem Berufsprogramm, und Probleme im Privatleben sind damit schon »vorprogrammiert«. So gibt es Offiziere, die ihre Familienmitglieder behandeln wie Soldaten, Ärzte und Krankenschwestern, die aus der Familie ein Spital machen wollen, und Abteilungsleiter, die frustriert sind, wenn sie zu Hause den Abfallsack wegtragen oder in der Küche helfen sollen. Das sei keine Arbeit für einen Vorgesetzten, meinen sie. Solche Arbeiten werden im Beruf ja auch delegiert. Aber das ist der springende Punkt: ein Privatleben ist anders als das Berufsleben. Jede Lebenssituation erfordert ein ganz bestimmtes Verhaltensprogramm. Geistige Beweglichkeit ist also verlangt.

Der Ängstliche wird immer wieder feststellen, daß ihn die Angst vorsichtig macht. Das ist der Vorteil der Angst. Ihr Nachteil ist, daß übertriebene Ängstlichkeit widernatürlich ist. Sie schafft Nervenprobleme, zwischenmenschliche Schwierigkeiten und Mißerfolge. Aber der übertrieben Ängstliche wird an seinem Programm gerne festhalten, eben weil er mit seiner Vorsicht Risiken ausschalten kann, die der Mensch von Natur aus jedoch eingehen muß, weil es im Leben vorwärtsgehen soll.

Der oral Fixierte wird erschreckt sein und vielleicht sogar böse werden, wenn man ihm sagt, er solle endlich etwas tun, statt nur darüber zu reden. Er wird einwenden, man müsse über Probleme reden; denn das macht er ja gerne. Und er wird sich lieber eine Zigarette nach der anderen anzünden, als sofort zur Tat schreiten. Erst die kritische Selbstbeobachtung deckt Fixierungen auf.

»Falsche« Bilder – »falsche« Gefühle

Wie wichtig die Bereitschaft zur kritischen Selbstbeobachtung und geistige Beweglichkeit wirklich sind, lehren uns die sogenannten »falschen« Bilder. Was ist damit gemeint?

Eine junge Mutter konnte ihre beiden Kinder nur in den Kindergarten begleiten, wenn sie sicher war, daß auf halbem Wege eine andere Mutter mit ihrem Kind auf sie wartete, oder wenn sie ganz sicher war, daß die Kindergärtnerin schon im Hause war. Ihre Angst begründete sie folgendermaßen: »Vor Jahren bin ich auf einer Auslandsreise unglücklich gestürzt. Es war kein Mensch weit und breit, so daß ich große Angst hatte. Nun befürchte ich, dasselbe könnte wieder passieren.« Aber es kann ganz unmöglich hier geschehen, denn erstens attestierte ihr der Hausarzt völlige Gesundheit und zweitens führt der Weg zum Kindergarten durch die Fußgängerzone einer Großstadt, wo es von früh bis spät nur so von Menschen wimmelt. Das »Falschbild«, hinzufallen und niemand könnte zur Stelle sein, der Hilfe holen würde, hat tiefere Gründe. Die Frau wurde außerehelich geboren, in den ersten Kindertagen zur Großmutter gebracht, die sie unter liebevollster, aber überängstlicher Zuwendung aufzog. In jener Phase der Überbehütung durfte sie keinen Schritt ohne die Begleitung des einen oder anderen Großelternteils tun. Aus dieser unbewußten Fixierung heraus entstand das »Falschbild« von heute: Sie hatte immer noch, jetzt selbst Mutter von zwei Kindern, das Gefühl, keinen Schritt ohne die Überwachung durch andere tun zu dürfen.

Mit einer Spitzenfußballmannschaft reiste ich im Bus zur gegnerischen Mannschaft. Im oberflächlichen Gespräch mit einigen Spielern hörte ich sie hinter vorgehaltener Hand sagen, man habe gegen diesen Gegner in den letzten Jahren nie gewonnen. »Ist das ein Grund, jetzt auch zu verlieren?« fragte ich vorsichtig. In der Tat denken die meisten Sportmannschaften, man müsse gegen ein Team zwangsläufig verlieren, das man letztes Mal nicht besiegen konnte. Das ist ein typisches »Falschbild«. Falsch ist dieses Bild deshalb, weil ja nichts in der Welt bleibt, sondern sich alles wandelt. Wie könnte eine Mannschaft nach einem Jahr noch dieselbe sein? Und Überraschungen gibt es überall, angefangen beim Wetter. Warum also nicht auch beim sportlichen Gegner?

»Falsche Bilder« sind das Produkt einer unbewußten Fixierung oder einer extremen nervlichen Anspannung. Wieso kann sich ein Erwachsener hartnäckig weigern, eine bestimmte Straße auf dem Fußgängerstreifen zu überqueren, etwas zu tun also, was tagtäglich Tausende machen? Weil er unbewußt auf eine bestimmte Angstvorstellung »fixiert« ist. Kann ein Erwachsener im Nichtschwimmerbekken eines Hallenbades ertrinken? Normalerweise nicht. Ein Kleinkind dagegen schon. Wenn sich ein Erwachsener also weigert, in das Nichtschwimmerbecken zu steigen und einen Augenblick lang seinen Kopf unter Wasser zu halten, dann ist er auf eine erzieherische Mahnung aus der Kleinkinderzeit fixiert und wird heute noch von einem »Falschbild« geplagt.

Wir wissen, daß Menschen in der Wüste überall Wasser sehen, wenn sie unter starkem Durst leiden. Solche Halluzinationen sind in Situationen extremster Nervenanspannung nicht selten. Bei großer Übermüdung sehen wir in manchem Schatten eine Person, die gerade um die Ecke gehuscht oder im Hausgang verschwunden ist. Das sind »falsche Bilder« als Folge von nervlicher Überbeanspruchung.

Ruhe und Entspannung wirken der nervlichen Überbeanspruchung entgegen. Eine ausgeglichene Gemütsverfassung ist im Leben durchaus kein schmückendes Beiwerk. Klar zu denken vermag vor allem derjenige, der sorgenfrei ist. Und Sorgen kann man sich auch machen, ohne daß ein Anlaß dazu besteht. Demzufolge kann man sich auch entsprechend frei von Sorgen machen. Ruhig zu leben, dem Leben seinen Lauf zu lassen und dabei die Nerven zu behalten ist sicher nicht immer ganz leicht. Aber es ist möglich und lernbar, eine Frage der Information auch.

Information beseitigt »Falschbilder«.

Das Aufkommen von »Falschbildern« und die damit verbundenen negativen Emotionen wie Angst gehen stets mit einem Mangel an Information oder der momentanen Unfähigkeit einher, Information aufzunehmen und zu verarbeiten. So empfindet ein Mensch, der die Verkehrsregeln nicht kennt, Angst beim Überqueren einer belebten Straße. Sobald er aber die Verkehrsregeln beherrscht, verliert er auch seine Angst.

Drogensüchtige erleben nur »Falschbilder«, weil die Sucht nicht in der Natur des Menschen liegt. Sie ist anerzogen. Und sie bricht darum erst später in der Entwicklung durch. Ich habe jedenfalls noch nie von einem normalen Kleinkind gehört, das nach einer Schachtel Zigaretten oder nach Drogen verlangt. Auch nach Alkohol haben Kinder noch kein Verlangen. Sucht ist also immer ein Fehlverhalten. Doch diese Information nimmt der Süchtige in der Regel nicht an. Und er hält darum auch das Bild, das er auf seinem Trip erlebt, für die

Realität, nicht für ein Trugbild. Er gleicht dabei einem Schützen, der sein Visier nicht richtig gestellt hat, auf eine Scheibe zielt und schon bei der Schußabgabe jubelt, weil er überzeugt ist, daß er richtig gezielt und darum ins Schwarze getroffen hat. Doch ein Treffer ist nur möglich, wenn das Visier richtig eingestellt wurde. Und wenn das menschliche Gehirn nicht richtig, der Natur entsprechend also, eingestellt ist, dann entsteht immer ein »Falschbild«.

Das Unterbewußtsein: »Sagen Sie mir alles, am liebsten natürlich das, was Sie nicht sagen wollen.«

Ich stieg aus einem Londoner Bus, überquerte die verkehrsreiche Straße und ging dann auf direktem Weg zu einem großen Haus. Die schmiedeeiserne Gartentür war offen. Ich stand vor der Eingangstür und klingelte. Die beleibte Putzfrau öffnete. »Guten Morgen«, sagte sie. Dann wechselten wir kein Wort mehr. Sie führte mich durch die Eingangshalle zum großen Zimmer. »Ich klopfe, wenn die Zeit vorbei ist«, sagte sie leise. Dann schloß sie die Türe ebenso leise hinter mir. Es war ganz still. Die Stille war unheimlich und feierlich zugleich. Ein ganz seltsames Gefühl beschlich mich. Schlagartig glaubte ich, ins letzte Jahrhundert geworfen zu sein. Meine Schultern hingen plötzlich herunter, mein Kopf neigte sich nach vorn, und ich glaubte, einen Bart und weiße Haare zu haben. Gelöst und gelassen ging ich wie der große Meister auf den Stuhl am Schreibtisch zu. Ich setzte mich bedächtig und wußte, daß ich nichts berühren durfte. Mein Blick schweifte umher. Ich sah die ägyptischen Bilder an der linken Wand und die Stapelstühle im Hintergrund. Hier saß ich nun, im weltberühmten Stuhl von Sigmund Freud, dem Begründer der Psychoanalyse. Ich durfte die Umgebung, die Freud 1939 für immer verlassen hat, auf mich wirken lassen. Oben im ersten Stock, in den ein Lift führte, den ich nie benutzen durfte, wartete Freuds schon betagte Tochter Anna auf mich – und natürlich die Couch mit der tiefen Grube, aus der man fast nicht mehr hochkommen konnte. Ein großer Gummibaum neigte sich einem über den Kopf, wenn man auf der Couch lag. Und ein Satz ging mir jetzt immer wieder durch den Kopf, ein Satz, den ich nie vergessen will: »Sagen Sie mir alles, am liebsten natürlich das, was sie nicht sagen wollen.« Mit diesen Worten soll Sigmund Freud stets seine Klienten empfangen haben, wenn sie zur Analyse antraten. Und genau diese Einstellung ist es, die zu den Bildern im Unterbewußtsein führt.

Aber das ist leichter gesagt als getan. Wer sein Unterbewußtsein schon einmal zu analysieren versuchte, weiß: Man erzählt gerne Oberflächliches, will sich auf keinen Fall sofort bloßstellen. Und wenn man dann zum Kern einer Sache vorgestoßen ist, dann meldet sich ein Unbehagen. Man empfindet Widerstände und will der Situation entfliehen. Aber gerade die Phase der Widerstände ist die günstigste Zeit zur Analyse. Doch genau dann wechseln die Klienten lieber den Helfer und beginnen ihre Analyse von vorn. So umgehen viele den unangenehmen Kern ihrer Probleme, die sie eigentlich lösen möchten.

Mit der Selbstanalyse verhält es sich ähnlich. Jeder möchte zwar wissen, was im eigenen Unterbewußtsein vor sich geht, wie es dort drin wirklich aussieht. Aber ein gewisses Unbehagen ist immer dabei, wenn es um das Unterbewußtsein geht.

Vielleicht haben Sie auch schon einmal eine Hellseherin oder einen Wahrsager aufgesucht, oder Sie lesen ab und zu Ihr Horoskop in der Tageszeitung. Sie möchten wissen, was Ihnen bevorsteht. Und doch besteht die Angst vor dem Ungewissen, oder nicht?

Selbst der Schnarcher wehrt sich, wenn er bezichtigt wird, den Schlaf des anderen durch seine Atmungsgeräusche gestört zu haben. Kein Schnarcher weiß, daß er tatsächlich die Nachtruhe des anderen »zersägt« hat. Und in der Regel will er es auch nicht wissen!

Auch Träume tun wir manchmal als reinen Unsinn ab. Doch bei diesem »Unsinn« handelt es sich um die unbewußten Bilder, die wichtiges Informationsmaterial darstellen. Nicht nur für den Analytiker, von dem manche meinen, er sei der einzige, der Träume deuten könne, sondern vor allem für uns selbst. In Wahrheit kann niemand Träume absolut zuverlässig deuten. Denn dazu müßte man die ganze Lebenswahrheit kennen. Doch wer will sich solches Wissen anmaßen? Das Leben ist immer noch ein Geheimnis, das wir hoffen, eines Tages zu entschleiern.

Ist das Unterbewußtsein wie der Meeresgrund?

Wenn wir etwas erklären wollen, das es zwar gibt, von dem wir aber keine ganz präzise Kenntnis haben können, brauchen wir Hilfsvorstellungen. Stellen Sie sich nun vor, daß sich hinter Ihrer Stirn der Sitz des Bewußtseins und des Willens befindet. Will jemand ein Ziel erreichen, dann sagen wir, er wolle mit dem Kopf durch die Wand. Oder wir sagen, man müsse dem anderen die Stirn bieten. Das heißt, sich dem anderen stellen. Wir erkennen auf dieser Ebene den Beta-Rhythmus (siehe dazu Abbildung 6 Seite 115).

Unter dieser Ebene liegt der Alpha-Rhythmus. Dort sind wir entspannt, dösig, verträumt, wir phantasieren und sind schläfrig. Darum kann man sich diese Tiefe etwa auf Schläfenhöhe vorstellen.

Auf der Augen-Ohren-Achse liegt die für das bildhafte Erleben so wichtige REM-Zone. Diese Zone hat ihre Bezeichnung, wie schon erwähnt, von den schnellen Augenbewegungen, die hinter den verschlossenen Augenlidern von Schlafenden stattfinden, wenn ihre Augen beim Träumen den Impulsen des Gehirns folgen. Wir wissen, daß das Sehzentrum im Hinterkopf liegt, und wir können uns leicht vorstellen, daß dann, wenn vom Gehirn eine Vorstellung produziert wird, der Impuls vom Hinterkopf bis zu den Augäpfeln gehen muß. Wenn wir jedoch einen Gegenstand mit offenen Augen betrachten, verläuft der Impulsweg offenbar genau umgekehrt. Aber immer ist das Auge mit einbezogen.

Unter der REM-Zone liegen noch weitere Ebenen. Wir können uns vorstellen, daß sich im inneren Bereich unterhalb des Ohres wichtige Zentren befinden, deren Informationsaufnahme wir nicht annähernd kennen. Wir bezeichnen sie als Theta-Zone und als Delta-Zone. Man vermutet auch noch die Existenz einer Gamma-Zone. Diesen Bereich stellen wir uns etwa dort vor, wo der Scharfrichter sein Schwert ansetzt, wenn er einen zum Tode Verurteilten zu enthaupten hat.

Will man nun konzentrativ in die Tiefe des Unterbewußtseins tauchen, um Information zu holen oder Neueinstellungen vorzunehmen, so gleicht dieser Eingriff einem Tauchgang auf den Meeresgrund. Und wie dieser, soll auch jedes Eintauchen in die Tiefe des Unterbewußtseins gut geplant und vor allem ganz genau nach Anweisung durchgeführt werden.

Auf keinen Fall nach dem Prinzip verfahren: »Mal sehen, was kommt.«

Noch weniger würde ein »verzweifeltes« Vertiefenwollen zum Erfolg führen. Von Gefahren, die in den Tiefen des Unterbewußtseins lauern, haben wir in der Kindheit genug gehört: in den Märchen. Wenn der Prinz seine Prinzessin finden und heiraten möchte, muß er zuerst einen langen Weg gehen und alle auf ihn lauernden Gefahren meistern. Er kennt den Zauberspruch oder das Zauberwort, und er weiß, daß er niemals vom richtigen Weg abweichen soll. Er darf keinen einzigen Fehler machen, sich niemals in Versuchung führen lassen. Er hätte niemals Zeit, aus Fehlern zu lernen. Er kann höchstens die Konsequenzen aus den Fehlern der anderen Prinzen ziehen, die vor ihm auf die Reise gegangen sind und das Ziel nie erreicht haben. Vor allem gefragt sind: Selbstbeherrschung sowie die Fähigkeit, Übereifer zu zügeln und der nervlichen Anspannung standzuhalten, am einmal gemachten Plan festzuhalten und bis zum Schluß Umsicht walten zu lassen.

Genau diese Grundeinstellung braucht man, um tief ins eigene Unbewußte vorzudringen. Bei ungenügend kritischer Einstellung würde Vorsicht in Übervorsicht ausarten, die von Unsicherheit und Zaghaftigkeit begleitet wäre. Damit könnte keine Tiefe erreicht werden.

Der Erfolg fällt in der Regel jenen zu, die Vorsicht mit Aktivität und dem Bemühen verbinden, die Initiative zu erkämpfen.

Das gilt sowohl für das Leben wie auch für die konzentrative Vertiefung. Mit der Einstellung »Ich tauche auf den Meeresgrund« treibt man nach der Realisierung der autogenen Unterstufe immer tiefer. Wie reagiert das Unterbewußtsein auf diese Einstellung? Selbstbewußt, nicht ängstlich, fähig, Übereifer und Neugierde zu zügeln, der nervlichen Anspannung standzuhalten, hält der Übende an seiner Einstellung »Ich tauche auf den Meeresgrund« fest. Er läßt bis zum Schluß der Vertiefung Umsicht walten. Vor allem aber verbindet er die Vorsicht mit Aktivität, und er ist stets bemüht, die Initiative zu erkämpfen. Sollte er Gefahr laufen, diese zu verlieren, geht er zurück an den Ort, von dem er ausgegangen ist und nimmt die Übung dann wie gewohnt zurück.

Doch warum diese Vorsicht? Kann man sich nicht einfach den Einstellungen des Unterbewußtseins überlassen? Nein, damit wäre eine Vertiefung nicht nur wertlos, sie könnte sogar schädigend sein. Stellen Sie sich vor, jemand wird in der Tiefe seines Unterbewußtseins von einer depressiven Grundeinstellung geplagt. Geht er nun in die Vertiefung, trifft er auf diese tiefliegende Depression. Wäre er jetzt nicht vorsichtig, aktiv und bemüht, die Initiative zu erkämpfen, würde ihn die depressive Einstellung so richtig »einpacken« und forttragen. Was wäre damit gewonnen? Er würde dem Märchenprinzen gleichen, der auf die Reise ging und dann irgendwo umkam.

Um sich die Initiative noch besser erkämpfen zu können, wird dem Übenden bei der klinischen Anleitung zu dieser Vertiefungsübung, der sogenannten Meeresgrundübung, empfohlen, sich einen Zauberstab in seiner Hand vorzustellen, mit dem Gefahren problemlos beseitigt werden können und alles zur Vertiefung Notwendige herbeigezaubert werden kann. Die Kunst besteht darin, den Zauberstab auch wirklich einzusetzen. Damit sei nochmals betont, wie wichtig die eigene Initiative im Umgang mit dem eigenen Unterbewußtsein ist.

Eine Frau, die die Unterstufe des autogenen Trainings recht gut realisieren konnte, vertiefte mit der Einstellung »Ich tauche auf den Meeresgrund« und beschrieb dann ihre Erlebnisse so: »Nachdem ich mir den Zauberstab in der Führungshand bildhaft vorgestellt hatte, ging ich bildhaft an einen Strand. Zuerst schaute ich über das weite Meer. Ein leichtes Unbehagen kam in mir auf, als ich mir vorstellte, daß ich jetzt auf den Grund des Meeres tauchen sollte. Der Gedanke an den Zauberstab aber beruhigte mich. Zu meiner Sicherheit wollte ich den Zauberstab testen. Ich wollte mit dem Stab das Wasser leicht berühren, dann sollte es sich so teilen, daß ich den Meeresgrund sehen konnte. Gesagt, getan. Kaum hatte ich an diese Möglichkeit gedacht und mit dem Stab das Wasser berührt, war ein Weg durch das Meer gezeichnet. Ich hätte vorwärts gehen können. Aber ich traute der Sache nicht ganz. Dann berührte ich das Wasser wieder mit dem Zauberstab, in der Absicht, den alten Zustand herzustellen. Kaum gedacht, war es schon passiert. Mich verblüffte die Schnelligkeit, mit der mein Gehirn bildhaft schalten konnte. Jetzt wollte ich tief tauchen. Ich sah mich sofort mit Flossen, Taucherbrille und Sauerstoffgeräten auf dem Rücken. Erstaunlicherweise hatte ich keine Angst. In Wirklichkeit kann ich nämlich nicht gut schwimmen, und ich bin noch nie in meinem Leben getaucht. Ich wollte jetzt sorgfältig tiefer treiben. Ich fühlte mich sehr wohl. Fische kamen mir entgegen, manchmal aber auch Gesichter von Menschen. Ich sah auch Häuser. Schemenhaft tauchten Erinnerungen aus der Jugend auf, die mich in Versuchung führen wollten. Die Gefahr, ihnen zu folgen, statt tiefer zu treiben, war groß. Aber ich konnte auf Vertiefungskurs bleiben. Auf einmal tauchte ein Flugzeug auf. Es war ein alter Doppeldecker. Ich hörte den Propellerlärm. Ich wunderte mich. Wie kommt ein gelber Doppeldecker auf den Meeresgrund? Er flog jetzt wie ein Kunstflieger schöne Figuren vor meinen Augen. Dann sah ich ein Gesicht. Ich erschrak, denn es war mein Gesicht. Ich trug eine braune Lederkappe und sah mich im Flugzeug sitzend ein Looping fliegen. Ich hatte keine Angst, obwohl es eine Maschine ohne Kabine war. Ich spürte förmlich die an meinem Gesicht vorbeiströmende Luft. Nun drehte sich das Flugzeug plötzlich nach unten, und ich konnte Baumwipfel erkennen. Das Flugzeug flog plötzlich so tief, daß die Spitzen der Wipfel mein Gesicht streiften. Da erinnerte ich mich an den Zauberstab. Ich wollte damit das Flugzeug in die normale Fluglage bringen. Aber das gelang nicht. Also versuchte ich, die Baumwipfel mit dem Zauberstab zu beseitigen. Aber auch das ging nicht. Der Stab klebte am Baum, und das Flugzeug drehte sich jetzt mit mir im Kreise, immer schneller, höllisch schnell sogar. Bevor es jedoch unangenehm werden konnte, zeigte ich Initiative: Kurzerhand beseitigte ich mit dem Zauberstab das ganze Bild. Nun sah ich mich wieder mit Flossen und den Flaschen auf dem Rücken schwimmen.

An dieser Stelle wollte ich die Vertiefung beenden. Ich tauchte auf und schaute wieder über das weite Meer. Am Strand stehend drehte ich mich vom Bild des Meeres ab. Dann wiederholte ich in Gedanken die Formeln des autogenen Trainings. Ich nahm die Übung dann wie gewohnt zurück.«

Was bedeutet die bildhafte Information?

Wenn man zwei Diapositive übereinanderlegt und sie zusammen an die Wand projiziert, erhält man kein richtiges Bild, sondern zwei Bilder in einem. Solche Verdichtungen erleben wir im Traumbild genauso wie in tiefgetriebener Versenkung. Um herauszufinden, welche Information das Bild im Kern trägt, wird das Bild in eine konzentrative Vertiefung mitgenommen, wo die Frage nach dem Inhalt des Bildes an das Unbewußte herangetragen wird. Beim obigen

Beispiel könnte die Frau fragen: »Was bedeutet das Flugzeug? Warum fliegt es auf dem Rücken? Warum klebt der Zauberstab am Baum?« Die Antwort steigt auch bildhaft aus dem Unbewußten auf. Jedes aufkommende Bild soll dann mit einer entsprechenden Frage so lange an das Unbewußte zurückgegeben werden, *bis das allen bekannte Aha-Erlebnis eintritt.*

Dieses Erlebnis ist stets ein Zeichen dafür, daß eine Information entschlüsselt worden ist.

Von den Bildern des Unbewußten, über Gehirn und Computer sprach ich auch in einem Vortrag in einer Schulhausaula, die fast bis auf den letzten Platz gefüllt war. Anschließend an meine Ausführungen wollten wir eine bildhafte Übertragung realisieren. Zu diesem meinem Zwecke mußte die Hälfte der Zuhörer für kurze Zeit den Saal verlassen. Der anderen Hälfte, die im Saal zurückgeblieben war, projizierte ich mit einem Overheadprojektor fünf verschiedene Zeichnungen auf eine große Leinwand. Die Zeichnungen waren numeriert. So wurde also nur von Nummern und nie von Bildern gesprochen; von den Teilnehmern, die den Saal verlassen hatten, konnte also niemand über den Inhalt der Zeichnungen Bescheid wissen. Die Gruppe mußte ein Bild wählen und entschied sich für Nr. 3. Das war ein Blumenstrauß in einer schönen Vase. Nun wurde das Bild vom Projektor weggenommen. Der andere Teil des Publikums kam in den Saal zurück, und die Vertiefung begann. Die eine Hälfte sollte sich nun Bild Nr. 3 konzentrativ vergegenwärtigen; die andere Hälfte mußte sich so gut wie möglich entspannen und bei geschlossenen Augen das Unbewußte fragen. Die Frage lautete ganz einfach: »An was denkt jetzt die andere Hälfte der Anwesenden?«

Etwa zehn Minuten lang war es totenstill im Saal. Man hätte ein Blatt Papier fallen hören. Kaum war die Übung zurückgenommen, erhob sich im Hintergrund ein etwa 60jähriger Mann, und in der Art, wie Kinder drängen, wenn sie unbedingt etwas sagen wollen, rief er in den Saal: »Ich bin absolut sicher. Ich habe es. Das muß es sein. Kaum hatte ich die Augen geschlossen, tauchte das Bild auf. Es war ein wunderschönes Stilleben, ein Blumenstrauß in einer Vase. Ich sehe jetzt noch die Farben vor mir.« Er zitterte vor Aufregung. Er hatte sein Aha-Erlebnis.

Die Leute im Saal schauten sich fragend an, einige nickten, andere konnten es einfach nicht begreifen, daß man so leicht *bildhaft übertragen* kann. Wenn man sich vorstellt, daß unsere Gehirne im Grunde genau gleich sind, auch in bezug auf alle elektrischen Schwingungen (siehe wieder Abbildung 6 Seite 115), dann ist bei abgesenkter Bewußtseinslage einer Gruppe die bildhafte Übertragung auf eine ebenfalls abgesenkte Empfangsgruppe kein Problem. Schwierigkeiten verursachen können lediglich die Konzentration bei der einen, die Deutung der Information bei der anderen Gruppe. Versuchen Sie nur selbst einmal, bei geschlossenen Augen immer an den genau gleichen Blumenstrauß zu denken. Das ist gar nicht so einfach. Die Konzentration will nachlassen, die Gedanken schweifen ab. Manchmal sehen und übertragen wir nur die Farbe einer Blume, dann wieder nur ihre Form, plötzlich den ganzen Strauß, schließlich bloß die Vase und dann wieder nur eine Farbe. Der Empfänger hat es auch nicht leichter. Manchmal erlebt er die Vase und ist damit geneigt, einen Gegenstand auszumachen, dann sieht er nur eine Farbeinstellung, die sein Gehirn mit jedem beliebigen Gegenstand verbinden kann. So kann aus einer gelben Sonnenblume die gelbe Sonne werden, und schon ist die Übertragung in Frage gestellt. Maßstab für die Richtigkeit der Information ist demzufolge das Aha-Erlebnis.

In seiner großartigen Laufbahn hat der jetzt in der Schweiz lebende russische Weltklasseschachspieler Viktor Kortschnoi oftmals großes Aufsehen erregt. Nicht nur wegen seines außergewöhnlichen Schachspiels, sondern auch wegen seiner großen Empfindlichkeit gegenüber Fremdeinflüssen. Der Exilrusse fürchtete vor allem bei seinen Kämpfen um die Schachweltmeisterschaft Fremdeinflüsse, und er ist überzeugt, daß ihn sein Angstgegner Anatolo Karpov nur mit dieser Hilfe überhaupt besiegen konnte.

1983 hatte ich dann selbst Gelegenheit, Kortschnoi im Wettkampf mitzuerleben. Als sein psychologischer Berater – ich verrate hier kein Geheimnis, die Presse berichtete darüber – konnte ich etwas beobachten, was man sonst als gewöhnlicher Sterblicher nie so direkt miterlebt: das Gehirn eines genialen Schach-Vizeweltmeisters im Einsatz. In jener Situation konnte ich plötzlich jede Stellung auf dem Schachbrett deuten. Normalerweise reichen meine Schachkenntnisse nur für den Hausgebrauch. Aber jetzt konnte ich Kortschnois Partien mitverfolgen und jederzeit sagen, ob er auf Gewinn stand oder nicht. Ich fühlte es. Auch die Züge, die er machen würde, konnte ich in der Regel voraussehen, wobei ich immer wieder hervorheben muß, daß ich kein geübter Schachspieler bin.

Nun kann man sich leicht vorstellen, wie sich zwei Weltklasseschachspieler am Brett voreinander verbergen müssen, damit der eine nicht »sieht«, was der andere vorhat. Die Tarnung der eigenen Absichten ist ein wichtiger Teil des psychologischen Kampfes.

Aber große Meister sehen auch hinter diese Tarnung. Kortschnoi erzählte mir in Bad Kissingen: »Gestern analysierte ich mit meinen Helfern die Hängepartie (= vorläufig abgebrochene Schachpartie). Aber wir fanden einfach den siegbringenden Zug nicht. Heute kam ich ans Brett, und ich sah im trüben Gesicht des Gegners, daß er wußte, daß ich diese Partie gewinnen konnte. Ich sah, daß er verzweifelt versuchte, nicht an den besten Zug zu denken, den ich jetzt machen konnte. Doch ich blieb ganz ruhig. Die Gedankenübertragung funktionierte. Plötzlich hatte ich den richtigen Einfall. Ich machte den Zug und gewann.« Der Großmeister wurde ein paar Monate später dann aber selbst Opfer eines Schachspielers, der meisterhaft bildhafte Einstellungen aus dem Unbewußten der Gegner holen kann. Es ist dies der nun amtierende Schachweltmeister Garri Kasparov. Ich habe auch Kasparov erlebt und muß gestehen: Es ist schier unglaublich, wie gut er bildhaft übernehmen kann. Der englische Schachgroßmeister Miles, auch kein Anfänger in diesem Beruf, sagte, nachdem ihn der Weltmeister im Spiel deklassiert hatte: »Das war kein Mensch, der mir am Brett gegenüber saß. Das war ein Ungeheuer mit tausend Armen.« Und der Russe Kotow hat den Einfluß des früheren Schachgenies Fisher auf seine Partner anschaulich beschrieben: »Ich habe in Vancouver das Spiel von Taimanow und Fisher aufmerksam beobachtet. Ich selbst bin ein unverbesserlicher schachlicher Draufgänger gewesen, was mir oft geschadet hat. Aber ich habe mich vor niemandem gefürchtet. Doch Ehrenwort, wenn ich gegen Fisher zu spielen hätte, wäre ich wahrscheinlich ebenfalls eingeschüchtert. Dieses ständig drohend über dem Schachbrett lauernde Gesicht eines Fanatikers, die brennenden Augen, *die Entrücktheit* von der äußeren Welt, diese langen Finger, die deine Bauern und Figuren vom Brett nehmen . . . und die Gegner Fishers verlieren die Kontrolle über sich selbst.«

Kann man andere bildhaft beeinflussen?

Ich habe aus der Welt des Schachspiels berichtet, weil ich die obige Frage anhand des Schachspiels klar beantworten kann. Denn die meisten Lebensgrundsätze gelten uneingeschränkt auch für das Schachspiel. Darum ist dieses von so hohem erzieherischen Wert. Und nun die Antwort: Sie kennen bestimmt das Schachbrett und wissen, daß jeder Spieler eine Linie mit acht Bauern und dahinter acht schwere Figuren hat, nämlich zwei Türme, zwei Pferde, zwei Läufer, die Dame und den König. Das Schachbrett hat 64 Felder, 32 weiße und 32 dunkle. Nun darf aber kein Schachspieler die Figuren des Gegners bewegen, nur seine eigenen. Wenn ein Spieler seine eigenen Figuren bewegt, entsteht dadurch allerdings auch für den Gegner eine neue Situation. Das heißt also, wenn ich diese Weisheit wieder auf das Leben übertrage:

Jede geistige Einstellungsänderung, die man im eigenen Leben vornimmt, hat zwangsläufig auch Folgen auf die Position der Mitmenschen.

Eine Mutter von zwei fast erwachsenen Söhnen suchte mich auf, weil sie ihre Migräne mit Hilfe des autogenen Trainings beseitigen wollte. Nach der Übung unterhielten wir uns noch kurz, und sie fand die Unterredung so interessant, daß sie ihren gewohnten Bus verpaßte. Jetzt wurde sie sichtlich nervös. Sie sagte: »Meine Männer warten zu Hause, und ich bin nicht dort. Jetzt muß ich ein Taxi nehmen.« »Aber Ihre Männer sind doch alt genug, um sich selbst zu verpflegen. Man darf Männer nicht zu sehr verwöhnen«, sagte ich. »Trinken Sie in aller Ruhe eine Tasse Kaffee, und nehmen Sie den nächsten Bus. Das würde ich wagen«, suggerierte ich weiter. Sie wagte es. Aber diese Haltungsänderung kostete sie sichtlich sehr große Überwindung. Als sie verspätet nach Hause kam, fand sie ihre beiden Söhne mit dem Vater in der Küche, die Wintermäntel noch nicht ausgezogen. Sie beratschlagten, wie man ein Mittagessen auf den Tisch bringen könnte. Und siehe da: Von diesem Tag an interessierten sie sich vermehrt für die Arbeit in der Küche!

Aber kann man denn auch gegen den Willen des anderen bildhaft beeinflussen? Sie können es versuchen. Vielleicht probieren Sie es einmal mit Ihrem Bankangestellten. Sie stellen sich vor, daß er Ihnen Ihren Monatslohn regelmäßig auf Ihr Konto überweist. Dann brauchen Sie nicht mehr zu arbeiten. Glauben Sie, daß das möglich ist? – Wenn dem so wäre, müßte das der Tatbestand von Freiheitsberaubung sein. Der Bankangestellte wäre in diesem Fall als Mensch nicht mehr frei. Stellen Sie sich vor, wie mit dieser Fähigkeit Mißbrauch getrieben würde! Am besten und leichtesten sind die Mitmenschen zu beeinflussen, wenn man selbst durch und durch positiv denkt.

Positives Denken

Das positive Denken beruht auf zwei Säulen: Die eine ist die sachliche Beurteilung der jeweiligen Lebenslage. Die andere ist das bildhafte Vergegenwärtigen und Programmieren von Möglichkeiten.

Die sachliche Beurteilung der jeweiligen Lebenslage

Lassen Sie mich ein Beispiel für das Prinzip der sachlichen Beurteilung der jeweiligen Lebenslage geben: Wenn eine Seilschaft, die Eigernordwand durchsteigen will, dann kann sie alles minuziös vorbereiten. Eine Ungewißheit bleibt jedoch immer bestehen: das Wetter. Wenn nun die Seilschaft in die Wand eingestiegen ist und das Wetter entgegen der Prognose plötzlich umschlägt, so müssen die Kletterer die Lage völlig neu beurteilen und vielleicht sogar den Entschluß fassen abzusteigen. Selbst dann, wenn alle an dieser Seilschaft Beteiligten von positivem Denken viel gelesen und darum fest in ihr Gehirn einprogrammiert hätten, daß der Gipfel erreicht werde, müßten sie absteigen. Denn ein Weitersteigen, das ins Verderben führen könnte, hätte mit positivem Denken nichts mehr zu tun. Das wäre eine klare Fehleinschätzung der Lage oder pseudopositiver Fanatismus (ein etwas komplizierter Ausdruck für Dummheit).

Es ist natürlich bedeutend schwieriger, eine Lebenslage einzuschätzen, wenn man sie gerade erlebt, als später zu einer sachlichen Einschätzung zu gelangen, wenn man unter angenehmen häuslichen Bedingungen über einen Lebensabschnitt oder einen Lebensaugenblick nachdenkt. Solches häusliches Nachdenken kann dazu führen, daß man zu spät erkannten Gelegenheiten im Leben nachtrauert. Das wiederum erschwert die sachliche Beurteilung der momentanen Lebenssituation erheblich.

Es kann zu einer geradezu üblen Gewohnheit werden, in einer bestimmten Lebenssituation stets den zu spät erkannten Gelegenheiten nachzutrauern.

Der Lauf des Lebens ist niemals ein schnurgerader Aufstieg zum Gipfel. Der Lebensweg eines jeden von uns ist vielmehr ein ständiges Auf und Ab. Es gibt im Leben niemals nur Erfolge. Viele Mißerfolge sind sogar eingeplant. Denken Sie an einen Hochspringer: Er steigert die Höhe, bis die Latte fällt. Dann hat er seine Leistungsgrenze erreicht. Je nachdem, wie ein abwärtsführender Abschnitt im Leben verarbeitet wird, fällt auch der Erfolg aus. Man kann, wenn es einmal nicht schön aufwärtsgeht, sofort demoralisiert sein, verzagt und unsicher werden. Von Natur aus aber ist der Mensch anders veranlagt: Er findet rasch seine Gemütsverfassung wieder. Die Unternehmungslust liegt in unserer Natur. Erfolgreiche Menschen zeichnen sich in der Regel dadurch aus, daß sie gut über Niederlagen hinwegkommen, weil sie ihre Lebenslage stets neu zu beurteilen vermögen.

Man kann die Schuld für eine bestimmte Lebenslage bei sich selbst suchen oder aber anderen zuschieben. Die kritische Selbstbeurteilung einer bestimmten Lebenslage ist aber erschwert, wenn man die Fehler bei anderen sucht. Letzteres ist zudem ein recht sinnloses Unterfangen.

Wir haben gehört, daß auch der Schachspieler nur seine eigenen Figuren bewegen kann, niemals diejenigen seiner Gegner. Genauso kann man im Leben eine Situation nur dadurch beeinflussen, daß man sich im Unterbewußtsein neu darauf einstellt. Wer verzweifelt versucht, den Mitmenschen anders einzustellen, schadet sich selbst am meisten. Seine »Figuren« können von uns nicht berührt werden. Wie heißt doch der bekannte Ausspruch? Richtig: Selbsterkenntnis ist der erste Schritt zur Besserung.

Die sachliche Beurteilung der jeweiligen Lebenslage kann auch dadurch erschwert werden, daß wir bestrebt sind, andere Menschen und ihren Lebenslauf nachzuahmen.

Es ist nicht nur Unsinn, ein fremdes Leben nachahmen zu wollen, es ist ebenso aussichtslos, dadurch zum Erfolg zu gelangen, ebenso wie es unmöglich ist, durch Passivität das Leben zu meistern. Auf verhängnisvolle Art wächst die Initiative der lebensaktiven Menschen direkt proportional zur Passivität der anderen. Zugleich erhöht sich auf der aktiven Seite das Selbstvertrauen, und auf der anderen Seite nimmt es entsprechend ab.

Natürlich kann ein gründliches Studium der Biographien von anderen Menschen von großem Nutzen sein. Man wiederholt dann vielleicht nicht dieselben Fehler. Aber es ist grundsätzlich falsch, andere nachzuahmen, weil keine Lebenssituation genauso ist wie die andere. Eine Kopie hat übrigens auch in der Kunst niemals den Wert eines Originals.

Manchmal wird die sachliche Beurteilung der jeweiligen Lebenslage auch dadurch erschwert, daß man dazu neigt, die eigenen Chancen als zu rosig zu beurteilen und nur die eigenen Lebensumstände in Betracht zu ziehen.

Die Mitmenschen, die ja auch leben und Erfolg haben wollen, werden dabei oft vergessen. Ebenso die Tatsache, daß die eigene Lebenszeit begrenzt ist. Man meint, das gelte nur für die anderen. Es ist jedoch Selbsttäuschung, wenn man glaubt, daß die Lebenszeit ungleichmäßig verstreicht, sehr schnell für die Mitmenschen und viel langsamer für einen selbst.

Das Leben verlangt stets Selbstbeherrschung und Härte gegen sich selbst. Manchmal fehlt eine ausreichende Selbstkontrolle. Dadurch entsteht eine sture, starre und einseitige Ausrichtung des Denkens. Es fehlt die Streuung. Das erschwert die objektive Beurteilung einer Lebenssituation. Sie wird in diesem Falle zu eng und zu kleinkariert gesehen.

Auch das entgegengesetzte Extrem ist möglich. Das Denken läuft dann völlig ungeordnet ab. Man ist zerfahren. In diesem Falle gelingt es nicht, sich tief und eindringlich auf eine bestimmte Idee zu konzentrieren.

Unsichere Menschen und übertrieben gewissenhafte zeigen oft diese ungenügende Streuung des Denkens. Sie haben zwar *eine* Idee, aber sie betrachten nur diese eine Lebensidee von allen Seiten und verlieren so andere Möglichkeiten aus dem Auge. Es sind meist Grübler, die mit ihrem Nachgrübeln sehr viel von ihrer kostbaren Zeit und Kraft verbrauchen.

Allzu großes Selbstbewußtsein und Oberflächlichkeit sind das andere Extrem. Wo das Denken übermäßig weite Streuung zeigt, fehlt die Suche nach dem Verborgenen, dem Wesentlichen und Originellen. Solche Menschen vertrauen zu sehr einer oberflächlichen Einschätzung der Lebenslage. Sie stützen sich gerne und lieber auf ihr schnelles und intuitives »Sehvermögen« als auf eine gründliche logische Analyse der Lebenssituation. Eine derartige Lebensweise engt das Schöpferische im Leben ein, untergräbt die Einheitlichkeit und vor allem die Planmäßigkeit im Leben. Es sind Menschen, denen alles Planmäßige zuwider ist. Sie »sehen« und erleben zwar viel, aber sie sind nicht in der Lage, Hauptsächliches von Nebensächlichem zu unterscheiden. Ihre zu weite Streuung des Denkens verhindert dies.

Falsche Eigenliebe und die Abneigung, ein Versehen einzugestehen, können zur Folge haben, daß sich eine fortlaufend falsche Beurteilung der jeweiligen Lebenslage hartnäckig in einem Menschen festsetzt. Auf diese Weise kommt häufig eine eigenartige, psychologisch aber durchaus erklärbare Kettenreaktion zustande, bei der eine Fehlentscheidung die nächste nach sich zieht. Als Ergebnis geht es mit seinem Leben unaufhaltsam bergab. Der Volksmund sagt dazu: »Ein Unglück kommt selten allein!«

Das Leben verlangt Entschlossenheit.

Kühnheit, Risikofreudigkeit und zugleich Verantwortungsgefühl bei der Entscheidungsfindung sowie eine gewisse Vorsicht sind nötig. All das bringt oft eine eigenartige Mischung in der Art eines »vorsichtigen Wagemutes« hervor und führt zu einer bestimmten Art von Rationalismus. Von Erfolgreichen hört man selten unnützes Bedauern über ungenutzte Möglichkeiten. Sie sind sich der realen Lage immer bewußt. Was passiert ist, ist vergangen. Ein Zurück gibt es im Leben sowieso nicht. Vorwärts heißt darum die Devise. Und nie aufgeben, bevor nicht unwiderruflich und endgültig feststeht, daß die Lage hoffnungslos und darum eine Neuorientierung notwendig ist.

Wenn Sie glauben, daß ein Schritt in Ihrem Leben getan werden muß, dann machen Sie ihn.

Dem positiven Denken muß spontan die Tat folgen. Die Devise lautet: Mit voller Kraft leben. Erwachsene bremsen oft unnötig ab. Sie halten sich zurück. Ganz im Gegensatz zu Kindern. Fährt ein Vater mit seinem Sohne auf dem Jahrmarkt Achterbahn, dann wohl meistens deswegen, weil ihn der Sohn dazu gedrängt hat. Der Vater ist in der Regel nur der Nachgebende, der seinem Sohn den Gefallen tun will. Darum klammert er sich auch an seinem Sitz fest, in der

Hoffnung, die Fahrt möge bald beendet sein. Ganz im Gegenteil zu seinem Jungen, der fröhlich und frei, mit lautem Geschrei und winkend die Berg- und Talfahrt genießt. So kann man auch das Leben genießen.

Die Ursache für menschliche Fehlleistungen liegt stets in einem mangelhaften Vertrauen auf sich selbst, einem Mangel an Entschlossenheit oder umgekehrt in einem Zuviel davon, was schließlich zu einer falschen Beurteilung der Lebenssituation führt.

Bei der großen Auswahl an Lebensmöglichkeiten die interessanteste und gehaltvollste zu finden, ist nicht immer ganz leicht, aber das ist es, was das Leben doch eigentlich lebenswert und reizvoll macht. Wir sollten dabei stets auch bedenken, daß wir nicht immer nur mit oder gegen unsere Mitmenschen, sondern unser eigenes Schicksal leben und in erster Linie unsere individuelle Lebensaufgabe erfüllen. Das Eindringen in die Pläne der Natur ist nicht so einfach. Würde man ohne weiteres erraten, was die Natur mit einem vorhat, könnte dies vielleicht zu mehr Selbstvertrauen führen. Lebenssituationen könnten dann natürlich leichter beurteilt werden.

Die meisten Menschen verstehen oder wissen grundsätzlich, was sie zu tun haben, doch sie vermögen es nicht praktisch umzusetzen.

Die bildhafte Vergegenwärtigung und Einprogrammierung von Möglichkeiten

Damit bin ich bei der zweiten Säule des positiven Denkens, bei der bildhaften Vergegenwärtigung und Programmierung von Möglichkeiten. Die erste Säule ist bekanntlich die sachliche Beurteilung der jeweiligen Lebenslage. Eine Lebenslage ist in der Regel niemals so bedrohlich, wie es oft den Anschein macht. Das müssen wir als Grundregel annehmen. Wäre dem nicht so, dann müßte der Schöpfer des Universums ein besonders bösartiges Wesen sein. Denn Hand aufs Herz: Haben Sie nicht auch ein etwas mulmiges Gefühl, wenn Ihre Hauskatze mit einer Maus spielt und sie dann nach langem Hin und Her tötet und frißt? Die Lage der Maus kann nicht so bedrohlich sein, wie es für uns den Anschein hat. Oder meinen Sie nicht auch? In Wahrheit wissen wir es natürlich nicht. Wir könnten dazu aber unser Unterbewußtsein befragen. Dieses sollte die Antwort eigentlich kennen. Oder vielleicht nicht? Weiß das menschliche Unterbewußtsein alles, oder weiß es nicht alles? Kennt der Mensch den Schöpfer der Dinge, oder kennt er ihn vielleicht doch nicht? Diesen Fragenkreis will ich nun eingrenzen auf das menschliche Gehirn. Dabei neige ich mehr zur Ansicht, daß das menschliche Gehirn lediglich diejenige Information bewußt oder auch unbewußt aufnehmen kann, die für die jeweilige Lebensaufgabe des Individuums notwendig ist. Mehr nicht. Ich glaube auch, daß wir unser Gehirn beliebig lange mit Informationen bombardieren könnten; es wird dem Menschen vermutlich nie gelingen - auch mit Drogen nicht -, dieses Organ so zu richten und einzustellen, daß es ein Antlitz seines Schöpfers erkennen könnte. Dieser zeigt sich aber an den stets und überall gültigen geistigen Gesetzen, den Naturgesetzen. Und wir tun gut daran, diese Gesetze bedingungslos zu respektieren.

Eines dieser Gesetze lautet, daß, wenn die Einstellungen des Bewußtseins mit den Bestrebungen des Unterbewußtseins nicht im Einklang sind, das Unterbewußtsein stets die Oberhand hat.

Daher ist eine sachliche Beurteilung der jeweiligen Lebenssituation nur möglich, wenn das Unterbewußtsein ins Kalkül mit einbezogen wird. Man tut wirklich gut daran, es nicht zu ignorieren. Denn es steuert unser Leben.

Zur Befragung des Unterbewußtseins gibt es ebenso viele Möglichkeiten wie Wege. Man kann sich in tiefgetriebener Versenkung zum Beispiel ein Loch in einem Sumpf vergegenwärtigen. Und dann hinzufügen: »Aus dem tiefen Loch steigen nun Bilder auf, und die Bilder zeigen mir die verschiedenen Möglichkeiten, die ich habe, wie ich mich in einer bestimmten Situation von Natur aus am besten zu verhalten habe.«

Oder man vergegenwärtigt sich in einer abgesenkten Bewußtseinslage eine Kiste im Keller eines Hauses. Dann nimmt man sich vor, die Kiste zu öffnen, um bildhaft zu erkennen, wie die Lösung eines bestimmten Problems möglich sei. Jetzt erst wird die Kiste geöffnet!

Manche besteigen bildhaft einen Berg. Dort wollen sie einem Weisen begegnen. An ihn richten sie die Frage. Man kann in seiner bildhaften Vertiefung auch einen Kompaß zu Hilfe nehmen, sehen, wohin die Nadel zeigt und dabei die Frage stellen, wie es mit dem Leben weitergehen könne.

Antworten auf solche Fragen sind für unsere Lebenspraxis von großer Bedeutung. Das Unterbewußtsein muß über alle Informationen verfügen, die zur Lebensbewältigung notwendig sind. Das ist sicher. Aber diese Informationen brauchen wir im Bewußtsein, wenn wir das, was wir bewußt tun möchten, richtig in die Tat umsetzen wollen. An den Einstellungen des Unterbewußtseins führt kein Weg vorbei. *Aber wir können auch bildhaft Möglichkeiten ins Unterbewußtsein einprogrammieren.*

Ein weltbekannter Leichtathlet stellte sich in tiefgetriebener Versenkung vor, wie ein Gepard über die Hochsprunglatte zu springen: schnell, spritzig, elegant. Wir wissen, daß ein Gepard das Mehrfache seiner Körpergröße spielend leicht aus dem Stand überspringen kann. Mit dieser Vorstellung wollte der Sportler ohne allzu intensives körperliches Training zum Erfolg kommen. Und er schaffte es tatsächlich. Nachdem er etwa fünf Monate lang mit dieser Vorstellung gearbeitet hatte, war sie so tief in seinem Unbewußten programmiert, daß er nur noch ganz bewußt das auslösende Signal, ein deutliches Fingerschnippen, geben mußte, um das Programm zu starten. Die bildhafte Einstellung beeinflußte dann sofort seinen Gesichtsausdruck und seine Gebärden. Er nahm Anlauf und sprang wahrhaftig völlig locker wie ein Gepard über die Latte.

Doch wozu dieses Signal, das Fingerschnippen? Wenn ein solches Bild im Unbewußten ist, genauer gesagt, in der rechten Hemisphäre des Gehirns, dann ist es wichtig, daß es nicht plötzlich ungewollt auf die Motorik übergreift. Stellen Sie sich vor, was die Leute denken würden, wenn dieser Sportler plötzlich wie ein Gepard in die Straßenbahn einsteigen und sich dort entsprechend gebärden würde? Man würde ihn für verrückt halten. Ein einmal tief ins Gehirn einprogrammiertes Bild soll darum mit einem bewußt auszulösenden Signal verbunden sein.

Es gibt zahlreiche praktische Bilder, die, tief ins Gehirn eingegraben, echte Lebenshilfen sein können. Wer *kontaktfreudiger* sein will, kann bildhaft Tennis spielen mit seiner Frau, dem Vorgesetzten oder mit einem Tennislehrer. Wenn sich dieses Bild tief genug ins Gehirn eingegraben hat, macht es automatisch kontaktfreudiger.

Vielleicht kennen Sie das Frisbee. Das ist eine kleine, runde Scheibe aus Plastik, die sich Menschen in Freizeitanlagen zuwerfen. Das Frisbee ist ein Gegenstand, der sich optisch gut vergegenwärtigen läßt, weil er langsamer durch die Luft fliegt als zum Beispiel ein Tennisball.

Vorstellungen, die Menschen in Harmonie miteinander sehen,

machen im Unterbewußtsein kontaktfreudiger, genauso, wie einen die Farbe Grün ruhiger und gelassener macht.

Wenn man allgemeine *Schwierigkeiten lösen* will, kann die bildhafte Einstellung ein fester Knoten sein, den man nun bildhaft löst.

Wer *Sicherheit, Zuversicht und Selbstvertrauen* anstrebt, übt in tiefer Entspannung bildhaft zum Beispiel so: Er stellt sich vor, er schwimme in stürmischer See. Er verbindet diese bildhafte Einstellung aber mit dem Gedanken: »Ich finde stets einen sicheren Halt.« Diese bildhafte Einstellung ist besonders interessant, weil kein normaler Erzieher sein Kind auffordert, in die stürmische See hinauszuschwimmen. Im Gegenteil, er wird ihm verbieten, dies zu tun. Wer sich eine solche bildhafte Einstellung vergegenwärtigen will, muß also mit Widerständen aus dem Unterbewußtsein rechnen, die sich darin äußern, daß er beträchtliche Mühe haben wird, richtig ins Bild zu kommen. Statt bildhaft in stürmischer See zu schwimmen, paddelt der Übende vielleicht nur irgendwo in einem Kinderschwimmbecken. Die Widerstände können sich auch so zeigen, daß man sich während der Übung plötzlich nicht mehr richtig wohl fühlt und darum zurücknehmen muß.

Wie sich ein autogen Geübter Bilder ins Unterbewußtsein »einpflanzt«

Er nimmt die Übungshaltung ein und macht das autogene Training mit den Formeln:

»Ruhe, Schwere, Wärme,
Herz und Atmung ruhig und gleichmäßig,
Sonnengeflecht strömend warm,
Stirn angenehm kühl.«

Dann vertieft er und kommt ins Bild mit den Formeln:

»Die Ruhe vertieft sich mit jedem Atemzug.
Vor meinem inneren Auge entwickelt sich ein Bild.
Das Bild (zum Beispiel ein fester Knoten, ein hin- und herfliegender Tennisball usw.) wird immer deutlicher, deutlicher und deutlicher.
Das Bild ist ganz klar.«

Nun behält er diese bildhafte Einstellung, bis er die Vertiefung mit den folgenden Formeln zurücknimmt:

»Das Bild zieht sich jetzt allmählich zurück.

Das Bild wird undeutlicher.

Das Bild ist verschwunden.«

Oder wenn die bildhafte Einstellung im Unterbewußtsein weiter wirken soll, stellt er sich vor:

»Das Bild ist jetzt in meiner rechten Gesichtshälfte gespeichert.

Es bleibt im Gehirn eingegraben und wirkt weiter.

Mein Gehirn findet damit Mittel und Wege, diese bildhafte Einstellung in meinem Leben zu realisieren.

Und wenn ich das Bild im Bewußtsein haben will, brauche ich bloß ganz bewußt und in dieser Absicht meine Zehen zu bewegen« (das ist ein weniger auffälliges Signal als das Fingerschnippen).

Die weitere Zurücknahme erfolgt dann mit den Formeln:

»Ich zähle jetzt von sechs bis eins. Bei eins fühle ich mich hellwach, frisch und munter, wohl wie nach einem tiefen, erholsamen Schlaf.

Sechs: Die Beine sind ganz leicht.

Fünf: Die Arme sind ganz leicht.

Vier: Ich werde wacher und wacher.

Drei: Ich fühle mich ganz wohl.

Zwei: Ich bin ganz wach.

Eins: Arme fest, tief Luft holen und Augen auf.«

Jetzt bewegt er seine Arme und Beine locker, aber kräftig mehrmals hin und her.

Eine solche Vertiefung dauert im allgemeinen 15 bis 25 Minuten, manchmal auch etwas länger. Bei Mißempfindungen wird natürlich vorher ruhig und korrekt wie oben beschrieben zurückgenommen. Immer einen klaren Kopf bewahren, heißt auch hier die Devise.

Im Prinzip ist das Vorgehen in der bildhaften Vertiefung mit dem Armhebeversuch zu vergleichen.

Sie erinnern sich bestimmt an diese Demonstration. Sie wurde im ersten Teil dieses Buches im Zusammenhang mit der Erklärung des

Hypnoids ausführlich beschrieben. Wir denken dabei: »Der Arm ist ganz leicht.« Und sobald der Arm Anzeichen des Leichtwerdens zeigt, *verstärkt* man das Erlebnis mit dem Gedanken: »Der Arm wird leichter und leichter.« Hat der Arm dann die Tendenz, nach oben zu steigen, hindern wir ihn nicht daran. Im Gegenteil: Wir führen ihn mit dem Gedanken. »Der Arm steigt jetzt höher und höher, immer höher und höher.« Der Arm kann auf diese Weise immer höher getrieben werden, bis er senkrecht in der Luft steht.

Genauso machen wir es mit der Einstellung: »Tiefer und tiefer, tiefer und tiefer in die Entspannung . . .« oder: »Das Bild wird deutlicher und deutlicher, noch deutlicher und deutlicher, bis es ganz klar ist.«

Der wichtige Unterschied zwischen Phantasieren und bildhafter Vertiefung

Wer bildhaft sicher, richtig und auch tief realisieren will, hat es leichter, wenn er das autogene Training vollständig sicher und prompt beherrscht. J. H. Schultz schreibt in seiner klinischen Darstellung des autogenen Trainings, daß der im autogenen Training Geübte in der Lage ist, »durch einen kürzesten Akt innerer Konzentration schlagartig die spezifische Umschaltung zu vollziehen, so daß sein Körper als schwere, warme, ruhende Masse von gleichmäßigem Puls und ruhig fließender Atmung erfüllt, von dem kühl abkonzentrierten Kopf gewissermaßen getrennt erlebt wird. Der Zustand ist ein so eigenartiger und charakteristischer, daß außerordentlich häufig Versuchspersonen ohne jeden gegenseitigen Kontakt identische Worte der Schilderung finden. Im Prinzip suchen sie alle auszudrükken, daß die kühlgestellte Kopfsphäre irgendwie »über« der formlosen, warmen Leibmasse schwebt. Die Belebung des Zustandes durch rhythmisches Geschehen, insbesondere die Atmung, tritt nach Person und Disposition verschieden stark in Erscheinung. Der Gesichtsausdruck der Versuchsperson ist charakteristisch schlafähnlich gelöst, das Kieferzeichen deutlich positiv; die Entspannung der tastbaren Skelettmuskulatur ist eine absolute, meist ist auch die Rumpfhautfläche fast strömend warm; demgegenüber ist oft die Stirn tastbar kühler.

Es ist psychologisch bemerkenswert, daß zur Verständigung über diese eigenartige Erlebnisform mit besonderer Vorliebe *Bilder* gewählt werden, die entweder

einen Schneeberg über blühend warmer Landschaft,

bei am Fernen Osten interessierten Menschen etwa den Fujiyama, enthalten oder das mehr der deutschen Romantik zugehörige Bild

sommerlicher Mondnacht,

wobei die oben schwebenden, kühlfernen Motive das Kopferlebnis, die unteren Bildteile das Leiberleben symbolisieren.«

Natürlich können solche Bilder nicht nur von autogen Trainierten produziert werden. Jeder kann sich einen Schneeberg über blühend warmer Landschaft oder eine Sommernacht bei vollem Mondschein vorstellen. Was ist also das Geheimnis der bildhaften Vertiefung im Unterschied zum bildhaften Phantasieren?

Mit der systematischen Herbeiführung eines stabilisierten und harmonisierten Körperzustandes durch die Unterstufe des autogenen Trainings ist stets ein »wohliges«, organisch-euphorisches Entspannungs- und Ruheerlebnis verbunden. Dieses organisch-euphorische Erlebnis soll bei der bildhaften Vertiefung unbedingt anhalten; es ist ein klarer Wegweiser dafür, daß man bildhaft *im Einklang mit der Natur* ist und daß die bildhafte Einstellung vom Unterbewußtsein auch angenommen wird.

Weil mit zunehmender Vertiefung der Kopf des konzentrativ Vertiefenden immer klarer und klarer (nicht wacher also) wird und die Empfindlichkeit ganz allgemein zunimmt, spürt der Übende sofort, wenn seine bildhafte Einstellung im Unbewußten auf Widerstände stößt. Nun kann er tiefer *trainieren.* Widerstände sollen bekanntlich überwunden werden. Das geschieht stets mit einer Neueinstellung. Die alte Einstellung im Gehirn muß weg, sie muß einer neuen weichen, aber manchmal setzt sie sich einige Zeit zur Wehr, doch sie verschwindet schließlich auf die Art, wie der Winter dem Frühling weicht.

Der autogen Übende soll also stets ein »wohliges« Gefühl haben und nur solange in der Vertiefung bleiben, wie dieses Gefühl anhält. Das ist die wichtige Grundregel, die es bei jeder Vertiefungsübung zu beachten gilt.

Wer auf einem Bänklein sitzt, nicht entspannt, sondern seinen Gedanken freien Lauf läßt, hat natürlich auch bildhafte Einstellungen. Aber meist sind diese, besonders wenn das Phantasieren lange dauert, mit dem Gefühl der Unruhe, der Sehnsucht verbunden. Und nicht selten steht der »Träumer« dann recht gestreßt auf, und widerwillig geht er oft an seine Arbeit zurück, etwa mit dem Gedanken: »So, jetzt sollte ich aber doch noch etwas Vernünftiges tun.« Wer phantasiert, der verspürt kein »wohliges« Gefühl dabei, weil das Herumphantasieren im Alltag nicht unserer Natur entspricht. Es ist eher die Folge einer Störschaltung.

An den Früchten erkennt man den Baum.

Phantasieren ist nur dann keine Störschaltung, wenn es der Suche nach einer Problemlösung dient. Der bekannte zerstreute Professor ist nicht vergleichbar mit dem Sorgenbeladenen, der mit einem leeren Blick in die Ferne schaut, weil in seinem Kopf die Störgedanken wild durch das Gehirn sausen und er sich dem Spiel der Einbildungskraft völlig hingegeben hat.

Auch ein Kunstmaler oder ein Schriftsteller, der einen großen psychischen Leidensweg durchschreitet, bis sein Werk vollendet ist, soll nicht mit einem geistigen Abenteurer gleichgestellt werden, der hochfliegende Pläne macht und dann doch nur im Bett liegen bleibt, weil er feststellen muß, daß er diese niemals realisieren kann. Der Depressive, der stets zu hohe Ziele anvisiert, ist ebenfalls nicht vergleichbar mit dem depressiv veranlagten Schriftsteller, der das Opfer der Isolation am Schreibpult auf sich nimmt und, wenn es sein muß, auch sein Leben für die Entstehung eines Werkes hergibt. Hier beginnt eine Dimension des Menschseins, die nur derjenige begreifen kann, der den Ruf des Schicksals in sich hört.

Die 16 Minuten-Übung

Wer bildhaft am tiefsten treibt, hat den größten Erfolg. Das ist sicher einleuchtend. J. H. Schultz, der Begründer des autogenen Trainings, hat empfohlen, bildhafte Einstellungen mit folgendem Übungsverlauf förmlich ins Gehirn einzugraben:

»4 Minuten nach Kopfuhr die sechs Stufen des autogenen Trainings realisieren.

4 Minuten die bildhafte Einstellung mit der ruhigen, monotonen Wiederholung der Vorsatzbildung.

4 Minuten lang ganz ruhig in tiefgetriebener Versenkung verharren. Die bildhafte Einstellung wirken lassen, und sie wirkt auch im Unbewußten weiter, wenn die vertiefte Ruhe bleibt.

4 Minuten Unterstufe des autogenen Trainings, um die Stabilisierung und Harmonisierung des Organismus vor der Zurücknahme noch zu verstärken.

Zurücknahme wie gewohnt, mit der Absicht natürlich, daß Vorsatzbildungen nun weiterwirken.«

Eine Änderung in der Geisteshaltung ist keine Frage der Zeit, vielleicht mehr eine Frage der inneren Bereitschaft.

Es fällt tatsächlich schwer, sich beispielsweise vorzustellen, daß es einem Menschen nach 25jähriger Lebenslaufbahn plötzlich gelingen soll, den Charakter seines Schaffens zu ändern. Gewiß: Es ist ganz einfach, gute Ratschläge auf Papier zu schreiben. Aber wie sieht es in der Praxis aus? Kann sich der Mensch so einfach mit ein paar bildhaften Einstellungen ändern?

Eine Gegenfrage: Kommt es nicht leider ab und zu vor, daß eine Ehe nach 25jähriger Dauer geschieden wird? Und beruht diese Auflösung der Ehe nicht ganz einfach auf einer Änderung der Geisteshaltung eines Partners? Vielleicht war die Ehe nie glücklich gewesen. Ich kenne Ehepaare, die mir in der Beratung erzählten, sie hätten eigentlich schon nach der Hochzeitsnacht die Scheidung einreichen müssen. Ein Mann erklärte seiner in Tränen aufgelösten Frau vor meinen Augen, daß er noch einmal im Leben glücklich sein wolle, mit ihr habe er es 30 Jahre lang probiert und nicht geschafft. Jetzt habe er sich zu dem für ihn finanziell folgenschweren Scheidungsschritt entschieden.

Ich habe in meinem Buch »Lebe besser mit Autosuggestion« die etwa 200 bekanntesten erprobten Vorsatzbildungen mit entsprechenden Fallbeispielen aus der Praxis beschrieben. Immer wieder höre ich von Menschen, die bereit waren, ihrem Leben eine Richtungsänderung zu geben. Das Leben ist mit 70 oder 80 Jahren schließlich nicht beendet, sondern erst mit dem letzten Atemzug.

Sagen Sie auch: »Ich bin mit den Nerven fertig?«

Dann ist es aber höchste Zeit, das autogene Training zu erlernen. Zur Stabilisierung und Harmonisierung des Organismus eignen sich die vom Berliner Nervenarzt J. H. Schultz genau vorgegebenen Autosuggestionen des autogenen Trainings besonders gut. Diese sind allerdings nicht nur für Patienten geeignet. Auch Gesunde wenden sie an. Das heißt also, man ist nicht notwendigerweise krank und mit den Nerven fertig, wenn man sich für die Autosuggestionen des Trainings sowie das bildhafte Vertiefen interessiert und die entsprechenden Übungen macht. Die Meinung allerdings, man sei krank oder müsse es sein, wenn man sich dafür interessiert, herrscht in der breiten Öffentlichkeit fälschlicherweise immer vor. Der Grund dafür dürfte darin liegen, daß diese Methode aus der Medizin hervorgegangen ist. Die meisten Bücher über das autogene Training sind von Ärzten geschrieben worden, die Fallbeispiele stammen aus der klinischen Erfahrung. Dennoch muß nicht alles gleich Therapie sein, was der Gesundheit dient. Zum Vergleich: Wandern kann Therapie sein. Der Mensch kann aber auch kerngesund sein und aus reiner Freude heraus wandern, weil er gern in der Natur ist. Dasselbe gilt für autogenes Training und bildhaftes Vertiefen.

Wie viele Vorsätze kann man sich eingeben? Wie lange halten Vorsätze an? Wie oft muß man sie eingeben, bis sie wirklich wirken?

Das sind Standardfragen, die in jedem Kurs über autogenes Training und bildhaftes Vertiefen gestellt werden. Es gibt Vorsätze, welche die Körperfunktionen betreffen. Davon kann man sich beliebig viele eingeben, etwa: »Mein Herz schlägt ruhig und gleichmäßig«, »Die Nieren sind strömend warm«, »Alle Organe funktionieren gut«. Das sind Zielsetzungen, die gut zusammenpassen.

Bei Vorsatzbildungen für die soziale Dimension schlage ich stets vor, in kleinen Schritten vorwärtszugehen. Also eine Zielsetzung nach der anderen zu realisieren. Denn es ist wichtig, daß man sofort ein Erfolgserlebnis hat. Jeder Schritt vorwärts, wenn er bewußt erlebt wird, verstärkt die Überzeugung, daß das Ziel näher gerückt ist. Die soziale Dimension ist die menschliche Gemeinschaft, in der sich der einzelne durchzusetzen hat.

Neurotiker leiden darunter, daß sie nicht wissen, welcher Vorsatz Priorität hat. Sie neigen dazu, einen Entscheid zu treffen, diesen dann sofort zu verwerfen, neu zu entscheiden, wieder zu verwerfen. Das strapaziert die Nerven, und man kommt auf diese Weise nicht vom Fleck.

Wichtig ist, daß sich Zielsetzungen ergänzen und nicht etwa widersprechen. Aber mindestens so wichtig ist, daß man entschlossen ist, eine Zielsetzung auch zu erreichen, daß man etwas tatsächlich so erreichen will, wie man als Kind etwa auf Bäume klettern *wollte.*

Bäume wachsen nicht endlos in den Himmel. Das gilt natürlich auch für den menschlichen Körper. Irgendeinmal ist seine Lebensdauer zu Ende. Was das Ende wirklich ist, bleibt eine offene Frage, der ich auch in meinem Buch »Der Geist baut den Körper« nachgegangen bin. Wie lange also Vorsätze anhalten und wie oft man sie eingeben muß, hängt wesentlich auch von der momentanen körperlichen Verfassung ab. Wie wir alle wissen, kann man mit einem Erfolgserlebnis das nächste besser realisieren. Dasselbe gilt auch für jede Vertiefung. Wenn man spürt, daß einem die konzentrative Entspannung und das bildhafte Vertiefen wohltun, entsteht daraus das Bedürfnis, die Vertiefung zu wiederholen. Würde man sie aber bloß zwanghaft betreiben, um anschließend sagen zu können, man habe auch diese Methode ausprobiert, so könnte dies niemals zum vollen Lebenserfolg führen. Nur was man gerne tut, *wird zu einem natürlichen Bedürfnis.* Damit ist auch die Frage beantwortet, wie oft man Vorsätze eingeben müsse, bis sie wirklich wirken und wie lange sie anhalten könnten. Für den Erfolg entscheidend ist dann dazu noch, was in der anderen Dimension des Menschseins mit den Vorsätzen geschieht: im Schlaf nämlich.

Schlaf - Superschlaf - Superlearning

»Den Seinen gibt's der Herr im Schlaf.«

Wenn wir abends zu Bett gehen und uns gut zudecken, drehen wir uns, bis wir eine bestimmte, ideale Stellung gefunden haben. Dies tun wir mit der Absicht, in einen veränderten Bewußtseinszustand zu geraten, der dann einige Stunden andauern soll. Wir wollen dabei nichts mehr bewußt sehen, nichts hören und nichts mehr fühlen, was um uns herum vorgeht. Wir wollen »weg« sein. Und wenn es soweit ist, dann nennen wir diesen Zustand, der gleichzeitig voller Rätsel ist, *Schlaf*.

Schlaf und Superschlaf

Jeder von uns lebt in zwei Welten: in der Welt des Schlafens und der Welt des Wachens. Sie sind so grundverschieden, daß man meinen könnte, sie hätten überhaupt nichts gemeinsam. Das aber trifft bestimmt nicht zu. Denn wir fühlen uns nur dann in der einen Welt wohl, wenn es uns auch in der anderen gefällt. Also gehören die beiden Welten bestimmt zusammen.

Alle Menschen schlafen, aber nicht alle Menschen schlafen zur gleichen Zeit. Wenn der amerikanische Präsident ein spätes Nachtmahl einnimmt oder in Las Vegas der Vorhang aufgeht und die große Show beginnt, liegen die meisten Europäer tief im Schlaf. Niemals befindet sich die ganze Menschheit im Schlafzustand. Die Wachablösung klappt wunderbar. Stets ist ein Teil der Menschheit wach, während der andere Teil schläft. Vielleicht hat jeder von uns auf der anderen Halbkugel sein Gegenüber, das wacht, während wir schlafen? Vielleicht haben wir sogar einen Doppelgänger auf einem anderen Planeten? Oder haben wir selbst gar mehr als ein Leben gleichzeitig? Verfügen wir über einen Körper hier und einen dort? Lassen wir den einen schlafen, während wir den anderen einsetzen? Wer will auf solche Fragen eine zuverlässige Antwort geben? Unser Gehirn ist durch seine materielle Realität so begrenzt, daß wir damit die geistige Dimension nicht völlig verstehen können. Also bleiben wir einmal hier, bei den Tatsachen.

Für die meisten Menschen ist der Schlaf so selbstverständlich, daß sie über diesen rätselhaften Zustand, über seine Entstehung, seinen Sinn und seine tiefere Bedeutung kaum nachdenken. Gerade so, wie die normale Funktion des Körpers erst ins Bewußtsein rückt, wenn damit irgend etwas nicht in Ordnung ist, rückt der Schlaf erst ins Bewußtsein, wenn er gestört ist, wenn er zum Problem wird. Schade eigentlich; denn der Schlaf macht immerhin etwa ein Drittel des Lebens eines normalen Menschen aus. Er ist ein so rätselhafter Zustand, daß es sich für jeden lohnt, sich darüber ein paar Gedanken zu machen.

»Schlafen« bedeutet ursprünglich »schlapp werden.«

Das Erschlaffen der Muskulatur dient in der modernen Schlafforschung als wichtige Meßgröße zur Bestimmung der Schlafstadien. Der Schlafgestörte versucht, oft mit Gewalt, seine Muskulatur so erschlaffen zu lassen, daß er endlich einschlafen kann. Er dreht sich, strampelt mit den Beinen, steigt aus dem Bett und wieder hinein, bis die Muskulatur endlich schlaff genug ist, so daß das Gehirn den Tiefschlaf einleiten kann.

Auch im autogenen Training üben wir, die Muskulatur schlaff herabhängen zu lassen. Dies ist eine Kunst, sicher keine Willensfrage. Auch größte Willensanstrengungen könnten die Muskulatur nicht natürlich zur Erschlaffung bringen. Willentlich können wir die Muskulatur anspannen. Aber das bringt genau das Gegenteil von Schlaf. Schlaf kommt erst, wenn die Muskulatur schlaff ist. Warum ist das so? Die Antwort steht bereits in diesem Buch:

Weil das menschliche Gehirn im Schlaf den Spannungsausgleich im Nervensystem realisieren muß. Es werden dabei Spannungen aus den Nervenbahnen auf die Muskulatur entladen.

Damit aber dieser Spannungsausgleich überhaupt stattfinden kann, muß die Muskulatur erst schlaff sein. Eine total verspannte Muskulatur ist für den tiefen Spannungsausgleich ungeeignet. Nun wird leicht verständlich, weshalb einem Schlafgestörten empfohlen wird, vor dem Schlafengehen einen lockeren Spaziergang zu machen, ein warmes Bad zu nehmen oder sich mit einer der bekannten Entspannungstechniken »schlapp« zu machen. Wie die Muskulatur letztlich schlaff wird, mit welcher Methode, spielt ja keine Rolle. Sie muß vollkommen schlaff sein. Das ist der von der Natur vorgegebene ideale Zustand für einen gesunden, tiefen, erholsamen Schlaf.

»Ein Nickerchen machen«

In der Umgangssprache verwenden wir gelegentlich den Ausdruck »ein Nickerchen machen«. »Nicken« entstammt dem Mittelhochdeutschen, wo »nücken« so viel wie »nicken, stutzen, leicht schlummern« bedeutet. Und dem Wort »Schlummer« liegt die indogermanische Wurzel »slu« zugrunde, was »schlaff, herabhängend« bedeutet. Damit sind wir wieder bei der Erschlaffung der Muskulatur angelangt. Auch beim »Nickerchen« soll die Muskulatur erschlaffen, schlaff sein für den Spannungsausgleich im Nervensystem.

Wer nur so vor sich hindöst, schläft nicht. »Dösen« wird vom Duden als »gedankenlos dasitzen, halb schlafen« definiert. Wenn man sich entspannt, wird man müde, dösig und schläfrig. Auch das ist ein Zustand der Entspannung.

Der Gauner »pennt«.

Statt von schlafen, reden wir zuweilen auch von »pennen«. Der Ausdruck stammt wohl aus der sogenannten Gaunersprache und ist eine Ableitung von »Penne«, was soviel wie »einfaches Nachtlager« bedeutet. Hier wird also nicht die Schlaffheit der Muskulatur angesprochen, sondern der Ort, wo der Schlafende ruht. Heißt das, der Gauner dürfte niemals Ruhe finden, sein Gewissen könne ihm die Muskelerschlaffung nicht erlauben?

Der Beischlaf

Vom Hauptwort »Schlaf« lassen sich viele Begriffe ableiten, die mit ihm nur in indirektem Bedeutungszusammenhang stehen. Wer etwas bis zum nächsten Tag überdenken will, sagt, er wolle es »überschlafen«. Und wenn Mann und Frau »zusammen schlafen«, so sagt man, es sei zum »Beischlaf« gekommen.

Der Vollzug der Liebe und damit verbunden die Erhaltung der menschlichen Art hat offensichtlich weit mehr mit der Welt des Schlafens zu tun als mit der des Wachens.

Ist jemand gestorben, heißt es, er sei »entschlafen«.

Schlaf, Scheintod und die Angst vor dem Tod

Die Ruhe eines tief Schlafenden hat oft etwas Unheimliches an sich. Ruhiger, tiefer Schlaf kann auf den ersten Blick leicht mit dem Tod verwechselt werden.

Als ich in der Universitätsklinik lange auf eine Kollegin warten mußte, die ich dort abholen wollte, setzte ich mich gegenüber der Anmeldung in einen der großen, braunen Ledersessel mit der Absicht, die Wartezeit im hypnotischen Tiefschlaf zu verbringen. Ich schloß die Augen, entspannte mich tief mit Hilfe des autogenen Trainings und gab mir als Vorsatz ruhigen, ganz tiefen Schlaf ein. Bald war ich eingeschlafen. Auf einmal hörte ich, wie im Traum, Stimmen. Eine helle Mädchenstimme sagte: »Du, der sieht ja wie tot aus.« Eine ebenfalls junge Frauenstimme entgegnete sofort: »Nein, ich glaube, er schläft.« Die rauhe Baßstimme eines Mannes kam dazu: »Was ist denn hier los?« Ich nahm die Vertiefung zurück, weil ich plötzlich spürte, daß mir Menschen ganz nahe kamen. Ich öffnete die Augen. Zuerst sah ich drei weiße Schürzen, dann zwei junge Frauengesichter und einen Herrn mit Vollbart und Brille. An den Namensschildchen erkannte ich, daß es angehende Krankenschwestern und ein Arzt waren. Dieser entfernte sich wortlos, und eine der jungen Damen entschuldigte sich: »Haben wir Sie beim Schlafen gestört? Ist alles in Ordnung?« - »Ja, ja«, versicherte ich, »ich habe nur etwas geschlafen. Ich muß auf jemanden warten.« Darauf entfernten sich die beiden mit höflichem Lächeln.

Schlaf als Scheintod ist ein verbreitetes Motiv in Sage, Dichtung und Märchen. Schneewittchen lag scheintot im Sarg, erwachte dann aber, als die Diener des Königssohns den Sarg forttrugen, so daß die Königshochzeit mit aller Pracht gefeiert werden konnte.

Eine an sich harmlose Verletzung läßt Dornröschen in einen vorhergesagten, hundertjährigen Schlaf fallen. Nicht nur sie selbst schläft ein, sondern mit ihr der König, die Königin und der gesamte Hofstaat mit Pferden, Hunden, Tauben und Fliegen. Nur die Pflanzen sind seltsamerweise dem Zauber entzogen. Eine Dornenhecke überwuchert das ganze Schloß. Und am Ende der hundertjährigen Schlafperiode kommt der erlösende Kuß des Königssohnes, und das Lebensglück der beiden ist perfekt.

Anders ist der Ausgang in Shakespeares weltbekanntem Drama. Julia nimmt eine Droge ein, um durch sie in einen mehrtägigen, todesähnlichen Schlaf zu fallen und dadurch der lästigen Obhut ihrer Familie zu entrinnen. Das Unglück will es, daß nicht nur die Familie, sondern auch ihr Geliebter Romeo sich täuschen läßt. Die Geschichte nimmt deshalb ein schlimmes Ende: Romeo und Julia sind am Ende tot!

Oder ist dieses Ende gar nicht schlimm? Lassen wir uns bloß seit Generationen einreden, es müsse schlimm sein?

In der griechischen Sagenwelt sind der sanfte Schlaf, Hypnos, und der mitleidlose Tod, Thanatos, beide Söhne der Nachtgöttin Nyx. Auch für die Germanen waren Schlaf und Tod Geschwister, die beide als »Sandmann« bezeichnet wurden. Und den »Sandmann« kennen wir aus eigener Erfahrung. Sie hatten bestimmt auch schon das Gefühl, Sand in den Augen zu haben, als das Müdigkeitsgefühl ein gewisses Maß überschritten hatte.

Im Johannes-Evangelium finden wir einen Bericht, der die Frage nach Schlaf oder Tod zum Thema hat. Es geht dabei um Lazarus. Jesus spricht zu seinen Jüngern: »Lazarus, unser Freund, schläft; aber ich gehe hin, damit ich ihn aufwecke.« Da sprachen seine Jünger: »Herr, schläft er, so wird's besser mit ihm.« Jesus aber meinte den Tod; sie aber meinten, er rede vom leiblichen Schlaf. Da sagte es ihnen Jesus frei heraus: »Lazarus ist gestorben.«

Dann geht Jesus mit seinen Jüngern zum Grabe, in dem der Tote schon seit vier Tagen liegt, und ruft dort mit lauter Stimme: »Lazarus, komm heraus!« Und der Verstorbene kommt heraus, eingebunden in Grabtücher an Füßen und Händen, und sein Angesicht ist verhüllt mit einem Schweißtuch.

Was meinen Sie dazu? War Lazarus tot, scheintot oder hat er einfach geschlafen? Ich bin persönlich der Meinung, daß dieser biblische Bericht ein Gleichnis ist, das man nicht wörtlich nehmen soll. Jesus sprach ja immer in Bildern, die wir heute als die Sprache des Unterbewußtseins bezeichnen, und in Gleichnissen. Also war Lazarus im äußersten Falle klinisch, aber dennoch nicht wirklich tot. Schlaf und Tod, bei dem der Körper verwest, sind nach meiner Auffassung grundverschiedene Zustände. Macht das Angst?

Die meisten Menschen haben irgendwann im Leben Angst vor dem Tod. Viele haben sogar Angst vor dem Schlaf.

Wir Menschen sprechen vor dem Einschlafen Gebete und vertrauen uns der Obhut von Schutzengeln an.

»Ich liege und schlafe und erwache; denn der Herr hält mich«, heißt es im 3. Psalm. Ob wir allerdings aus dem Schlaf wieder erwachen, so wie wir uns das vornehmen, hängt nicht von uns ab. Wir müssen den Entscheid dem Schöpfer überlassen, können auch mit dem besten Willen nichts dazu tun. Es wird uns auch im Schlaf nicht deutlich verständlich gesagt, was Gott mit uns vorhat. »Siehe, der Hüter Israels schläft und schlummert nicht. Der Herr behütet dich«, heißt es im Psalm 121,4,5. Doch was ist unter Behütung zu verstehen? In der Schöpfungsgeschichte heißt es, Gott habe Adam in einen außergewöhnlich tiefen Schlaf versetzt, hebräisch »tardema« genannt, um ihm dann die Rippe zu entnehmen, die er zur Erschaffung Evas brauchte.

Und was entnimmt der Herr uns, was legt er heimlich dazu, wenn wir schlafen? Die Antwort auf diese Fragen könnte auch nichts helfen, da keiner seinem Schicksal entfliehen kann. Wozu also Angst haben?

Angst kann ein Schutzreflex sein.

Doch wozu sollte dieser Schutzreflex gut sein? Menschen, die bereits einmal klinisch tot waren, bedauern hinterher, daß sie ins Leben zurückgeholt wurden. Sie sagen, es sei so herrlich schön gewesen, daß sie am liebsten morgen schon wieder tot wären. Auch die Bibel berichtet, daß es »drüben« sehr schön, ein Leben im Himmel wunderbar sein muß. Doch wir trauen der Sache nicht so ganz. Das ist offenbar gut so. Stellen Sie sich bloß vor, was geschehen würde, wenn dieser Angst- und Schutzreflex nicht wäre. Alle Menschen würden darauf drängen, so rasch wie nur möglich tot zu sein. Es würde kein Mensch mehr auf dieser Welt leben wollen. Die Angst vor dem Tod ist bestimmt ein Schutzreflex, der uns dazu anhält, unsere Aufgabe im Leben zu erfüllen. Beim Tier beobachten wir einen ähnlichen Angst- und Schutzreflex. Es muß von Natur aus stets auf der Hut sein, daß es nicht gefressen wird. Seine natürlichen Feinde lauern überall. Vor ihnen soll es Angst haben. Der Bussard kreist, er sucht Mäuse, also müssen sich die Mäuse vor ihm verstecken. Auch die

Katze lauert vor Mauselöchern. Der Fuchs geht nachts auf Beutezug, die Hasen sind jedoch gewarnt. Ein richtig schönes, geruhsames Leben führt wohl kein Tier. Wenn die Löwin jagt, rennen die Gazellen um ihr Leben. Wer nicht mehr fliehen kann oder will, wird gefressen.

Als ich auf einer Fotosafari in Kenia nachts aus dem Hotelfenster einer Lodge schaute, sah ich eine Gazelle ganz allein an einem kleinen See warten. »Hau doch ab«, dachte ich, »bald kommen die Löwen oder andere Raubtiere und fressen dich.« Ein grauhaariger, bärtiger Engländer, der aus dem Fenster neben mir fotografierte, belehrte mich: »Das Tier ist sicher krank. Es wartet deshalb darauf, gefressen zu werden.« Mir lief es kalt den Rücken hinunter. Dann legte ich mich müde schlafen. Als ich frühmorgens wieder aus dem Fenster schaute, war das Tier verschwunden. Unweit des Hotels sah ich die Aasgeier kreisen.

Es ist wohlbekannt, daß auch Menschen, wenn sie an der Schwelle zum Tod stehen, plötzlich jede Angst davor verlieren und sagen, daß es wohl Zeit sei für sie; sie *wollen* nun »gehen«. Solange wir noch voll im Leben stehen, können wir das nicht begreifen. Andererseits verlieren wir diesen Angst- und Schutzreflex aber auch tagtäglich. Dann nämlich, wenn wir ohne Angst ruhig und tief schlafen, ohne aber zu wissen, ob wir aus diesem Schlaf wieder erwachen dürfen.

Zum vollen Leben gehört ein ruhiger, tiefer, erholsamer Schlaf.

Haben Sie auch schon daran gedacht, wie schön es wäre, wenn Sie überhaupt nicht mehr schlafen müßten, sondern Tag und Nacht durcharbeiten oder Feste feiern könnten? Oder gehören Sie vielleicht zu denjenigen, die immer nur schlafen und überhaupt nicht mehr aus dem Bett steigen möchten? Könnte man sein ganzes Leben durchschlafen, gerade so, wie gewisse Tiere den Winterschlaf machen, und dabei sogar den eigenen Tod verschlafen? Bestimmt nicht, denn die Natur hat ihre Gesetze, denen unser Organismus unterstellt ist. Eines davon heißt:

Mit fortdauernder Wachheit nimmt das Schlafbedürfnis zu; umgekehrt nimmt mit zunehmender Schlafdauer das Bedürfnis zu, wach zu sein.

Wer lange nicht geschlafen hat, beginnt an jedem beliebigen Ort einzunicken. Nach Schlafeintritt nimmt aber das Schlafbedürfnis sukzessive wieder ab. Zu Beginn ist der Schlaf tief, er wird aber in den folgenden Stunden oberflächlicher. Das kommt auch darin zum Ausdruck, daß Bewegungen im Schlaf mit fortschreitender Schlafdauer häufiger werden. Das bedeutet also, daß wir von der Natur sowohl in den Schlaf als auch in den Wachzustand gedrängt werden. Das ist der ewige Rhythmus der menschlichen Natur.

Dieser Rhythmus findet seinen Ausdruck auch in den verschiedenen kulturellen Gewohnheiten. Daß der Schlaf notwendig ist, bestreitet niemand. Trotzdem darf nicht überall geschlafen werden. Für die meisten Menschen ist die Nacht die Zeit der Ruhe und Erholung. Darum soll die Nachtruhe nicht gestört werden. Wer aber meint, er könne nachts und auch tagsüber an jedem beliebigen Ort schlafen, täuscht sich. Wer im Büro oder in der Schule schläft, wird wach gerufen. Das Schlafen auf verkehrsfreien Straßen und an öffentlichen Orten ist ordnungsstörend, und die Schläfer müssen sogar damit rechnen, deswegen mit der Polizei in Konflikt zu geraten. In Großstädten wie Paris wird der Schlaf der Clochards unter den Brücken geduldet. Allgemein salonfähig ist das Schlafen in öffentlichen Verkehrsmitteln, etwa in der Eisenbahn oder im Flugzeug.

Hat der Schlaf keine besondere, geheimnisvolle Bedeutung? Dient er »nur« der körperlichen Erholung?

Der große Philosoph und Naturforscher Aristoteles vertrat diese Meinung. Für ihn lag die unmittelbare Schlafursache in der aufgenommenen Nahrung. Er nahm an, daß diese eine Ausdünstung an die Adern abgibt. Diese Dünste würden von der Lebenswärme in den Kopf getrieben, wo sie sich ansammeln und Schläfrigkeit verursachen. Im Gehirn kühlen sie sich dann ab, sinken wieder in tiefere Körperteile zurück und entziehen dabei dem Herzen Wärme. Dies führt nach der Meinung von Aristoteles schließlich zum Schlaf, der so lange andauert, bis die Nahrung verdaut ist und sich das für die oberen Körperregionen bestimmte reine Blut vom unreinen geschieden hat.

Diese Wärmetheorie des griechischen Philosophen hat gewisse Ähnlichkeit mit zahlreichen Theorien, die Schlaf ausschließlich auf physiologischer und chemischer Grundlage erklären. Hippokrates, der »Vater der Heilkunst«, schloß aus der Abkühlung der Gliedmaßen, daß der Schlaf auf der Flucht von Blut und Wärme ins Innere des Körpers beruht. Und viel später, im 19. Jahrhundert, meinte Alexander von Humboldt, die Ursache des Schlafs liege ganz einfach in einem Sauerstoffmangel. Auch andere Meinungen über die wahre Ursache des Schlafs machten bereits die Runde: Die Hauptursache wurde schon in einer Blutleere der Hirnrinde vermutet, im Druck auf das Gehirn, in der Quellung der Nervenzellen, in einer Umlagerung elektrischer Ladung in den Ganglien. Eine besonders »originelle« Theorie über die Hauptursache des Schlafs vertrat Hildegard von Bingen, eine Benediktinerin und Verfasserin medizinischer, naturkundlicher und mystischer Schriften. Nach ihrer mittelalterlichen Meinung hat erst der Sündenfall den menschlichen Körper schwach und gebrechlich gemacht, so daß er Stärkung durch Nahrung und Schlaf nötig hat. Vor dem Sündenfall war Adams Schlaf ein »Schlaf zur Versenkung« und die Nahrung nur zum Anschauen bestimmt, zur geistig-seelischen Freude und Erbauung. Wenn das wahr ist, haben wir einen Grund mehr, den Sündenfall zu bedauern.

Klar und eindeutig war die Meinung des berühmten Arztes Paracelsus über den Schlaf. Er vertrat im 16. Jahrhundert die Ansicht, der natürliche Schlaf dauere sechs Stunden, er beseitige die durch Arbeit aufgetretene Ermüdung und erquicke den Menschen. Diese Ansicht teilen heute noch viele. Aber ist damit die ganze Dimension des Schlafs erfaßt?

In den östlichen Philosophien und Religionen wird der Schlaf sogar als der eigentliche, wahre Zustand des Menschen dargestellt, in dem Individuum und Universum eins sind. Der chinesische Philosoph Chuang Tzu, der etwa 300 v. Chr. lebte, schrieb: »Alles ist eins; im Schlaf ist die Seele ungestört und aufgenommen in diese Einheit; im Wachen hingegen ist sie abgelenkt und sieht die verschiedenen Gegebenheiten der Welt.« Doch so ungestört ist die Seele im Schlaf auch wieder nicht. Werden wir doch in Träumen manchmal arg durchgeschüttelt, und manche Seele erlebt Alpträume, bevor sie endlich erwachen kann. Was der Chinese meint, trifft sicher nicht auf alle Schlafstadien zu, die wir heute nachweisen können, sondern allein auf den tiefsten, göttlichen Schlaf, den die altindischen Philosophen »susupta« nennen. In den altindischen philosophischen Texten der Upanishaden heißt es, wenn man tief schlafe, ruhig, heiter und keinen Traum sehe, dann sei dies das Selbst, das sei das Unsterbliche und Furchtlose, das sei Brahma. Haben Sie diesen ruhigen, tiefen Schlaf? Sehen Sie keinen Traum? Und sind Sie heiter? Oder werden Sie noch von »bösen« Gedanken und Träumen geplagt?

Schlafregulation und Depression

In der jüdisch-christlichen Überlieferung wird nur der durch harte Arbeit redlich verdiente Schlaf als guter Schlaf gepriesen: »Wer arbeitet, dem ist der Schlaf süß, er habe wenig oder viel gegessen; aber die Fülle des Reichen läßt ihn nicht schlafen« (Prediger 5.11). Haben also Schlafgestörte tagsüber nicht genügend hart gearbeitet?

Die moderne Schlafforschung hat festgestellt, daß paradoxerweise gerade durch Schlafentzug das Krankheitsbild des Schlafgestörten und Depressiven wesentlich verbessert werden kann. Schlafgestörte arbeiten tagsüber im allgemeinen schon, aber offenbar nicht mit der richtigen Einstellung. Viele grübeln zu viel, lassen ihr Gehirn also nutzlos auf Hochtouren laufen. Das streßt und stört den süßen Schlaf.

Wenn Frau Huber, ich nenne sie hier einmal so, tagsüber wutentbrannt ihre Hausarbeit verrichtet, den Staubsauger aus dem Schrank reißt, damit die Wohnung sauber macht und in Gedanken dabei über ihre schon fast erwachsenen Kinder schimpft, die einfach nicht kapieren wollen, daß sie aus Rücksicht auf die Hausfrau die Schuhe vor der Wohnungstür ausziehen und nicht mit dem Straßendreck an den Sohlen durch die ganze Wohnung gehen sollten, so heizt dieses Denken Frau Hubers Nerven kräftig an. Und wenn sie sich abends ins Bett legt, braucht sie deshalb wesentlich länger, bis sie tief schlafen kann, als Frau Meier, die sich über die Hausarbeit stets freut und mit der Einstellung verrichtet, daß jede Art von Bewegung gut für die Gesundheit ist. Das ist einleuchtend. Aber Sie werden vielleicht auch mit Frau Huber mitfühlen können und einwenden wollen, daß man angesichts der pubertären Unhöflichkeit der eigenen Kinder nicht einfach ruhig und gelassen stets den Dreck der anderen wegputzen könne. Das müsse doch einfach gesagt sein. Gewiß, aber ist es wirklich gesagt, wenn die Rüge nur im Kopf der geplagten Mutter ausgesprochen wird? Ein solches Problem muß mit den Beteiligten besprochen werden. Auf keinen Fall darf es im Kopf hin- und hergedacht werden. Das schadet der Gesundheit. Es kann zu Depressionen und Schlafstörungen führen.

Auch der Griff in die Hausapotheke löst auf die Dauer das Problem nicht. Die Schlafforschung ist heute einhellig der Meinung, daß das Medikament für den ganz natürlichen, tiefen Schlaf noch nicht existiert. Nur wer also mit der richtigen Einstellung arbeitet, dem ist der Schlaf süß, wie die Bibel sagt.

Das klingt sehr einfach. Warum aber sollte es schwer sein, Störgedanken wegzuschalten? Eine bestimmte Einstellung im Kopf zu haben, Störgedanken abzuschalten, tiefe Entspannung herbeizuführen, ruhig, tief und erholsam zu schlafen, das ist im allgemeinen doch nur eine Frage der Bereitschaft.

Sind Einstellungen schicksalhaft?

Würdigt man die großartige künstlerische Leistung von Vincent van Gogh, so vergißt man dabei leicht, unter welchen seelischen Bedingungen diese zustande gekommen ist. Er soll sehr gelitten und berühmte Gemälde im Garten einer Klinik gemalt haben. Hemmingway oder Stefan Zweig bezahlten ihre großartige schriftstellerische Leistung mit dem Leben. Da stellt sich die Frage: Ist die tiefe Einstellung manchmal schicksalhaft und darum unbeeinflußbar?

Ein junger Lehrer pilgerte Sonntag für Sonntag zur gleichen Brücke am Fluß. Seine Frau war so besorgt, daß sie jeweils ein Kind bat, den Vater zu begleiten. Einmal aber weilten die Kinder in den Ferien, und die Ehefrau wollte einer dringenden Verpflichtung nachgehen. An diesem Tag kehrte der Mann nicht mehr von der Brücke zurück. Sein Auto wurde im nahen Wald und seine Leiche im Fanggitter des Stauwehrs gefunden. War es Schicksal? Ich bin der Meinung, daß eine solche Einstellung dann schicksalhaft ist, wenn der Mensch alles in seiner Macht Stehende versuchte, es aber trotzdem nicht fertigbrachte, sie wegzuschalten. Und als Beispiel führe ich Jesus an. Die Bibel berichtet, er habe blutschwitzend noch am Ölberg Gott gebeten, er möge den Kelch an ihm vorüberziehen lassen. Ohne Erfolg: Jesus wurde ans Kreuz geschlagen. Das war Schicksal!

Manchmal hat man den Eindruck, daß Menschen, die mit dem Leben nicht mehr fertig werden, durch ihren Selbstmord zeigen wollen, wo die Störung lag, an die sie verzweifelt heranzukommen versuchten. Wer ins Wasser geht, könnte damit andeuten, daß durch eine Grundeinstellung die Gehirnflüssigkeit krankmachend verändert wurde. Durch den Gang ins Wasser hofft der Mensch vielleicht, die Einstellungsänderung herbeiführen zu können, was natürlich ein Trugschluß ist. Und wer sich eine Kugel in den Kopf schießt, hofft vielleicht, eine tiefe Einstellungsstörung wegschießen zu können. Auch die Überdosis an Medikamenten könnte mit der Hoffnung verbunden sein, eine Schaltänderung im Gehirn und damit eine Wende herbeiführen zu können. Selbst ein Suizid ist eine mögliche Wende; vielleicht ist er der Beginn eines neuen Lebens. Was in Menschen am Tag, im Nachtschlaf und im Augenblick einer solchen Tat vorgeht und ob die Einstellung schicksalhaft war, werden wir nie erfahren.

Vielleicht bringt in Zukunft die Computerforschung etwas Licht in dieses Dunkel. Das wäre der epochemachende Schritt vorwärts, den ich im letzten Teil dieses Buches noch kurz beschreiben werde. Wer weiß, vielleicht entschlüsseln die Computer eines Tages tatsächlich auch den menschlichen Schlaf, den manche gar nicht so recht mögen.

»Liebe den Schlaf nicht, daß du nicht arm werdest; laß deine Augen wacker sein, so wirst du Brot genug haben.«

Diese Mahnung finden wir im Alten Testament (Sprüche 20,13). Und sie wird von manchen wörtlich genommen. Manager sind oft völlig übermüdet, bei Sitzungen fallen ihnen die Augen zu. Aber sie wollen nicht schlafen oder wenn schon, dann nur kurz. Daraus hat sich eine Technik entwickelt, die unter dem Begriff *Superschlaf* bekannt geworden ist.

Der Superschlaf

Ein Unternehmer sagte mir: »Wissen Sie, Schlaf ist für mich verlorene Zeit. Ich versuche, mit möglichst wenig Schlaf auszukommen. Und wenn ich sehr müde bin, dann verlasse ich für ein paar Minuten die Sitzung. Ich begebe mich auf die Toilette, setze mich auf den Deckel, nehme meinen großen Schlüsselbund in die rechte Hand, drücke ihn fest, und dann schließe ich die Augen in der Absicht, ein paar Minuten zu schlafen. Das gelingt leicht, wenn ich müde bin. Ich schlafe auch kurz ein. Doch dabei erschlafft offenbar die Muskulatur; denn der Schlüsselbund fällt mir aus der Hand. Ich, kurz eingeschlafen, erschrecke dabei derart, daß ich schlagartig erwache. Nach diesen paar Minuten bin ich wieder hellwach, frisch, munter und so ausgeruht, daß meine Gesprächspartner ganz erstaunt sind, wenn ich in die Sitzung zurückkomme. Ich schwöre auf diesen Superschlaf. Er hält mit gesund, davon bin ich überzeugt. Und er erspart mir viele Stunden Nachtschlaf.«

Ich habe diesen Superschlaf selbst schon ausprobiert. Ganz einfach ist die Sache nicht, vor allem, wenn man nicht völlig übermüdet ist oder wenn man sich dabei anstrengt. Ich glaube, daß viele, die diesen Superschlaf erstmals versuchen, sich mehr auf den Schlüsselbund konzentrieren als auf den Schlaf. Auf diese Weise kann er nicht aus der Hand fallen. Erwartet man bewußt den Fall der Schlüssel, ist das Geräusch des Aufschlags auf den Boden überhaupt nicht schreckhaft, so daß der Erfolg des plötzlichen Erwachens ausbleibt. Superschlaf gelingt wirklich nur, wenn man total müde ist und die Muskulatur darum sofort völlig erschlaffen kann. Oder aber, wenn man die autogene Entspannung so gut beherrscht, daß man die Muskulatur jederzeit schlagartig auf Befehl erschlaffen lassen kann.

Viele Menschen aber lieben den langen und tiefen Nachtschlaf. Sie nutzen ihn dazu noch geschickt aus. Sie

Lernen im Schlaf

Eine junge Frau erzählte mir, daß sie in einem einzigen Jahr ausgezeichnet Griechisch lernte; im Schlaf. Auf meine Frage, wie sie denn das geschafft habe, sagte sie, das sei ganz einfach gewesen, ohne jegliche Mühe. Sie habe sich zuerst einmal über die günstigsten Lernphasen im Schlaf orientiert. Das sei keine Kunst, da in den guten Büchern zum Thema Entspannung und Schlaf auch über REM-Phasen, die günstigen Lernzeiten im Schlaf, berichtet werde. Sie gehe normalerweise etwa um 11 Uhr ins Bett, schlafe in der Regel nach etwa 10 Minuten ein und sei dann weg, richtig im Tiefschlaf. Nach etwas mehr als einer Stunde trete die erste REM-Phase auf. Davon merke sie selbst natürlich nichts. Sie wisse aus Büchern, daß diese Periode nur sehr kurz sei. Da diese REM-Phasen aber gegen Morgen immer länger würden, der Schlaf dagegen weniger tief sei, verwende sie zum Lernen nur die vierte Phase. Diese beginne um 5 Uhr morgens, sei also 6 Stunden nach dem Einschlafen in vollem Gange. Da sie zu diesem Zeitpunkt länger als 19 Minuten dauere, getraue sie sich ohne weiteres, 10 Minuten davon für das Lernen einer Sprache zu gebrauchen. Sie habe sich dafür in einem Radiogeschäft ein günstiges Kassettentonbandgerät und eine Schaltuhr gekauft. Da sie ihre Einschlafgewohnheit ziemlich gut kenne, könne sie die Uhr leicht auf diese sechste Stunde nach dem Einschlafen einstellen. Das an die Schaltuhr angeschlossene Gerät werde dann eingeschaltet, und während 10 Minuten werde sie anschließend vom Text berieselt, den sie am Vorabend auf das Band gesprochen habe. Der rote Stift der Schaltuhr schalte das Gerät dann wieder aus. Wenn sie pünktlich um 6.30 Uhr erwache, schaue sie auf das Band und stelle fest, daß es abgelaufen sei. Das mache ihr richtig Freude. Sie spule es dann zurück und höre sich den ganzen Text nach dem Erwachen nochmals an. Auf meine Frage, ob sie denn das Tonband nicht aus dem Schlaf wecke, meinte sie, man könne sich an alles gewöhnen. Sie *wolle* ja schließlich lernen im Schlaf, da sei überhaupt kein Zwang dabei. So sei ihr das Tonband zu einem treuen Helfer beim Erlernen der Fremdsprache geworden.

Nun gibt es vielleicht Lernprofis, die alle REM-Schlaf-Episoden ausnützen wollen. Das setzt einmal voraus, daß die individuellen Einschlafgewohnheiten genauestens bekannt sind. Der erste REM-Schlaf ist recht kurz, wie die untenstehende Abbildung zeigt, so daß die Gefahr besteht, daß man sie nicht genau trifft. Wer zudem seinen Lerntext im Schlaf mehrmals hören will, braucht eine technische Einrichtung, die in der gleichen Nacht mehrmals ein- und ausschaltet. Die gibt es selbstverständlich. Viel problematischer scheint mir aber in diesem Zusammenhang zu sein, daß wir noch sehr wenig wissen über die REM-Phasen. Was dabei genau passiert, ist noch voller Rätsel. (Nicht umsonst weisen verantwortungsbewußte Autoren und Verleger in ihren Publikationen den Leser darauf hin, daß alle Angaben zwar von Verlag und Autor sorgfältig geprüft, aber ohne Gewähr sind und daß keine Garantie übernommen werden kann.) Die Verwendung eines Gerätes hat außerordentlich verantwortungsbewußt zu geschehen. Man muß sich stets bewußt sein, daß das Gehirn ein hochempfindliches, noch längst nicht ganz erforschtes Organ ist – und wie einfach im Vergleich dazu ein technisches Gerät. Zudem kann sich das Gerät dem Gehirn nicht anpassen.

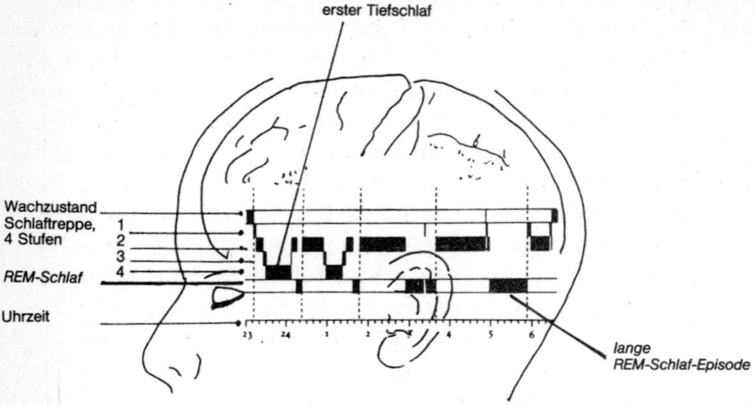

Abb. 7. Das Schlafprofil einer ganzen Nacht, wie es gewöhnlich aufgezeichnet wird. Vier vollständige Schlafzyklen sind durch senkrechte Striche abgegrenzt. (Nach A. Borbély, Das Geheimnis des Schlafs, dtv, 1987). Tiefschlaf (Stadium 3 und 4) tritt nur in den ersten zwei Zyklen auf. (Darum sagt der Volksmund auch, der Schlaf vor Mitternacht sei der beste.) REM-Schlaf-Episoden werden in der zweiten Hälfte der Nacht länger.

Ich habe in diesem Zusammenhang eine Erfahrung gemacht, mit der ich die Problematik einleuchtend veranschaulichen kann. Auf einer meiner Radtouren nahm ich einen Walkman mit. Das Tonband hatte ich zuvor mit vielen positiven Leitsätzen besprochen. Nach etwa 170 Fahrkilometern und immerhin zwei Schweizer Pässen war ich so ziemlich am Ende meiner Kräfte. Nun fiel mir das Gerät ein. Ich fuhr von Ilanz nach Laax/Flims. Das ist ein Aufstieg von einigen Kilometern. Nachher, das wußte ich, hatte ich die Schlußabfahrt nach Chur vor mir. Nun ließ ich das Gerät laufen, um mir damit Mut zu machen. Doch ich konnte einfach nicht mehr. Das Tonband aber flüsterte mir pausenlos ins Ohr: »Du kannst es, es geht gut. Du schaffst es. Du schaffst es...« Ich war jedoch am Ende meiner Kräfte, und darum wurde ich durch das »Geschwätz« aus meinem

Kopfhörer nur gereizt. Schließlich stieg ich entnervt vom Rad, und nun redete ich mir selbst positiv zu. Aber so, wie es der momentanen Situation entsprach: »Nur ganz ruhig bleiben. Du bist sehr weit gefahren. Du hast doch eine ganz tolle Leistung vollbracht. Du wirst Flims und in Chur den Zug nach Zürich sicher erreichen. Immer ganz ruhig und gelassen bleiben . . .« Solche, der Situation angepaßten, positiven Selbstgespräche kann man natürlich nicht vorprogrammieren. Dasselbe gilt auch für das Tonband im Nachtschlaf. Wir wissen nicht, wie die REM-Phase auf die Eingabe reagiert. Wir dürfen aber annehmen, daß die Eingabe dann richtig ist, wenn der Schlafende dadurch in seinem Schlaf nicht gestört wird und wenn das, was über das Tonband ins Gehirn eingeträufelt wurde, am folgenden Tag immer wieder aus dem Unterbewußtsein ins Bewußtsein dringt.

Die Verwendung von Geräten setzt in der Tat sehr viel Fingerspitzengefühl voraus. Es wäre unsinnig, ein Hilfsmittel über das eigene Organ zu stellen und etwa dem eigenen Gehirn mit einem Gerät den Meister zeigen zu wollen. Jedes Gerät, jedes Tonband, ist vergleichbar mit einem Hammer. Mit einem Hammer kann man einen Nagel einschlagen oder auch daneben treffen, sich also auf die Finger hauen. Am Hammer selbst liegt es nicht.

Wenn Menschen im Schlaf lernen, dann sind sie in der Regel gut motiviert zu lernen. Sie wollen ein Ziel erreichen. Meistens ist dieses Ziel das Beherrschen einer Fremdsprache. Das Sprachenlernen liegt uns auch sehr nahe, tragen wir Menschen doch die Anlage für sämtliche Sprachen in uns. Jeder kann in jedem beliebigen Alter auswandern und in ein fremdes Land gehen. Er wird dann nach einiger Zeit ganz automatisch die Sprache dieses Landes sprechen. Die Natur drängt ihn dazu. Daß wir die Muttersprache erlernen, beruht nicht auf unserem freien Entschluß, es liegt vielmehr in unserer Natur. Darum ist das menschliche Gehirn auch so aufnahmefähig für Sprachen.

Allerdings ist es nicht so, daß dieses Wissen immer auch aufbauende Macht bedeutet. Wissen kann auch Ballast sein. Nämlich dann, wenn man das Gelernte im Alltag überhaupt nicht ein- oder umsetzen kann. Eine junge, ehrgeizige Sekretärin zum Beispiel lernte Sprachen, auch im Schlaf, weil sie glaubte, diese könnten ihr im Leben nur nützlich sein. Mit der Zeit wurde sie am Arbeitsplatz immer unzufriedener. Sie arbeitete in einem Anwaltsbüro. Aber dort konnte sie die Fremdsprachen nicht einsetzen. Erst als sie die Stelle gewechselt hatte und das Gelernte auch anwenden konnte, wurde sie wieder zufrieden.

Daß man Sprachen im Schlaf lernen kann, ist allgemein bekannt.

Aber kann man sich mit Hilfe eines Tonbandes im Schlaf auch schlechte Gewohnheiten abgewöhnen, gute aneignen oder sogar Krankheiten heilen?

Warum sollte dies grundsätzlich nicht im Bereich unserer Möglichkeiten liegen? Auch das ist ja ein Lernen oder Umlernen. Doch ist zu bedenken, was bereits über die Verwendung von Geräten gesagt wurde: Geräte und Tonbänder sind Hilfsmittel, deren Einsatz sehr viel Fingerspitzengefühl und Selbstverantwortung gegenüber dem hochempfindlichen Organ Gehirn erfordert. Hinzu kommt, daß in diesen Situationen nicht, wie etwa beim Erlernen einer Fremdsprache, nur etwas eingegeben, sondern auch etwas ausgetrieben werden muß: die Fehleinstellung nämlich.

Nehmen wir wieder als Beispiel das Rauchen, Suchtprobleme ganz allgemein. Ein Witzbold sagte mir einmal, man müsse unbedingt 3 Zigaretten pro Tag rauchen. Das töte Würmer im Körper des Menschen. Mag sein. Es ist jedoch allgemein bekannt, daß das rauchen, natürlich auch Alkohol- oder Drogenmißbrauch, den Körper zerstört. Also ist bei Suchtgewohnheiten das Gehirn unbewußt auf Selbstzerstörung gerichtet. Diese »Störschaltung« liegt zwar tief, aber sie gehört nicht zur natürlichen Grundeinstellung, wie ich früher in diesem Buch anhand von Beispielen mit den Kindern zeigte. Und jeder weiß und sieht auch, daß eine von der Sonne auf einer Bergwanderung verbrannte Nasenhaut erneuert wird oder ein beim Skifahren gebrochener Knochen wieder zusammenwächst. Das sind die angenehmen Folgen der natürlichen Grundeinstellung. Wenn wir nun das natürliche Verhalten in uns bewußt aktivieren wollen, müssen wir die durch Erziehung und Umwelt geschaffenen Lebenseinstellungen, die oftmals auch sogenannte »Störzonen« sind, in den Griff bekommen. Darin liegt die Schwierigkeit. So wird sich der durch seine Erziehung süchtig gewordene Raucher zuerst wahrscheinlich gegen jede Anwendung eines Hilfsmittels wehren. Genauer gesagt, seine anerzogene falsche Einstellung sträubt sich dagegen, nicht die Natur in ihm. Er wird wahrscheinlich jeden guten Rat von außen in den Wind schlagen. Von einem Tonband, das er sich im Nachtschlaf anhören könnte, will er schon gar nichts wissen. Das ist ihm viel zu kompliziert. Ja, er wird vielleicht sogar mit einem gewissen Stolz sagen, er sei jetzt halt ein Raucher und an etwas müsse man ja schließlich sterben. Versucht er es trotzdem mit einem Hilfsmittel, vielleicht sogar auf Drängen und Bitten seiner Umgebung, aber nur mit halber innerster Überzeugung, so besteht die große Gefahr, daß er damit seine Selbstzerstörung sogar noch beschleunigt. Die Depression wird verstärkt. Der Suizid kann sogar auf einmal innerste Notwendigkeit werden. Ein Tonband, das an sich weder gut noch böse ist, kann auf diese Weise durch die anerzogene Einstellung zu einem lebensgefährlichen Instrument werden. Wer also ein Hilfsmittel anwendet - und ein Tonband ist ein solches -, um sich im Schlaf positiv berieseln zu lassen und zu lernen, muß Selbstverantwortung haben und es in vollster Überzeugung, mit einem klaren Ziel vor Augen, mit derselben Entschlossenheit und Begeisterung einsetzen, mit der die oben beschriebene Frau im Schlaf ihr Griechisch lernte. Nur so können die Widerstände dem natürlichen Leben gegenüber - sie sind durch die Erziehung entstanden - überwunden werden, womit die natürliche Grundeinstellung freigelegt ist, in der es keine schlechten Gewohnheiten gibt. Und Krankheiten heilen?

Wie man mit Musik ins körperliche und seelische Gleichgewicht kommen kann

Es gibt keinen Menschen auf der Welt, der ein gesundes Gehör hat und dennoch nicht Musik hört. Jeder von uns hat seine Lieblingsmusik. Und man braucht keine Ausbildung, um Musik zu verstehen, ebensowenig wie man ein Diplom braucht, um mit der Geliebten zärtlich zu sein. Es gibt eben Dinge, die man einfach kann, wenn man will. Die Natur drängt einen dazu, sie zu lernen. So müßte es denn eigentlich leicht sein, den Körper mit Musik im seelischen Gleichgewicht zu halten. Denn die Harmonie in der Musik beruht ja auf Naturgesetzen. Also spricht die Musik die Grundschwingung des Organismus an. Es braucht dazu nur noch die richtige Einstellung des Gehirns. Kranke mögen leider nicht mehr so gern Musik hören wie Gesunde, Süchtige konsumieren sie wie eine süchtigmachende Droge: ohne Unterbruch, lautstark, stets dasselbe Stück bis zur totalen Erschöpfung. Wer bewußt Musik hört mit dem Ziel, den Organismus in Harmonie mit der Natur zu halten, muß dies seinem Gehirn eingeben, zum Beispiel so: »Ich höre jetzt diese Musik, sie wird meinen ganzen Organismus stabilisieren und harmonisieren.« Ohne eine solche bewußte Einstellung kann die Stabilisierung und Harmonisierung nicht sicher erfolgen. In diesen Feinheiten der Lebenseinstellung liegt der Erfolg begründet. Ein einziger kleiner Fehler in der Führung des Gehirns kann schon Mißerfolg bedeuten. Darum sagt der Volksmund: »Der Teufel liegt im Detail.« Man kann bewußt, mit offenen Ohren durch die Natur gehen, das Rauschen des Baches und das Zwitschern der Vögel hören. Auch das ist Musik. Sie kommt dann nicht von einem Tonträger, sondern direkt aus der Natur. Eine Gelegenheit, sein Herz mit Musik zu erfreuen, findet man deshalb überall. Es braucht also nicht unbedingt ein Hilfsmittel, sondern bloß die richtige Einstellung. In diesem Falle offene Ohren für die Musik der Natur.

Ohne Hilfsmittel lernen im Schlaf

Diese Form des Lernens ist uns bestens vertraut, seit wir auf der Welt sind. Das Leben ist bekanntlich ein permanenter Lernprozeß. Und beim Neugeborenen macht der REM-Schlaf (siehe dazu wieder Abbildung 7) nach den neuesten Erkenntnissen der Forschung *die Hälfte* des Gesamtschlafs aus. Die Phase, die wir beim Lernen im Schlaf ausnützen wollen, dauert beim Säugling also recht lange. Schon im Verlauf des ersten Lebensjahres aber verringert sich die REM-Schlafzeit drastisch. Das könnte bedeuten, daß der Mensch nur wenige Monate braucht, um sein ganzes Milieu, in das er hineingeboren wurde, einzuprogrammieren. Man lernt also schnell, wenn es ums Überleben geht, und darum geht es beim Neugeborenen. Im Erwachsenenalter beträgt der REM-Schlafanteil am Gesamtschlaf dann bloß noch 20 bis 25 %. Diesen Anteil nützen wir mit oder ohne Hilfsmittel zum Lernen. Jeder Schüler hofft, wenn er bis zur völligen Ermüdung gepaukt hat, daß sich die Formeln oder Fremdwörter im Schlaf tief ins Gehirn eingraben, damit er sie am nächsten Tag bei der Prüfung abrufen kann. Wir wissen aus eigener Erfahrung, daß das mit der richtigen Lebenseinstellung recht gut klappt, am besten, wenn man voll motiviert, mit Begeisterung für das Fach, locker und entspannt und mit größter Selbstsicherheit die Sache dem Nachtschlaf zur »Schubladisierung« übergibt. Doch auch Unsicherheit, Prüfungsangst, Depression können natürlich im Schlaf fleißig gelernt werden. Und schon mancher hat im Schlaf, ohne daß es ihm aber bewußt war, ganz intuitiv also, sich selbst das Leben verleidet oder sich eine schwere Krankheit »angelernt«.

Man kann daraus die altbekannte Erkenntnis wiedergewinnen, die ich in meinem Buch »Lebe besser mit Autosuggestion« ausführlich beschrieben habe: Entscheidend im Leben ist, mit welchen Vorsätzen man in den Schlaf geht.

Aus den Erkenntnissen der Lernvorgänge im Schlaf hat sich eine Lernmethode entwickelt, die ich im nächsten Kapitel erklären will.

Superlearning – schnell und erfolgreich lernen

Wie Menschen von der Natur gedrängt werden zu lernen, wissen wir. Kleine Kinder stehen früh auf, sie drängen auf die Spielplätze, klettern auf Stangen, balancieren über Baumstämme, spielen mit Bällen. Dann greift der Erzieher ein. Dieser kann einem das Leben schwermachen. Er will, daß ihn die Kinder nicht so früh am Morgen aufwecken, er verbietet das Ballspiel, ruft dem Sprößling zu, er solle nicht so hoch hinaufsteigen, weil er, der Erzieher, Angst hat, sein Kind könne stürzen. Ängstliche Eltern haben ängstliche Kinder. Das ist eine Binsenwahrheit, eine altbekannte Wahrheit also.

Nachts im Schlaf führen die jungen Menschen Anpassungsprogramme an die manchmal schon recht gestörte Umwelt durch, in der sie zu überleben haben. Und diese frühen Programme können sich später, wie wir schon gehört haben, als sogenannte Störzonen zeigen, die der natürlichen Entfaltung stets Widerstände entgegensetzen. Mancher Erzieher ist genauso überheblich, wie sein Kind klein ist. Er arbeitet nicht an sich, sondern an seinem Produkt. Die eigenen Fehler übersieht er dabei geflissentlich.

Und in der Schule wird es oft nicht besser. Lehrer können dem Schüler das Lernen manchmal recht schwer machen. Es soll gepaukt werden, ohne Rücksicht auf Emotionen. Lernwille ist gefragt, nicht die Lust am Lernen, die Prüfungsangst wird einem »in den Nacken gesetzt«, der Schüler darf nicht besser sein als sein Lehrer. Fehler werden gezählt und benotet. Damit kann ein Schüler den letzten Rest an Selbstvertrauen und Lebensfreude verlieren. Denn wer nur sieht und hört, wie schlecht er ist und darüber erst noch am Mittagstisch den Eltern zu rapportieren hat und dann die ganze Sorge noch in den Nachtschlaf mitnehmen muß, der wird eines Tages an sich zweifeln. So wird mangelndes Selbstvertrauen »erlernt«.

Richtige Erziehung, auch Selbsterziehung, ist eine wahre Kunst. Natürlich ist es leichter, über Erziehung zu schreiben, als sie selbst fehlerfrei zu praktizieren. Doch ändert das die Regeln nicht. Und die wichtigste aller Erziehungsregeln ist: Die Natur nie aus den Augen zu verlieren. Auch wenn es um das Lernen geht, soll uns die Natur stets ein Vorbild sein.

Die Natur lernt nicht aus Fehlern.

Sie macht keine Fehler. Sie hat Ziele. Und sie erreicht diese. Wer dagegen Schüler fragt, wozu sie eigentlich lernen, kann sehr oft weit und breit kein klares Ziel erkennen. Man muß halt zur Schule, Lehrer und Eltern werden schon wissen warum, lautet die Auskunft. Und die Prüfungsarbeiten, die der Schüler zu bestehen hat, sollen selbstverständlich schwer, nicht für jeden nachvollziehbar sein. Wer will denn von einer eben bestandenen Prüfung sagen, sie sei leicht gewesen? Doch inzwischen hat auch der Letzte aus unserer Grundschule das Lesen erlernt. Er liest heute wie alle anderen die Sonntagszeitung. Also wozu die Angstmacherei? Sie gibt es, damit nicht jeder auf die Idee kommt, er könnte »auf die Uni« gehen. Die menschliche Gemeinschaft braucht neben Doktoren auch noch Straßenkehrer und Serviertöchter, und diese benötigen für ihre Arbeit weiß Gott! kein Physikstudium. Also wird ihr Lerneifer rechtzeitig abgebremst. Wenn es nach dem Reptil-Hirn ginge, könnte jeder lernen wie der andere. Denkt man dabei an die Muttersprache, sogar spielend leicht! Die Angst, etwas nicht zu können oder im Alter weniger gut zu lernen, ist ein Einstellungsprodukt in der Großhirnrinde. Und Sie haben es am Anfang dieses Buches schon gelesen: Wenn sich Reptil-Hirn und Großhirnrinde nicht einig sind, dann produziert das limbische System, das zwischen den beiden liegt wie die Bandscheibe zwischen den Wirbelkörpern, ein Angstgefühl. Dieses wirkt lernhemmend und macht am Ende sogar krank.

Ein Phänomen wie die Angst, etwas nicht zu können, kennt die Natur nicht. Was sie anvisiert, realisiert sie. Nehmen Sie als Beispiel die Größe eines menschlichen Körpers. Diese läßt sich ziemlich genau voraussagen. Man kann einem Volksschüler voraussagen, wie groß er etwa werden wird, ebenso dem Hund einer bestimmten Rasse. Das ist zielstrebige Entfaltung. Wenn der Mensch beim Laufenlernen ein paarmal hinfällt, so bekommt er dafür weder eine schlechte Note noch Strafaufgaben. Dieses Hinfallen ist auch kein Fehler. Es ist ein notwendiger Lernschritt auf dem Weg zum Ziel: dem aufrechten, sicheren Gang. So zielstrebig soll das Lernen sein. Das ist der natürliche Weg. Es gibt heute Methoden, die diese natürliche Art des Lebens fördern. Eine davon ist Superlearning.

Superlearning - was ist das?

Es ist ein ganzheitliches Lernverfahren, das zum Ziel hat, unsere Reserven zu aktivieren und unsere Leistungsfähigkeit so weit wie möglich nutzbar zu machen. Wer gehört hat, wie die Natur uns drängt zu lernen, sieht im Superlearning keine sensationell neue Dimension des Lernens, sondern eher einen Weg, die Natürlichkeit des Menschen wiederzufinden: Lernen ohne Streß, in der Entspannung also, vielleicht mit musikalischem Hintergrund und rhythmischer Intonation (»Einstimmung«). Dadurch wird ein suggestives Lernklima geschaffen, das wir auch in der Natur finden. Dann nämlich, wenn uns eine gewisse innere Notwendigkeit zur Erreichung des Zieles drängt. Das ganzheitliche Lernverfahren, das Superlearning, eignet sich zum Erlernen jeglicher Lernstoffe. Als besonders geeignet hat es sich aber im Bereich des Sprachenlernens erwiesen. Kein Wunder, sind doch die Anlagen zum Erlernen von allen Sprachen in unserem Gehirn vorhanden. Und zwar in jedem. Auch Ihr Gehirn ist ein wunderbares und geheimnisvolles Organ, das diese Anlagen besitzt. Sie brauchen sie bloß anzusprechen. Und sagen Sie dabei ja nicht, das sei schwer.

Über das Superlearning wurden immer wieder Wunderdinge erzählt. So wurde behauptet, man könne mit Superlearning mindestens 50mal schneller als auf herkömmliche Art oder tausend Vokabeln pro Tag lernen. Wenn man sieht und hört, was Computer heute schon alles können, und wenn man bedenkt, daß das menschliche Gehirn unvergleichlich viel mehr kann als die besten Computer, so erscheint diese Behauptung gar nicht so übertrieben. Aber die

Beweise, daß solche Leistungen vollbracht wurden, konnten meines Wissens bis jetzt noch nicht geliefert werden. Und übrigens: wozu denn immer diese Eile, die Jagd nach Rekorden? Soll Lernen nicht auch Freude sein?

Das Superlearning wurde vor etwa 22 Jahren an der Universität von Sofia begründet. Der bulgarische Arzt und Psychologe Prof. Dr. Georgi Lozanov nannte seine Methode aber nicht Superlearning, sondern »Suggestopädie«. Unter dem Namen Lozanov-Methode ist das Superlearning manchem bekannt. Es heißt, man sei im Ostblock so erstaunt über die guten Lernerfolge der Lozanov-Methode gewesen, daß man sie unbedingt geheimhalten wollte. Aber sie gelangte Anfang der siebziger Jahre, wie könnte es anders sein, in die USA, wo sie rasch unter dem gut klingenden Namen »Superlearning« bekannt wurde. Heute gibt es bereits die S.A.L.T (Society For Accelerative Learning And Teaching), eine internationale Suggestopädie-Dachorganisation, die sich verpflichtet, die Superlearning-Methode in verantwortlicher Weise zu fördern und zu verbreiten. Doch was heißt »in verantwortlicher Weise«? Meiner Meinung nach soll damit angedeutet werden, daß im Zusammenhang mit dieser Methode auch zu hohe Erwartungen geweckt und falsche Versprechungen gemacht werden könnten. Diese Gefahr besteht bei allen sogenannten Neuentdeckungen, die vermarktet werden. Doch auch mit dem ganzheitlichen Lernverfahren des Superlearning geschahen bis heute keine Lernwunder. Es ist jedoch möglich, in kürzerer Zeit eine bestimmte Stoffmenge zu erlernen, weil diese Methode kreative Kräfte und vorhandene Reserven aktiviert. Darüber hinaus können sich positive Einflüsse auf das körperlich-seelische Wohlbefinden des Lernenden ergeben. Und das ist doch wunderbar.

Wie funktioniert Superlearning?

Es aktiviert die linke *und* die rechte Gehirnhälfte. Wie Sie nun schon wissen, ist unser Gehirn ein wunderbares Schaltorgan, über das eigentlich noch sehr wenig bekannt ist. Wir wissen aber, daß es zwei Gehirnhälften gibt, die linke und die rechte, und wir lokalisieren in der linken das logische und abstrakte Denken, in der rechten dagegen das kreative, assoziative Denken. Die rechte Hemisphäre ist also für Träume, Bilder und Phantasien zuständig. Beim traditionellen Lernen, vor allem beim sogenannten Pauken, wird vielfach vorwiegend die linke Gehirnhälfte angesprochen. Die andere wird kaum genutzt. In der rechten also sind die kreativen Kräfte und die Reserven verborgen. Beim Superlearning wird versucht, eben diese Kräfte und Reserven zu aktivieren und zu nutzen. Das geschieht zum Beispiel durch die harmonische Verknüpfung von Sprache und Musik. Die Lerntexte werden beim Superlearning in einer besonderen melodiösen und künstlerischen Form vorgetragen.

Doch Hand aufs Herz: Haben Sie in Ihrer Jugend nicht auch schon so gelernt? Haben Sie nicht auch bei laufendem Radio Vokabeln gebüffelt und dabei sogar noch die Schnulzen mitgesungen? Dann haben Sie auch eine Art Superlearning betrieben, ohne es zu wissen. Besonders viele Jugendliche lernen auch heute noch so, mit viel Spaß und Freude, aber sehr zum Ärger ihrer lieben und besorgten Mütter und Väter, die solange nicht verstehen können, daß man Musik hören und zugleich noch konzentriert lernen kann, bis sie wissen, was Superlearning ist.

Worin liegt das Geheimnis dieses Lernweges? In der Entspannung natürlich. Völlig entspannt lernt man gut, mit Lust und Freude natürlich noch besser. Die Erklärung dazu gibt das Nervensystem. In vorausgehenden Kapiteln haben Sie gelesen, daß im entspannten Zustand der Kopf ganz klar wird. Die Sinnesorgane werden empfindlicher. Folglich ist dann auch die Aufnahmefähigkeit besser als im angespannten Zustand. Zudem fallen bei völliger Entspannung »Lernblockierungen« weg. Das verbessert die Gedächtnisleistungen. Sie haben auch von den Nerven gelesen, und Sie wissen, daß es sogenannte Synapsen gibt. Das sind Umschaltstellen zwischen Nervenfortsätzen, an denen die Nerven betreffende Reize von einem Neuron auf ein anderes weitergeleitet werden. Die Nervenfasern sind untereinander ja nicht verbunden, sondern durch einen winzigen Spalt getrennt, den man eben Synapse nennt. Wenn nun ein Nervenimpuls eine solche Synapse erreicht, so wird blitzartig eine Überträgersubstanz in den Spalt ausgeschüttet. Damit ist eine Brücke gebaut, und der Nervenimpuls kann auf die nächste Nervenfaser überspringen. Ungesunder Streß, Anspannung und Verkrampfung, die oft mit dem herkömmlichen Lernen und Pauken einhergehen, können die Überträgersubstanz blockieren. Die Weiterleitung der Nervenimpulse wird so behindert. Das führt zu Lernstörungen. Beim Lernen in völlig entspanntem Zustand dagegen ist das Auftreten von Lernblokkierungen sehr unwahrscheinlich. Die Informationen können ungehindert in den Hirnregionen »zirkulieren«. Das ist die sachliche und einleuchtende Erklärung, warum man völlig entspannt und vielleicht sogar noch begleitet von schöner Musik, die einen in gute Laune versetzt, besser lernen und alles leicht behalten kann. Das menschliche Gehirn kann Wunderbares vollbringen. Aber eben nur dann, wenn man es richtig einsetzt.

Eines der wichtigsten Elemente des Superlearnings ist also der Zustand einer angenehmen Entspannung. Und wie Sie in die Entspannung kommen, wissen Sie: zum Beispiel durch das in diesem Buch ausführlich beschriebene autogene Training. Weitere Elemente sind die positive Motivation und die natürliche Lernfreude. Besonders aufbereitetes Lehrmaterial für das Superlearning ist bereits überall käuflich zu erwerben.

Und wo lernt man?

Überall dort, wo man sich für mindestens eine Stunde unbeschwert zurücklehnen und die Augen schließen kann. Vielleicht im Urlaub, im Zug oder zu Hause im Bett. Das Hilfsmittel, das man zum Superlearning braucht, ist ein einfacher Kassettenrecorder oder ein Walkman und, je nach Lautstärke der Umgebung, ein Kopfhörer.

Auch beim Superlearning gibt es die bekannten drei Lernstufen. Zuerst setzt man sich ganz bewußt, aber natürlich sehr locker, ohne Angst und ohne die Einstellung, Lernen sei schwer, mit dem Stoff auseinander, der ins Gehirn eingegeben werden soll.

Im nächsten Lernschritt versenkt man sich mit autogenem Training so tief wie möglich und bleibt dann ganz passiv, als ob man in einem Konzert oder in einer Oper säße. Man läßt völlig gelassen die Musik und den melodiösen und harmonischen Vortrag der Lehrtexte auf sich und auf sein Gehirn wirken. So kann der Stoff direkt in die »Speicher« des Gedächtnisses einfließen.

Der dritte Lernschritt besteht im aktiven Gebrauch und damit in der Festigung des Gelernten. Der aufgenommene Lernstoff muß jetzt vom passiven ins aktive Gedächtnis übertragen werden. Eine Sprache also, die man »super« gelernt hat, muß man auch sprechen.

Aufgrund meiner langjährigen Erfahrung auf dem Gebiet der Suggestion kann ich diesem suggestopädischen Lernverfahren, dem

Superlearning, noch eine wichtige Ergänzung beifügen. Sie betrifft den Einsatz der Hintergrundmusik. Wer Musik und Lerntext sozusagen verschmolzen miteinander ins Gehirn eingibt, hat natürlich immer dann, wenn er Gelerntes wiedergibt, auch Musik im Kopf. Und umgekehrt: Wenn er bloß die Hintergrundmusik hört, so wird automatisch auch ein gewisser Lerntext aktiviert. Vielleicht wollen Sie das, vielleicht stört Sie dies aber auch. Wenn Sie also Ihre Lieblingsmusik hören wollen, ohne daß Ihnen die damit einprogrammierten Texte und Formeln ins Gedächtnis kommen, so müssen Sie dies Ihrem Gehirn mitteilen. Sie geben sich dann ein: »Jetzt will ich nur die Musik haben.«

In einem Lernprozeß soll immer der ganze Mensch einbezogen sein.

So ist es uns von der Natur vorgegeben. Gewissermaßen als Grundinformation im Zellmaterial tragen wir Lernfreude, Lebenslust, Aktivitätsdrang, Fortpflanzungstrieb und Liebeswunsch und sogar einen gewissen Mut zum Risiko in uns. Als Kind kletterten wir gerne. Wir wollten hinauf. Und immer wenn es uns gutgeht, sagen wir, es geht aufwärts. Im Leben soll es also stets aufwärtsgehen. Wo diese Grundeinstellung durch falsche Erziehungsbemühungen verschüttet worden ist, gilt es, diese wieder freizulegen. Das gelingt leicht. Man braucht das eigene Gehirn nur richtig einzustellen. Dies ist eine Frage der Bereitschaft, nicht etwa der Zeit. Jedes menschliche Gehirn ist ein einmaliges, wunderbares Schaltorgan. Und vergessen Sie es nicht: Sie verfügen darüber.

Von Natur aus will kein Mensch auf Biegen und Brechen ins Ziel kommen, sondern *mit dem Lächeln des Siegers.* Das ist die richtige Lebenseinstellung.

Die richtige Lebenseinstellung macht die Augen hell und klar.

Daß Lebenseinstellungen machbar sind, wissen wir. Darin liegt die Freiheit des Menschen. Die Lebenseinstellung ist dann am besten und sicher richtig, wenn sie ganz im Einklang mit der Natur ist. Wer im Geiste stets in Harmonie mit der Natur und dem Unendlichen ist, erzeugt das volle Leben und findet auch die Lebenserfüllung.

Ob wir diese ideale Lebenseinstellung haben, können wir jederzeit prüfen. Wir sehen es in den Augen. Die richtige Einstellung zum Leben macht die Augen hell und klar. Schauen Sie in den Spiegel.

Und falls Ihre Augen noch traurig und verdüstert sind, ändern Sie einfach die Einstellung. Das gelingt leicht und schnell. Überzeugen Sie sich selbst. Denken Sie positiv, vorwärts. Sie können dann sofort sehen, wie sich Ihre Augen aufhellen und schließlich hell und klar sind. So schnell kann man also die richtige Einstellung gewinnen. Und wie geht es nun weiter?

Ausblick

Vorwärts, wir müssen zurück!

Die Hirnrinde und der in ihr ablaufende denkende Verstand ermöglichen den Aufstieg des Menschen. Wir haben uns über die Reptilien und niederen Säugetiere erhoben und die Herrschaft der Welt übernommen. Doch heute sieht es ganz so aus, als fänden wir uns in einer Sackgasse wieder. Und nun buchstabieren wir zurück. Die Umwelt zwingt uns teilweise dazu. Die Zeit des Wachstums um jeden Preis scheint endgültig vorbei zu sein. Die Autos fahren wieder langsamer, die Wegwerfgesellschaft wird zur Wiederverwertungsgesellschaft, der Umweltverschmutzung muß Einhalt geboten werden, die Heilmittel sollen nun wieder aus dem Garten der Natur und nicht mehr nur aus den Labors der Chemie kommen, zwischenmenschliche Werte sind wieder gefragt. Verständigungsbereitschaft ist das Gebot der Stunde: Nuklearpotentiale müssen schnellstens abgebaut und vernichtet, die weltpolitische Lage soll *entspannt* werden.

Mit seinem Gehirn befindet sich der menschliche Geist in der gleichen Sackgasse. In den letzten paar hundert Jahren hat sich das menschliche Gehirn im Aufbau nicht verändert; unsere Vorfahren schalteten mit dem gleichen Organ. Nur wußten sie weniger darüber. Und sie hatten eine ganz andere Umweltsituation zu bewältigen.

Im Laufe der Zeit hat sich die Lebenssituation für den Menschen stark verändert. Der Informationsfluß vor allem hat schlagartig zugenommen, und er wird immer breiter und tiefer. Wir sehen und hören stündlich Neues aus aller Welt und sollten es verstandesmäßig verarbeiten. Die Forscher rätseln, was mit uns Menschen geschieht, wenn es so weitergeht; denn sie sind überzeugt, daß das menschliche Gehirn in der jetzigen Form den stetig ansteigenden Informationsstrom nicht verstandesgemäß verarbeiten kann. Um zusätzliche Verstandeskapazität zu entwickeln, müßte sich das Gehirn ausdehnen können. Doch dafür gibt es keinen Platz in der festen Hirnschale. Und das Gehirn ist ohnehin schon wie ein Hemd gefaltet und zusammengelegt. Der zur Verfügung stehende Raum ist also bestens ausgenützt.

Not macht immer erfinderisch.

Wenn die Wohnung einer Familie durch den Nachwuchs zu klein geworden ist, dann geht man sich bald einmal so auf die Nerven, daß eine Lösung gefunden werden muß. Die Lage wird dadurch entspannt, daß sich die Familie eine größere Wohnung sucht, also auszieht. Auch der menschliche Geist ist zum Teil schon aus dem Gehirn ausgezogen. Er löst zahlreiche Probleme mit Werkzeugen, Geräten, Maschinen. Schon die Höhlenbewohner brauchten Steinwerkzeuge. Als es darum ging, alles genauestens auf Zeit erledigen zu können, hatte die innere Uhr mehr oder weniger ausgedient. Eine »Maschine« mußte her: die Uhr. Der Mensch entwickelte Armband-, Kirchen-, Taschen-, Bahnhofsuhren. Weil das menschliche Gehirn die Beinbewegung nicht so schnell schalten kann, daß er rennt wie ein Windhund, erfand der Geist das Fahrrad, dann das Auto und, um es den Vögeln gleichzutun, das Flugzeug. Heute ist eine neue »Maschine« im Anmarsch: Der Computer. Er soll die Informationslage entspannen, das menschliche Gehirn entlasten.

Leise, aber unaufhaltsam hat sich nun der Computer in Büros und Kinderzimmern installieren lassen. Und er kann auch einige Funktionen unseres Verstandes übernehmen, so daß der Kopf frei für andere Aufgaben wird. Kreativ sind Computer allerdings noch nicht. Ein Computer kann den Text dieses Buches »Die Kunst, sich richtig zu entspannen« Xmal einlesen und ausdrucken, vom Inhalt versteht er dennoch kein Wort. Er hat kein Verständnis, kein Gefühl, keine Seele. Er ist eben eine Maschine, kein geistiges Wesen wie der Mensch. Darum kennt er auch keinen menschlichen Streß. Ein Ventilator kann ihn kühlen. Das ist seine Entspannung.

Im Spiegel kann der Mensch seinen Körper betrachten. Mit dem Computer erkennt er die Funktionsweise seines Gehirns, das er nie zu Gesicht bekommt, immer besser. Wer mit einem Heimcomputer arbeitet, weiß, daß ein leichtes Berühren einer einzigen Taste genügt, um das Programm im Computer zu verändern. Auch wenn die Taste nicht absichtlich, sondern irrtümlicherweise gedrückt wurde, erscheint die Programmänderung. Empfindlicher noch als die besten Computer ist offensichtlich aber das menschliche Gehirn. Jede Absicht ist im Gehirn eine Schaltung. Es spielt keine Rolle, ob die Absicht bewußt oder rein zufällig war. Und wie oft denken wir doch über Probleme nach, grübeln wir. Das ist nutzlose Hirnarbeit, die nur streßt, unnötig Lebensenergie verbraucht und vorzeitig alt macht. Solche Gedankenleerläufe kann sich der einzelne bei der steigenden Informationsflut immer weniger leisten. Denn die Gesundheit wäre dadurch immer schneller ruiniert. Und je besser Computer werden, desto besser können wir verstehen, wie wir das eigene Gehirn einzusetzen haben, wenn wir das Leben optimal, unserer Natur entsprechend, leben wollen.

Wird der menschliche Erfindergeist das Gehirn präzise nachbauen?

»Biochip« heißt das Reizwort, das eine sensationelle menschliche Zukunft bedeuten könnte. David Ritchie hat in seinem Buch »Gehirn und Computer« ausführlich darüber geschrieben. In Form unserer Nervenzellen haben wir Biochips in uns. Und diese würden die Grundlage zu einem Nervenzellencomputer bilden. Wie lange wird es noch dauern, bis der menschliche Geist von seinem Schöpfer die Aufgabe bekommt, Biochips herzustellen? Also »weiche« Nervenzellencomputer zu bauen? Wann haben wir das zweite Gehirn auf dem Pult oder gar im Nacken?

Die Meinungen der Computerspezialisten sind geteilt. Einige konservative Wissenschaftler gehen davon aus, daß ein Biochipcomputer - wenn überhaupt - erst im nächsten Jahrhundert gebaut werden kann. Andere sind weniger skeptisch. Vielleicht überrascht uns der Geist der Wissenschaftler sogar noch vor der Jahrtausendwende mit Chips in Form von ultrakleinen Einheiten in Computern. Und was dann?

Dieser sensationelle Schritt vorwärts würde unsere eigene geistige Dimension ins richtige Licht rücken. Wir würden uns besser bewußt, wer wir Menschen eigentlich sind. Und wir würden sicher mit noch größerer Ehrfurcht von unserem wunderbaren Schaltorgan, dem Gehirn, sprechen. Wenn sich der Nervenzellencomputer direkt mit dem menschlichen Gehirn verbinden ließe, wäre dies vergleichbar mit einer Organtransplantation, wie wir sie vom Herzen und anderen Organen bereits kennen. Und der Segen wäre groß: Blinde könnten sehen, Lahme gehen. Schizophrenie könnte geheilt werden, Arterienverkalkung vielleicht auch. Ähnlich wie es heute Herzschrittmacher gibt, hätten wir dann vermutlich Hirnschrittmacher.

Schüler und Studenten könnten dank der schier unbegrenzten Speicherkapazität dieser neuesten Computer sofort über das gesamte

Wissen der Menschheit verfügen. Die Lebensgeschichte sämtlicher Menschen auf der Welt hätte dann auf einer Fläche einer halben Briefmarke Platz, und sie ließe sich vermutlich sofort in jedes menschliche Gehirn einspeisen. Vorstellbar wäre auch, daß alle Informationen eines menschlichen Unterbewußtseins in einen Biochipcomputer eingegeben werden könnten. Dann müßten wir diese Informationen nur noch deuten können, und die Zukunft, das Wissen über Außerirdische, das Weiterleben nach dem Tod unseres Körpers und Gottes Wege wären dann keine echten Geheimnisse mehr. Oder käme mit diesem Gerät der Fluch? Jedenfalls für diejenigen, die sich kein zweites Gehirn leisten könnten, die nie an das binäre Gehirn herankämen? Müßten sie wie Ratten in der Flut von Neuinformationen ertrinken, während sich Auserwählte mit ihrem neuen Mensch-Maschine-System schlängelnd durch den ganzen Kosmos schlagen und die Ewigkeit entdecken könnten?

Die Zukunft ist stets vielversprechend.

Für alle. Wenn technische Erfindungen Segen brachten, dann haben am Ende immer alle Menschen davon profitiert. Ich denke jetzt an das Telefon. Noch nie aber sind durch technische Neuerungen Naturgesetze verändert worden. Die Erfindung der Musikinstrumente ermöglicht uns, Musik auf verschiedene Weise zu erleben. Die Gesetze der Harmonie bestanden aber schon, wie alle Naturgesetze, bevor es diese Instrumente gab. Und sie würden auch bestehen, wenn es keine Technik mehr gäbe.

Um glücklich zu leben, braucht der Mensch auch in Zukunft nicht unbedingt zusätzliche Technik, sondern die Erfahrung über die Dimension seines eigenen Seins. Und diese Lebenserfahrung holt er sich einerseits in der tiefen Entspannung und im Schlaf, andererseits mit der Einstellung auf ein volles Leben. *Entspannung und volle Lebensentfaltung gehören in jeder Menschheitsgeneration so untrennbar zusammen wie der Tag und die Nacht.* Ohne das eine wäre auch das andere nicht.